U0096787

基督教文化研究丛书

主编 何光沪 高师宁

九编 第 **17** 册

传真道于中国
——赫士及华北神学院百年纪念文集（第二册）

刘平、赵曰北 主编

花木兰文化事业有限公司

国家图书馆出版品预行编目资料

传真道于中国——赫士及华北神学院百年纪念文集（第二册）
／刘平、赵曰北 主编 -- 初版 -- 新北市：花木兰文化事业有
限公司，2023〔民 112 〕
目 4+212 面；19×26 公分
（基督教文化研究丛书 九编 第 17 册）
ISBN 978-626-344-232-0（精装）
1.CST：神学教育 2.CST：文集 3.CST：中国
240.8   111021875

ISBN-978-626-344-232-0

9 786263 442320

基督教文化研究丛书
九编 第十七册

ISBN：978-626-344-232-0

传真道于中国
——赫士及华北神学院百年纪念文集（第二册）

本册主编 刘平、赵曰北
主　　编 何光沪、高师宁
执行主编 张　欣
企　　划 北京师范大学基督教文艺研究中心
总 编 辑 杜洁祥
副总编辑 杨嘉乐
编辑主任 许郁翎
编　　辑 张雅淋、潘玟静　美术编辑 陈逸婷
出　　版 花木兰文化事业有限公司
发 行 人 高小娟
联络地址 台湾 235 新北市中和区中安街七二号十三楼
　　　　　电话：02-2923-1455 ／传真：02-2923-1452
网　　址 http://www.huamulan.tw 信箱 service@huamulans.com
印　　刷 普罗文化出版广告事业
初　　版 2023 年 3 月
定　　价 九编 20 册（精装）新台币 56,000 元

传真道于中国
——赫士及华北神学院百年纪念文集(第二册)

刘平、赵曰北 主编

目
次

社会人类学意义上的华北神学院遗产

刘诗伯

在我国著名社会学家、人类学家、民族学家费孝通先生翻译其英国导师马林诺夫斯基（Bronislaw K. Malinowski）的学术经典著作《文化论》一书里，作者从社会人类学的文化功能理论的角度，指出了文化认知对人类社会群体的价值和意义："文化的物质设备本身并不是一种动力。单单物质设备，没有我们可称作精神的相配部分，是死的，没有用的。""知识是关连于智力及道德上的训练，这训练正是宗教、法律，及伦理规则的最后源泉。"[1]但是，被归类于"精神文化"范畴的宗教，其不同于别的精神文化的基本特质及属性，却往往被忽略，甚至在宗教界内部，信仰、宗教、道德、伦理、哲学以及各种意识形态之间的界线，也时常被混淆。

基督教作为一个具有两千年历史的普世性宗教，从信仰者的角度而言，基督教会是"上帝呼召出来的一群耶稣基督的跟随者"，而在非基督教人群的认知中，基督教是一个"信奉耶稣为神的宗教"。无论相信或是否认，双方都一致以"耶稣是不是神"作为判断是否为基督教的千年不变的辨别标准。然而，到了二十世纪，随着哲学、宗教学、人类学、心理学等一些学派及其理论的流行和影响，基督教内部出现了否定这一历史定论和信仰标准的思潮，并迅速在神学院校里引发广泛的争议甚至导致分裂。这就是 1919 年华北神学院成立时的历史背景和时代处境。在这样的背景和处境之中，该院的创校理念、教学形式及内容、培养目标的确立等等，与人类宗教特别是基督教的基本特质有何关

---

1 [英]马林诺夫斯基：《文化论》，费孝通等译，北京：中国民间文艺出版社，1987 年，第 5 页。

连？该院在哪些方面对信仰群体产生了影响？留下了怎样的历史遗产？这些将是本文尝试讨论的问题。

一、时代背景与社会思潮的影响

在十九世纪后期至二十世纪初以来，西方思想界和学术界受到社会达尔文主义、技术进步主义、道德相对主义的深刻影响，将对人类社会宗教现象和规律的认识，纳入到社会进化论的解释框架之中，提出了一个"宗教起源——发展——消亡"的人类宗教进化路线图。早期的西方人类学、民俗学和宗教学者如泰勒（Edward Tylor）、弗雷泽（James Frazer）、穆勒（Max Muller）等人，把巫术、神话、图腾、祭祀等视为宗教的"低级形式"，将"制度化宗教"或西方熟悉的"亚伯拉罕一神教"视为宗教的"高级形式"。按照他们的"宗教起源论"假设，"高级宗教"是从"万物有灵"等多神崇拜的"低级宗教"发展演变而来，期间经历了漫长的进化和传播历史。其中一些学者乐观地预测，当日益进步的科学可以解释自然世界、日益进步的技术可以控制自然世界的时候，人类"基于愚昧无知和恐惧"而产生的宗教就会自然消亡，"落后迷信"的宗教将会被"先进的理性和科学"所取代。

与此同时，在西方哲学界以及文化知识界，尼采主义的唯意志论获得了巨大的影响。尼采（Friedrich Wilhelm Nietzsche）提出"人类已经成年"、"不再需要上帝"（或说"上帝已死"），人间会有非凡的"超人"出现，传统世界及其古典道德理性应该被新时代摒弃等主张。尼采的这些惊世骇俗的思想理论以及他对基督教的激烈攻击和否定，颠覆了当时人们的习惯思维和传统世界观，满足了部分人反抗传统束缚的个人主义欲望，后来又被德国第三帝国政权利用，糅合进法西斯主义、种族主义、纳粹国家主义和国际强权主义而加以宣扬和推广。虽然后世的尼采研究者或追随者们极力争辩说尼采思想是"被人误读和误解"，因为"大多数读者的理解未能达到尼采的思想深度"，不过，社会人类学关注的焦点并不是大众是否"正确理解"尼采的思想，而是他的理论主张实际造成了什么样的社会效果。

稍后，同样对西方社会影响巨大的"精神分析学说"创始人弗洛伊德（Sigmund Freud）也对宗教进行"心理学的诠释"，提出诸如"图腾崇拜"与"乱伦禁忌"的"关联"，"摩西创立一神教"是源于古代部落社会成员的"父权恐惧"的"人类童年心理"等臆测。这些标新立异的假说披上"科学研究"

的外衣后，一度成为时尚而广为流行，被认为是发现了人类社会"宗教起源和发展"的"心理结构"，揭开了"原始基督教"产生的历史秘密。

　　在西方知识界的众声喧哗之中，基督教的传统信仰和价值观受到了极大的冲击。基督教内部一些神学家、神职人员和知识分子也深受影响，或产生严重动摇，部分地甚至大部分地接受了上述理论及思想，进而在神学上提出自称为"适应现代性"的主张，其中最重要的改变就是放弃、否定历史上基督教会关于"圣经无误"的传统立场。这部分被称为"现代派"或"自由派"的神学家及其认同者，首先在西方基督教会特别是神学院内提出了与传统基督教不一样的"新神学"见解，不再坚持"圣经无误"的教会传统立场，不承认《圣经》记述的各种"超自然事实"的真实性。在美国，有现代派牧师在礼拜讲道时公开宣告"童贞女马利亚怀孕生子不是历史事实"、"基督第二次降临是过时的希望"、"圣经不是上帝的话语和启示"等主张，随即引发了基督教内部的激烈论战，并产生了与"现代派"相对立的"基要派"，最明显的例子就是始创于 1812 年的美国普林斯顿神学院的分裂，基要派集体脱离该院并于 1929 年成立了今天的威斯敏斯特神学院（又译"西敏神学院"）。[2]

二、宗教的核心特征：神圣性与超越性

　　在基督教体系内部的某些人看来，承认还是否定"圣经无误"似乎只是一个神学或教义上的问题、一个神学思想派别之间争端的问题，但从社会人类学的角度来看，这是一个事关基督教是否仍然可以作为宗教学意义上的"宗教"（Religion）的问题。

　　学术界和社会大众为什么将基督教和犹太教、伊斯兰教、佛教、道教等同列为"宗教"？原因并非是彼此的信仰对象、教义教规、仪式组织、经典内容等方面有多么类同或相似，而是因为彼此都具有并且特别强调超越现世的神圣性（sacredness）。信仰的神圣性和超越性（transcendence）是宗教最基本的核心特征，以区别于哲学、道德、伦理、政治、经济、教育、科学、技术、习俗等等的其他社会范畴。宗教虽然与这些范畴有着不同形式的、或多或少的关联或相互影响，但本质上并不属于其中的任何一个。社会学家古德（William J. Goode）在论及宗教的社会意义与功能时指出："大量资料说明，单凭以下两种假设不能准确地解释人的社会行为：（1）人类终日盘算着如何达到自己的（个

人）目标；（2）人被一系列固有的生物本能机械地驱使着。"[3]所以，从社会人类学的功能分析法来审视，宗教存在的社会价值正在于其神圣性和超越性，它超越了人类的个人主义欲望和生物性本能，从而在神圣的意义上将人类社群的不同个体连结起来，从精神上维系着群体内部的团结和合作，以及对自身的生存环境——大自然生态系统的敬畏态度。

由此可见，任何宗教一旦丧失其神圣性和超越性，就必定不再是真正的宗教，也必定失去作为宗教的存在价值和意义。因此，所有宗教都必然会对产生于内部的或来自外部的任何"非神圣化"和"反神圣化"的行为和现象加以本质意义上（essentially）的否定和抗拒。这是社会事物对维持自身本质属性的天然"抵抗力"和"免疫力"。在这方面，社会事物与自然事物（例如生物体）的"本能"（instinct）和"本质"（essence）有相似之处。

有宗教人类学者指出：人类学的奠基人之一泰勒（Edward Tylor）将宗教仅仅说成是"一种精神存在（Spiritual being）的信仰"是不足够的，还需要加上社会学的奠基人之一涂尔干（Emile Durkheim）所说的宗教是"与神圣之物相关联的信仰和实施的连带体系。"[4]也就是说，宗教不能脱离和消解所信仰的"神圣之物"（Sacred being）。具体到基督教而言，这个"神圣之物"就是耶稣基督的神性。基督教两千年历史所确立和传承的"基督神人二性"不可割裂、不可否认的基本教义，亦即基督教神学的"基督论"和"三一神论"，不但体现了基督教的"宗教性"（religiousness），也是基督教区别于犹太教、伊斯兰教等"其他宗教"的重要标准。而基督教的这些体现自身神圣性（sacredness）的最重要的基本教义，其依据和来源就是历史上早期大公教会确定的《新旧约圣经》，因此狭义的基督教（即新教）从天主教脱离出来时，随即确立了"唯独圣经"的重要教义和原则立场，从而与公元第一世纪诞生的基督教的源头保持了不可分割的传承关系，更避免了基督教变异成为一个其他性质（例如政治、经济、军事、种族、阶层、职业之类）的世俗组织的可能性。

通过上述分析，我们可以更深入而准确地认识到华北神学院在中国基督教内和中华大地上的建立及发展，是历史的必然。齐鲁大学神学院与华北神学院的裂变衍生过程，并非普林斯顿神学院和威斯敏斯特神学院的裂变衍生在

---

3 [美]威廉·古德：《原始宗教》，张永钊、刘诗伯等译，郑州：河南人民出版社，1990年，第10页。

4 [日]吉田祯吾：《宗教人类学》，西安：陕西人民出版社，1984年，第51页。

中国的翻版，也就是说，中国基督教并非是美国基督教的投影或拾人牙慧的尾随者。[5]从宗教社会学的角度分析，可以符合逻辑地推论出的结论就是——只要现代派与基要派的争议和对立在中国基督教内部出现，即使没有华北神学院，也必定有别的性质相同的神学教育机构出现，因为坚持信仰核心教义和"基本要道"的中国基督教会和广大基督教信众需要这样的神学教育和传道人培养机构。这是基督教的本质所决定的，并不仅仅是赫士等传教士和丁立美、贾玉铭等中国神学教育家这少数几个人的个人行为的结果。从这个意义上考察，可以说是历史选择了华北神学院，中国的基督教会选择了华北神学院，而华北神学院则承载了中国基督教会的历史使命。

三、超越性与现实性的统一

早期进化论学派的人类学、宗教学和民族学者最先将巫术纳入"宗教"的研究视野，并认为巫术是"原始宗教"，或是"宗教的起源"，理由是巫术、祭祀等礼仪（ritual）都属于人类的"超自然经验"活动，都与神圣性和超越性有关，都是因为相信有超凡的神秘力量的存在，因此它们都同样具有"宗教性"，都符合宗教的基本特征，都可以归类为宗教，于是将其定义为"原始宗教"、"自然崇拜"宗教，或"弥散性宗教"（diffused religion）。

但是功能学派的社会人类学家通过比较研究，注意到不同的"宗教性"所产生的社会效应以及所发挥的社会功能是极为不同的。例如，十四至十五世纪美洲印第安人地区的阿兹台克帝国，虽然在天文、建筑、美术、城市建造等方面已经达到了相当发达的程度，但这个族群信奉各种自然神，常年进行大规模的人牲祭祀仪式，并存在集体吃人肉的风俗。相比起源于两千五百年前的佛教所倡导和实行的禁欲斋戒和"不杀生"等教义，这两者的神圣性和超越性以及社会功能，显然不应该不加区分地等同看待。倘若按某些"文化相对论"学者所主张的"文化多元主义"观点，在社会价值分析中将上述两种"宗教"一视同仁，甚至在社会管理中都给予"平等权利"，那将会导致怎样的社会后果？其答案不言自明。因此，学术界对于巫术之类"民间信仰"是否应归入宗教的范畴，一直有不同意见的争论。学者们对宗教的基本特征见解比较一致，但对宗教定义的边界则未有共识。

5　华北神学院在成立时间（1919 年）上早于美国威斯敏斯特神学院（又译"西敏神学院"）的成立（1929 年）。

具体到基督教而言，基要派坚持教会历史传承的神圣性和超越性、坚持"圣经无误"的信仰立场，是否会导致这个信仰群体变得愚昧、封闭、落后呢？他们是否排斥、抗拒甚至阻碍社会发展、文明进步和现代科学普及呢？华北神学院的历史正好可以作为一个典型案例，来回答这一值得关注的问题。

如前所述，基督教基要派与现代派的主要分歧在于对《圣经》的立场，尤其是对《圣经》记载的所有"超自然事件"的态度和解释。现代派主要是根据以自然进化论为基础的科学主义立场而否定"圣经无误"的传统，进而影响到其宇宙观、世界观、道德观、伦理观、社会观、人生观、教会观等的一系列的改变。譬如，后来被一些人视为"自由派"的传教士如李提摩太等人，把主要工作和精力投入到建设社会事业上，在中国近代教育、医疗、出版、救济、慈善等多个社会服务领域里，都可以看到他们的积极角色和重要作用。

而基要派对此持什么态度？从史料研究中可以知道，二十世纪确实有少数本土基要派人士反对教会开展这些事业，笼统地将其称之为"社会福音"，担心这些社会事业会冲淡甚至替换了基督教的神圣性和超越性，即"福音的核心"和"教会的使命"。但是，以戴德生为代表的近代基要派传教士，不但不排斥这些社会服务，反而将之与传教事业同时并进。由戴德生创办和主导的内地会，在中国更偏远、更落后的内陆地区建立了数以百计的学校和医院，填补了许多地区的教育和医疗服务的空白。

再看华北神学院，从该院的课程设置中可以发现，他们不但开设《圣经》（释经学）、系统神学、教会史、讲道学等课程，以及从不间断地坚持祷告和灵修，学院同时也开设了宗教比较学、基督教社会学、圣经考古学、地理学、生物学等课程。由此可见，持基要主义立场的办学者们并非主张和实行闭目塞听的遁世隐修，他们不仅不排斥现代自然科学和社会科学，反而相信让神学生通过对这些学科与《圣经》相结合的系统性学习和审辨比较，才能更加坚定其信仰立场，将来可以更好地传播福音和服务教会。

除了上述课程的教学外，华北神学院还带领学生积极开展对弱势群体的社会关怀和慈善服务，专门组织神学生到监狱、麻风病院等令人"闻之色变"的地方进行探访布道，并长期为麻风病患者募捐，为危重病人提供救助支援。[6]

华北神学院的例证表明，坚持传统教义的基督教信仰群体所相信和持守

---

6 王德龙：《基要派与滕县华北神学院》，刊于《枣庄学院学报》，2016年第6期，第20页。

的理念是——信仰的超越性（以及神圣性）与现实性的关系，既不是非此即彼的对立排斥关系，也不是彼此维持对等的平衡关系，或"大部分对小部分"的数量比例关系，而是由内核与外在构成整体的合一关系，是从里到外彰显、从上到下延伸的关系。因此，基督教不完全是信徒个人内心的隐秘活动，也不仅仅是教堂内各种短暂的神圣集体仪式，而是"因信称义"之后"用行为显明信心"的生活状态和群体信仰实践。[7]

四、普世教会与地方教会的原则

长期以来一直被国内许多人视为"西方宗教"的基督教，其成员组成在二十一世纪的今天早已发生了结构性的变化。据统计，2010 年全球广义的基督教（包括天主教、东正教、新教）信徒总数约 23 亿，为世界第一大宗教，其中北美和欧洲占 38%，非洲占 21.5%、亚洲占 15.4%，拉丁美洲占 23%。相比起一百多年前的 1900 年，当时全球基督教徒人数只有 5.58 亿，其中北美和欧洲所占比例高达 82%，而亚洲只占 3.9%，非洲仅占 1.8%。

从以上数据对比可知，在过去一个世纪里，全球基督教徒人数增加了四倍，在西方社会基督教人口比例不断下降的同时，南方和东方的基督教徒人数一直持续增长，增长率达两位数，现已大大超过了西方的基督教徒人数。[8]此外，与西方基督教日益世俗化的趋势相比，亚非地区兴起的基督教更加注重信仰的神圣性和超越性，保持了更多的基督教历史传统，也在各自所在地区以及普世基督教会中扮演着越来越重要的角色。[9]今天，当中国期望在世界舞台上发挥更大作用的时候，就不能对世界上这一数量巨大的信仰群体视若无睹，而且在打开国门、走向世界的过程中，必定与他们相遇。

以上数据和事实同时也证明，基督教确实是一个普世性的宗教，可以超越种族、地域、文化、历史等差异的鸿沟，但共同信仰的神圣性和超越性并没有取代不同地区和不同民族各自的文化特色，进而演变或融合成某个民族学或政治学意义上的"统一共同体"。这其实是基督教独特的特性所决定的，因为

---

7 参见《罗马书》和《雅各书》。

8 Philip Jenkins: *The Next Christendom: The Coming Global Christianity*, New York University Press，2011 年，第 1-3 页。

9 例子之一是基督教圣公会在对待同性恋及"同性婚姻"的问题上，亚非地区的绝大多数主教和欧洲的部分主教产生了严重的意见分歧，坎特伯雷大主教不得不重视亚非地区主教们的立场。

公元 1 世纪初期基督教一开始从犹太地区向外传播时，教会就坚决地制止了要求外族基督徒必须"归化"为犹太民族的企图，并且将这一原则郑重其事地记载于《圣经》之中。[10]正是由于《圣经》记载了基督教早期的这段传教历史和传教原则，从而使这个原则具有了神圣性，它被确认为是来自上帝的启示，而不是一项人为的传教策略或一时的权宜之计。两千年来，历代基督教会一直谨守这个圣经原则。历史证明：当基督教从罗马帝国在亚洲的一个小属国向外传遍世界各地，甚至成为一些地区和民族全民信仰的宗教时，从来没有一个民族因为信仰基督教后而变成了另一个民族，语言、历史、文化等构成民族特征的基本因素都没有改变，基督教教义最突出强调的改变就是每个基督徒都"在基督里成为新造的人"。[11]按社会人类学的定义和分类，不难判断，这一改变完全是属于宗教性质的，与种族、政治、经济等因素没有直接关连。

华北神学院既然秉持"圣经无误"的立场，认定《圣经》是"上帝永恒不变的话语"，自然也严格遵守上述的圣经原则。神学院立足于中国本土，植根于本土，致力培养为中国本土教会和信徒服务、向本国民众传福音的基督教传道人，这从华北神学院毕业生的去向可以得到证实。同时，不能不提到的另一方面，就是基督教基要派根据《圣经》记载耶稣的话"我的国不属于这世界"，[12]以及耶稣拒绝被人拥戴为世上的君王这一举动，对于宣扬"世界大同"之类的理想，或建立"基督教国家"之类的主张，一向持警惕或超然的态度。这一立场虽然经常被基督教现代派或外界社会批评为"对现实世界冷感"、"不关心社会政治"，但从另一个角度去看，基要派的这种保守观念却又恰好保持和维护了基督教的宗教纯粹性，令教会不至于轻易被各种政治或其他势力所利用。

从社会人类学的观察与研究分析中也可以发现：大多数以追求终极信仰为目的、希望解决个人心灵需要的信徒或信仰追寻者，都会选择持基要派立场的基督教会，因为往往在这样的教会组织里，他们的"灵性需求"才能得到重视和满足。若借用一些宗教社会学者提出的"宗教市场论"来表述的话，就是基要派神学院和教会能够准确而恰当地对应这部分"消费者"的需求，并有效地提供了这方面的"宗教供给"。虽然笔者并不完全赞同"宗教市场论"的理论观点，但参考借鉴其方法论作为分析工具，也有助于说明基要派及其神学院

---

10 详见《使徒行传》、《罗马书》和《加拉太书》。

11 《哥林多后书》5：17。

12 《约翰福音》18：36。

产生和存在的必然性和合理性（rationality），如同现代派的出现也自有其必然性和合理性一样。

华北神学院创建于 1919 年，中止于 1952 年。今天，人们回顾该院在中国教会和社会历史中的三十年发展历程，再结合这一个世纪以来基督教在中国和世界各地的持续发展和增长，可以发现：华北神学院的办学理念和教学实践，以及在基督教会内外的影响力，并不是凭空产生的，也没有因其合并和撤销而从中国社会的信仰人群中消失。

从社会人类学的学术角度分析，如果将宗教视为人类独有的一种社会文化现象，它必然有自身的存在意义和发展规律，不以人们的主观意志为转移。从这个角度探究华北神学院的发展历程及其延续至今的深远影响，可以发现并证明：位于历史文化积淀深厚的中国山东地区的这所神学院，无论对基督教群体或非基督教社会而言，都是一笔值得重视的、颇有价值的宝贵历史遗产。

中国第一所现代大学的分裂

许　宏

　　这不是一个新题目。《言究所》曾经在《基督与世界（四）》专门说到这段历史。其中的部分内容也以不同形式出现在《杏花》杂志刊登过的《中国人的坐标系》，还有《教育之真相：19 世纪末 20 世纪初在华传教士的信仰分歧及其影响浅议》。

　　重新回到这个题目，是因为近来发现一些之前没看到的史料。从朋友一琨得知，一本与这个题目相关的书，《历史光影中的华北神学院》，由赵曰北先生于 2015 年编著出版。我并没有看到这本新书的详细内容，但访问了赵先生的博客，看到他在近几年花费很多精力试图进一步还原这段仍被广泛忽视的历史。赵先生挖掘整理出的记忆碎片不光跟他所在学校的百年岁月有关，也不仅是中国和美国教育史的一部分，还跟那进入暂时的永恒相连。

　　从赵先生博客看到最重要的新素材之一，是 *Inheriting China：a Memoir*，可以直译为《继承中国：一部回忆录》，作者是玛格丽特・赫士・霍利斯特（Margaret Hayes Hollister）。查询谷歌图书（Google Books，再次推荐这个便捷而丰富的研究资源），可以读到这本书的一部分。玛格丽特生于 1917 年 4 月 15 日，四个月大的时候就跟着父母从美国坐船去往中国。那时，玛格丽特的父亲约翰・大卫・赫士（John David Hayes，1888-1957 年）刚从普林斯顿神学院（Princeton Theological Seminary）毕业。对于约翰・大卫・赫士来说，那次带着妻子和女儿其实是回到中国。1888 年 2 月 23 日，约翰出生在中国山东的登州（今蓬莱）。

　　约翰的父亲就是中国第一所现代大学分裂事件中的关键人物：沃森・麦克米兰・赫士（Watson McMillan Hayes，1857-1944 年）。1882 年，赫士与妻子来到中国，成为登州文会馆（英文名 Tengchow College，登州学院）的教师，讲授天文、地理、物理、数学。那年，这所成立于 1864 年的学校正式成为大学，而登州文会馆及其英文名字开始于 1872 年。也有人认为创建于 1879 年的圣约翰学院（Saint John's College）是中国第一所现代大学。1895 年，赫士接替登州文会馆的创立者狄考文（Calvin Wilson Mateer，1836-1908），成为这所大学的第二任校长。登州文会馆就是后来的齐鲁大学（英文名 Shantung Christian University，山东基督教大学）前身。到了 1919 年，61 岁的赫士辞去齐鲁大学神学院院长职务，在这年秋天开始与从神学院退学的一些中国学生组建新的神学院，即为后来的华北神学院（North China Theological Seminary）。

赫士和他的学生出走有多方面原因，包括合办齐鲁大学的各方之间在管理权和办学模式上意见不一，不过信仰上的分歧是其中一个主要因素。这些在以往的研究中已经得到记载，特别是姚西伊教授的专著《为真道争辩——在华基督新教传教士基要主义运动（1920-1937）》。

赫士孙女玛格丽特的回忆录提供了新的视角。从谷歌图书上看到的部分，有一处细节透露了赫士在 1919 年之前那段时间的思想状况。这就是玛格丽特出生前后的那几年。如果按照玛格丽特父亲约翰原来的想法，普林斯顿神学院并非他选择深造的学校。根据玛格丽特回忆录，以及她在 2012 年捐赠给美国国会图书馆的家族档案（Hayes，Hollister，and Kelman families papers，1826-2012 年），约翰在普林斯顿神学院之前曾就读普林斯顿大学（1910 年）和牛津大学（1911-1914 年）。在 1915 年 1 月 8 号的一封信中，赫士极力劝说约翰去信仰保守的普林斯顿神学院而非纽约协和神学院（Union Theological Seminary）。这封信显示，协和神学院似乎会给约翰足够多的奖学金，而赫士宁愿自己给儿子付钱也要让约翰去普林斯顿神学院。根据玛格丽特的记述，约翰听从了父亲。这个父子之间的故事可以称得上赫士和他的学生在 1919 年离开齐鲁大学的预演。而到了 1929 年，普林斯顿神学院自己也发生了分裂。约翰·格雷森·梅钦（John Gresham Machen，1881-1937 年）和一些同事由于类似的原因出走，建立了威斯敏斯特神学院（Westminster Theological Seminary）。

关于赫士与梅钦、华北神学院与威斯敏斯特，以及他们所处的历史背景，《基督与世界（五）》已有比较详细的论述。一般流行的中国历史书中，几乎不会提及齐鲁大学的分裂及华北神学院的建立。这两件彼此关联的事都发生在 1919 年。相比之下，很少人没有听说那年的"五四"运动。同样在 1919 年，还发生了跟齐鲁大学前身登州文会馆创立者狄考文有关的事。那年五四前夕，中文白话文和合本《圣经》出版。狄考文曾是这个译本翻译委员会主席。（参见《基督与世界（一）》以及《每逢五四，就想念他们》。）从这里，可以看出在理解中国现代历史方面至少有两条不同的线索。显然，"五四"运动跟分裂后的齐鲁大学在关于中国现代历史的记忆中留下了远比和合本《圣经》及华北神学院普遍多的影响。

不过，这两种线索的对比不是到了 1919 年才突显出来。在回忆录中，玛格丽特说到她祖父赫士更早的一次出走。赫士曾接受山东巡抚袁世凯（1859-1916 年）邀请，在济南帮助建立了山东大学堂。他于一年后的 1901 年辞职，因为那里要求所有学生必须敬拜孔子。尽管如此，袁世凯仍然向清政府推荐赫士，请他为全国教育改革提出方案。正是在此过程中，赫士建议清政府设立周日休息的七天制。这个作息制度先在学校施行，后推广到全国。玛格丽特回忆，赫士曾对她父亲约翰说，这是他一生的一个主要贡献。

在玛格丽特的回忆录中，可以看出她祖父赫士对《圣经》和自然科学的同时热爱。她引用父亲约翰的话，说祖父赫士带着妻子万里迢迢去往中国的主要原因，在于将上帝的福音传给那些之前没有机会听到的人，这种传教士的拓荒精神，在赫士那里又是科学家的探索精神，因为赫士认为，真正的科学探究本质上都会将一个诚实的人引向创造宇宙的上帝。相当程度上，这两种在很多人看来可能彼此矛盾的精神，正是驱使赫士不仅从美国出走中国又在中国之内继续出走却没有从中国再出走的重要动力。1944 年 8 月 2 日，87 岁的赫士于山东潍县的日本集中营病逝。在被关押的两年，他写日记，记录每天早晚的温度和天气状况，就像他在以前常常给儿孙们介绍夜空的繁星。

关于这位中国第一所现代大学分裂事件中的关键人物和他的家庭，在玛格丽特的回忆录，在赵曰北先生的博客中，还有更多值得观看的。

华北神学院的创立：
中国教会灵性的自觉

陈小勇

前言

华北神学院（1919-1952 年，下述简称"华神"）在中国神学教育史上留下的印记不可磨灭。华神不分宗派，学生来自十五个省份，十五六个公会。[1]由此可见，华神生源覆盖面之广。尽管她如今不是常常被谈起，但其以《圣经》为根本的保守的神学训练和灵性培养无形间影响着中国教会。

华北神学院的创立自然与赫士密不可分，领袖的神学立场、个人魅力等对华北神学院产生最为直接的影响，其中有两个因素我们不能忽视。一是赫士作为美北长老会的一员传教士，长老会的宣教决策及推动同样对此有着影响；另一方面，中国教会自我的灵性需求及觉醒更是其中最为关键的要素，这也是华神创立的主因所在。本文主要以美北长老会在山东宣教的年度会议记录作为史料依据，藉此反映北长老会领导层的决策及其宣教重心的改变，从寻求与英国浸信会联合兴办高等教育，而后转为支持开辟以培育保守的、基要主义为旨归的神学教育。

一、急于联合办学的弊端

山东长老会宣教团早在 1881 年就向差会部申请将登州文会馆（Tengchow Boy's High School）改办成大学性质的高等教育，并要求将其更名为山东大学

1　详参《华北神学院年刊》，南京：灵光报社，1930 年。

堂（The College of Shantung），课程设为六年制，开设的科目主要有国学、科学通论、中国历史、基督教教义、伦理学等，办学宗旨以基督教的观点为出发，教授中西方文化。[2]长老会希望能够在巩固已有的办学成果的基础上，进一步提升成为中国北方地区一个重要的教育机构，以赢取更多的声誉和经费，显而易见，登州校址并非是最为理想的地方。

庚子事变后，来华差会在希望恢复先前办学状态无果的情况下，他们开始考虑教派间的联合办学。于是，山东传教的几个教派亦开始协商办学方面的合作，英国浸礼会对此感兴趣，有意愿与美北长老会一同来兴办大学，合作办学势在必行。1902 年，美北长老会和英国浸礼会达成协议，联合成立三个学院，即潍县的文学院、青州府的神学院和济南府的医学院，1909 年将其命名为山东基督教大学（Shantung Christian University），1917 年迁入济南新校址。

不过，联合办学的建议从起初就遭到反对，甚至否决。"障碍之一乃是唯恐由于联合而丧失自己教派的特点和对自己教派的忠诚。其它的障碍则是……学校的传统不同。"[3]对此问题的担忧可说是当时普遍存在的现象。尽管如此，教派联合办学还是实现了，整体教育水平远超过之前。透过联合办学，山东基督教大学一跃而上，吸引了大量生源的加入，成了当时中国最好的高等学府之一。

然而，狄考文却一直担心联合办学来得如此迅猛，是否"会带来危机学校实质的激进改变"[4]，但他本人并没有马上作出强烈的反对，反而成了大学管理委员会的最初成员之一。狄考文希望青州府的神学院成为两个学院，即培训学院和神学院。此外，狄氏对在神学院开设英语课程持反对态度，"那样会很快破坏我们现在取得的高水准的学术水平，并且会把我们学校培养出来的学生变成世俗的人。……我不赞成这种超出了当时所需的过快的扩张。它会迅速地使这所学校世俗化，并且会偏离它的目标和应该做的工作。"[5]狄考文担心学校的宗教性质被改变，神学生掌握了英语技能后放弃传教的初衷，另一方面也担心中文水平的下降。他的担忧深深触及了神学院培育神学生的本质问题，而这一实质问题没有得到重视与解决。

2　参见费舍：《狄考文传：一位在中国山东生活了四十五年的传教士》，关志远等译，桂林：广西师范大学出版社，2009 年，第 132-133 页。

3　杰西·格·卢茨：《中国教会大学史（1850-1950）》，曾钜生译，杭州：浙江教育出版社，1987 年，第 96-97 页。

4　费舍：《狄考文传：一位在中国山东生活了四十五年的传教士》，第 144 页。

5　转引自费舍：《狄考文传：一位在中国山东生活了四十五年的传教士》，第 147-148 页。

　　事实证明，狄考文的担忧不无道理，差会在急于求成的办学联合上未能意识到此一问题的严重性。在联合后不久，大学内部管理与办学理念的分歧和冲突不断加剧，尤其是神学教育方面。1919 年，长老会在报告中提到差会联合运作下的神学院令人感到不满，直接导致中国教会的疏离。针对此问题，委员会提出了解决的方案。首先，神学院内部的管理，包括教务长和教员的挑选，应尽快交由差会代表负责；其次，强烈要求中国教会参与到管理中；最后，今后教务长及教员人选需要神学院四分之三董事会成员的同意。[6]迁入济南校址的神学院教学楼建设是由英国筹集资金建造，长期以来英国浸信会在神学院的势力不言而喻，赫士虽然担任该院院长，但实际上美北长老会在管理层的影响力微乎其微。这种局势长此以往的话，差会的联合就变成空谈。山东基督教大学北长老会驻校中国董事会（The Field Board of Managers）认为，"如果归因于复杂机构的困难继续存在的话，那么我们认为大学最大的利益可能会一分为二，一个部分归英国管理，另一部分归美国管理，各自部分的教员和基金主要由英国和北美负责。"[7]稽尔思（O. F. Hills）[8]在 1929 年给差会的报告中指出了矛盾的三大根源，"首先，在英美及山东基督教大学早期产生的关于大学生活的观念不同；第二，校内行政缺乏明确的指导思想和规范；第三，部分教职人员无法和谐合作。"[9]在自由主义思潮的冲击下，美北长老会与英国浸礼会的内部矛盾冲突达至顶峰，最终导致了该校神学院院长赫士被迫辞职及十八位神学生的退出。

二、变中求稳策略的抉择

　　赫士在回顾华北神学院创办历史经过时曾提及当年分道扬镳的主要原因乃是在管理和理念上的分歧。"华北神学院创始于 1919 年秋，彼年因与齐鲁神科管理及道旨意见不同，长老会学员情愿退出，教员亦分离，同到潍县另立神学。"[10]1919 年 9 月 20-23 日，美北长老会在济南召开执行委员会（Executive Committee）会议。会议提出，他们对于离开神学院学生的将来负有主要责任，

6　Minutes of the Annual Meeting, Shantung Mission, 1919 年，第 46-47 页。

7　Minutes of the Annual Meeting, Shantung Mission, 1919 年，第 48 页。

8　美北长老会传教士，曾担任驻校中国董事会代表，1919 年北长老会同意其辞职。详见 Minutes of the Annual Meeting, Shantung Mission, 1919 年，第 48 页。

9　转引自姚西伊：《为真道争辩——在华基督新教传教士基要主义运动（1920-1937）》，香港：宣道出版社，2008 年，第 137 页。

10　赫士：《十年经过》，刊于《华北神学院年刊》，南京：灵光报社，1930 年，第 1 页。参见本书。

建议中、高年级的学生到潍县圣经学校（Weihsien Bible School）继续完成他们的学业，并支付他们的费用。

神学委员会报告（1920 年）指出，在他们认为有必要放弃他们的计划且重返大学神学院的情况下，最低限度要考虑成立山东长老会神学院（Shantung Presbyterian Theological Seminary）临时董事会。在解决这个问题的期间，赫士和道雅伯（Albert Dodd）已经开始在潍县的工作。同时，委员会已经与独立教会、美南长老会之间展开合作，并考虑神学院的永久校址、设施保障和日常经费等问题。在诸多不确定因素的前提下，委员会作出如下决定，"第一，财政支持或反对山东长老会神学院（The Shantung Theological Seminary）建立的计划暂时推迟。第二，为此支付赫士和道雅伯文学助理年度津贴 304 美元。第三，年度拨款 431 美金由委员会掌管，管理人员由会议决定，根据即定制度适当地帮助神学生继续他们的学业，包括在潍县的学校或山东基督教大学。[11]北长老会神学委员会回信婉言拒绝了金陵神学院（Nanking Theological Seminary）对赫士及神学生的邀请，其中因由或许是出于长老会宣教利益上和当时的实际处境的考虑，当然内中也有中国教会迫切需要赫士继续教导这些神学生的因素存在。

1920 年 3 月 12 日，临时董事会再次召开会议，与会代表决定，如果可以与苏北南长老会和中国自立教会合作的话，就继续在山东开办神学院。有外国代表建议将山东长老会神学院办成中国一所新的圣经学院，且将地址放在上海或镇江。中国及其他部分代表则认为校址务必要在山东。"有一种非常强烈的感觉，如果与南长老会合作的话，校址必须放在滕县。"[12]另一组则认为，校址最好放在济南府，此一建议亦遭受反对，因为他并不愿意与大学的神学院竞争；几乎所有的中国代表希望校址能够在徐州，远离原来的地方。当他们按照成立大学的计划去筹划时，谁都没有预料到后来在山东所建立的新神学院却是一所保守派的神学院。

三、中国教会灵性的崛起

1920 年，由 J. A. Fitch, T. N. Thompson, H. G. Roming, P. R. Abbott, R. A. Torrey 等人组成一个委员会，主要是为了解决长老会神学的神学教育问题。传

---

11 Minutes of the Annual Meeting, Shantung Mission，1920 年，第 40 页。

12 Minutes of the Annual Meeting, Shantung Mission，1920 年，第 XXIII 页。

教士们开始意识到中国教会领袖所起的作用，他们认为是时候与中国教会合作开办神学教育的工作，并在适当时候委派委员会的其中一人与中国教会代表协商。会议记录中明确指出，这所新建立的保守派神学院由中国教会控制，包括创办理念、经费支持等方面。对于中国教会希望赫士和道雅伯能够担任新神学院的教授一事，委员会认为如果该项工作让人满意的话，那么就同意中国教会的邀请。[13]

在神学教育委员会的报告中特别指出，中国教会牧师和领袖在会上提到一个重要的主题，那就是灵性。委员会认为，这个说法深深地影响到我们。中国教会迫切地渴望圣灵地引导，从而促进上帝国的发展，可以为乡村教会培养牧者，拯救更多人的灵魂。[14]中国教会灵性的需要也直接表现在对山东基督教大学的看法上。他们认为，大学的环境已经妨碍了神学生灵性上的成长，送往该校的神学生难免受到错误思想——自由主义思潮的影响，对此他们普遍上产生了抵触的情绪。[15]由此可见，中国教会灵性上的觉醒是华北神学院创立的关键因素。会议决议上对华北神学院的设立目的有如下规定：

1. 在《圣经》的基础上教授基督教的基本教义；
2. 强调《圣经》作为信仰和实践的唯一准则；
3. 维护关于神学、圣经鉴别学和解经学方面的保守教导；
4. 强调基督徒生活和服事的灵性阶段；
5. 给基督教工作提供多样化形式的训练；
6. 组建一所主要由中国教会掌控的神学院。[16]

会上，来自美南长老会宣教会的 W. F. Junkin 牧师/博士谈到，苏北宣教会更喜欢将他们的精力放在金陵神学院，他认为新神学院的院址应该放在山东省南部，为了合作起见，最为理想的院址就是放在距离较近的滕县。[17]1922年，华北神学院正式迁址滕县。美南长老会派遣卜德生和司迪恩两位传教士担任教员。

自随后召开的临时董事会上，全体代表一致通过：

13 Minutes of the Annual Meeting, Shantung Mission，1920年，第 XII 页。
14 Minutes of the Annual Meeting, Shantung Mission，1920年，第 XXIV 页。
15 参姚西伊：《为真道争辩——在华基督新教传教士基要主义运动（1920-1937）》，第141页。
16 Minutes of the Annual Meeting, Shantung Mission，1920年，第 XXV 页。
17 Minutes of the Annual Meeting, Shantung Mission，1920年，第 XXV 页。

1. 我们诚挚地赞成设立中国圣经学院（China Bible College）。

2. 无论如何，连结独立的中国教会，我们必须建立我们自己的神学院，尽最大努力与美南长老会合作。

3. 我们衷心地要求赫士博士接受我们神学院的院长职务，他的职责是神学院的教学工作，而非筹措资金。

4. 神学院将于 1920 年秋季开学，临时校址、开学时间另定。

5. 山东神学院的章程、细则以及永久校址将由改组的董事会决定，其中包括中国教会和美南长老会的代表。[18]

1924 年，当被问到为什么有这么多中国学生来华北神学院，一位中国领袖回答说，因为它的教导是完全保守的神学思想，它是由中国教会自己掌控的，这里有多位优秀的中国教员。[19]丁立美曾是该院的教授，贾玉铭和张学恭都曾担任副院长。董事会人选亦是由中国教会选出，中国教会已然成为华北神学院的主体。

结语

美北长老会的初衷是希望能够建立一所在中国北部有影响力的大学，因而与英国浸信会合作。联合办学虽给差会带来立诸多的益处，提升了自身的名誉，吸引了更多的学生加入，但弊端与矛盾也不断呈现，如行政管理、人际问题、办学理念及神学教义等方面。可以说，赫士及部分神学生就成了牺牲品，最后被迫离开山东基督教大学。美北长老会试图挽回这种局面，希望他们能够重返大学，从而决定暂缓设立新神学院的计划。

在解决这一棘手问题时，历史的天平却倾向了中国教会。因着中国教会自身的崛起，他们对山东基督教大学的不满，以及对培养神学生灵性的重视，一所坚持保守立场的神学院应运而生，这也是美北长老会始料未及的。华北神学院的创办，满足了中国教会对传道人的期望，忠于《圣经》，渴慕灵性，以及传播福音的热忱，更重要的是这所神学院是由中国人自己掌控的，有最好的中外教授。事实证明，以中国教会为办学主体的华北神学院是成功的，它从中国本土得到了众多的生源和财政支援，因而它可以与燕京大学宗教学院、金陵神学院鼎足而立。

---

18 Minutes of the Annual Meeting, Shantung Mission，1920 年，第 XXVI 页。

19 Minutes of the Annual Meeting, Shantung Mission，1924 年，第 61 页。

浅探滕县的文化基因与华北神学院

洪海若

　　滕县位于素来以民风保守著称的鲁西南地区，向北百公里左右就是儒家文化的发源地。在孔子的家乡曲阜，至今建立教堂仍然引起很大争议，以至于不得不多次停工。而滕县在早在清朝末年黄以元，黄以凯为代表的乡绅，不仅不反对基督教，并且让其儿子来新民学校就读，在华北神学院的董事会名单中，我们可以看到数量繁多的乡贤大名。而同期在山东非常兴盛的义和拳以及所引发的排外事件，在滕县的相关史料中却很少有记载，而这种运动在清末民初是非常常见的。近代以来教会在中国建立的大学有十三所，中小学更是不计其数，诚然，这些学校对中国的自然科学，社会科学领域都产生了很大推进作用。但为何在基督教神学领域，华北神学院却有自己独特的影响，甚至于超过一些同期规模大的多的教会大学。

　　这一切反常现象的背后，不得不引起我们的进一步思考，为什么是滕州。窃以为，这和滕县文化基因中对"义"和"天"的理解有着密切的关系。

　　今人对儒家，墨家，法家，道家，这些中国古典哲学有一种误解。认为这些思想流派都是由当时某一创始人所发明创立。在意思形态上是孤立排斥的。但是如果从春秋时代本身历史的维度来看，这种观点是站不住脚的。（在史学上对这个问题有大量的相关研究，本文只写出结论）。更确切的说，这些哲学流派都是中国古典哲学的不同侧面和不同流派。换句话说，是一个哲学母亲的不同孩子。他们都流淌着共同的血液。只不过个性不同。每位先贤，不论是孔子、老子、墨子，他们对自己的定位都是上古古典哲学的继承人，而不是创始人。

　　具体到儒家来说，其所倡导的"仁爱"，强调的是以自己家族为中心辐射出去的爱，是有差别有等级的爱，而墨子的"兼爱"强调爱的无差别，平等，无条件。如果爱是有条件的，处于心计，希求利益，就称之为利爱不是兼爱。

　　对爱的不同理解，就产生了不同的社会价值追求，由仁爱自然衍生出了"礼"文化，礼文化的本质就是对社会秩序的一种追求。可以称之为温柔的等级制度。而儒的本意就是一种主持礼仪仪式的官职名。而兼爱则不同，兼爱追求的是一种建立在平等基础上的。无等级要求，无血缘关系的一种社会关系。这种关系表现在社会关系上，就是"义"文化。

　　"義"这个字也很有意思，从甲骨文来看，上面是献祭用的羔羊。下边是兵器我，（一种有利齿的戌，威猛战具）本义是指用羔羊的血祭祀上天，来祈祷平安。（这个字的创始，背后的文化内涵很值得深思，本文篇幅所限，不展开论述。）

　　可以说"义"文化已经渗入了每个滕州人的骨髓中，他塑造了滕州的风俗习惯，也影响着滕州人的思维方式。而这种义文化这种平等纯粹的爱。和主耶稣教导我们的爱人如己在精神上是相通的。

　　墨家的天文化主要记载在墨子的天志篇中，天志者，天的意志者也。

　　　　然则天亦何欲何恶？天欲义而恶不义。然则率天下之百姓，以从事于义，则我乃为天之所欲也。我为天之所欲，天亦为我所欲……

　　　　与人相杀，而天予之不祥？此我所以知天之爱天下之百姓也……

　　　　且吾所以知天之爱民之厚者，有矣。曰：以磨为日月星辰，以昭道之；制为四时春秋冬夏，以纪纲之；雷降雪霜雨露，以长遂五谷丝麻，使民得而财利之……

　　　　曰："此仁也，义也。爱人、利人，顺天之意，得天之赏者也。"不止此而已，书于竹帛，镂之金石，琢之盘盂，传遗后世子孙，曰："将何以为？将以识夫爱人、利人，顺天之意，得天之赏者也。"

　　　　是故子墨子言曰："戒之慎之，必为天之所欲，而去天之所恶。"曰天之所欲者，何也？所恶者，何也？天欲义而恶其不义者也。何以知其然也？曰：义者，正也。何以知义之为正？天下有义则治，无义则乱，我以此知义之为正也……

当我们细心查考墨子的天志篇，会发现墨子理解的天，和后世所理解的天有根本上的不同，不同后世所理解的自然神论，自然规律论。墨子的这个天是有着自己的意志的。天不喜欢任何人之间相杀。天创造天地万物，罗列日月星辰，就是为了自己的百姓可以享受。而爱人，利于人，就会得到天的喜悦和赏赐。这位天只喜欢义，不喜欢不义。更重要的是墨子主张任何人都应该主动亲近天，了解天，做蒙天所喜悦的事。这和儒家主张的敬鬼神而远之，只有君王通过仪式祭祀才能讨天的喜悦。可谓大相径庭截然不同。

"又有落在好土里的，生长起来，结实百倍……"（《路加福音》8：8）

某种意义上来说这座自古以来就敬天重义的城市，已经为了它要承担的使命预备了千年。也愿神在将来的日子继续看顾这温柔的好土，结出更多的了粒来。

记忆中的华北神学院

鄂淑华

听说有先生在组织华北神学院一百周年纪念活动并征集文稿，我心里原本平静的水面泛起涟漪。这些天来，脑海中总是浮现出当年在华北神学院学习的场景，好像一切都在身边，求学的往事仿佛就在昨天。

我们离开母校已经八十五年了，但历史还在我的眼前。我想若心灵伴侣李云汉先生还在世的话，他一定会秉笔直书，去再现华北神学院当年生活与心路历程，但是十七年前他已主怀安息了。现在只能由我来作些回忆，以襄组织者百年纪念活动之盛举。

一

我叫鄂淑华，1909 年 8 月 19 日出生于内蒙古的一个葛姓家庭，因是第三个女孩，被父母遗弃，是内蒙古萨拉齐教会救婴堂抚养长大的。救婴堂的创办人是瑞典鄂必格牧师和夫人，这就是我姓鄂的由来，这个姓让我永远纪念我再生的爹娘。

少年时期，我在救婴堂办的三妙女校就读并毕业。青年时期，在大同首善医院学做护士一年多。1929 年，萨拉齐教会送我去山西洪洞道学院学习两年，毕业后又教过两年书。那时，我已与云汉先生订婚，他当时在华北神学院学习，要我也去华北神学院学习。1933 年暑假回到萨拉齐的我，与侯荣三先生同路来到坐落在山东滕县的华北神学院。从此，我就和华北神学院结下了缘。

二

来到华北神学院，首先映入眼帘的是地标性建筑——宏伟别致的三座大楼。大楼的北边有男生生活区，楼前运动区的南边是女生生活区。入学后，我被安排与上海伯特利的陆旋同学住一个宿舍。隔壁宿舍住着萨拉齐救婴堂时的同学艾振华，她与杨玉珍同宿舍。杨玉珍后来嫁给了神学院同学陈儆吾，他们俩比我和云汉早到海州教会工作。

女生生活区内还住着何赓诗牧师夫妇，何师母当时负责管理女生生活区。异性来访，要经何师母允许后才能接见。何师母还是女生的琴法老师。她首先排好一周的指导学生练琴时间表，届时，她会进行一对一的教学指导。她教学非常认真，且善于正面鼓励学生，我曾经常受到她的指点与夸奖。

三

华北神学院校园的植被是很美的，建筑也是很美的，但是在我心目中最美的还是这里有一批像我的爹娘鄂必格夫妇那样圣徒般的师长。

师长中的杰出代表，首推赫士校长。我未到校，即听说是赫士一手创建了这所精神殿堂，心中油然而生对他的敬仰之情。来校后，又听说他是神学博士，甚至有人说他曾获六、七个博士衔，更增加了对他的崇敬和神秘感。入学不久，我在女生生活区的北门前遇见他和夫人，近距离地与他们面对面。只见古稀之年的赫校长身材高大伟岸，脸上总是洋溢着慈爱、睿智的笑容，赫师母身材高挑、端凝和蔼、风采非凡。赫校长很平易近人，见到我们这些新生，非常和善、亲切地与我们打招呼、交谈，并主动邀大家在"天道干城"的牌坊处合影留念。毋庸置疑，赫士是神学院的核心。他之所以成为核心，当然有他创办学院之功的因素，也有他决策地位的因素，但是我的体会是，他之所以众望所归，乃是因为他特有的纯正信仰、高尚人格和博学多才。作为日理万机的校长，他一直坚持给学生们授课。他扎实的神学功底、一丝不苟的教学态度、深入浅出的教学方法，让广大学生听了如沐春风，简直是灵魂的享受。赫校长不是一般的宣教士，他一直从事神学研究。我们在校期间，他虽年事已高，但仍学而不厌、思辨不断、笔耕不辍，以至著作等身。云汉入学时，曾对赫校长说他只上两年。赫校长看他才不到二十一岁、很年轻，就问为什么？云汉说经济上帮助他的人只能资助两年。赫校长说，这样，你帮我誊抄研究论文的手稿，我来帮助你上完神学。于是云汉在课余会经常到赫校长处工作，校长孜孜不倦的科学态度、神学研究的深度、广度，使云汉心灵震撼。云汉有幸成为他部分研究成果的第一读者，受益匪浅，影响终生。

说到神学院师长的代表人物，道雅伯牧师是不能不说的。道牧师个子不高，满脸的谦卑仁爱。他是位以身证道者、布道的实干家。在学期间，我经常见他充满热忱地外出布道，更难能可贵的是去众人不愿去的麻风病院，向形态丑陋且易传染他人、遭亲人躲避、社会歧视的麻风病患者传播上帝的福音，解除他们精神上的痛苦。他这样日复一日、年复一年地布道，受到广大教徒、信众、学生的尊敬与爱戴。每当有人衷心夸赞他时，他总是腼腆地说："我做得还不够好。"道牧师家养了几只奶羊，当时滕县生活艰苦，他就将挤下的羊奶送给外籍教牧人员与身体瘦弱的学生喝，云汉就曾享受过这样的"待遇"。

毛克礼牧师也是华北神学院师长中的佼佼者，他不仅携夫人来中国布道，而且把妹妹也带来了。毛牧师的妹妹毛教士是后来我在山西曲沃妇女学教书的同事，她教音乐，我教《圣经》、手工等。下午放学后，她常约我到城墙上散步。1934 年 9 月 28 日，我和云汉结婚，她还给我做了一件披纱。她的未婚夫也在中国新疆布道。

当时华北神学院优秀的教牧人员，秉持基督大爱，精神至诚，缔造学院，灿若星斗。他们在属灵的道路上，对学生动之以情、晓之以理、导之以行，在此恕我不能再一一列举。

爱戴其师而乐从其业，在导师们言传身教下，我们的信仰更坚定，做布道者的信心也更足。

四

华北神学院对男女生授课是放在一块进行的。在教室或礼堂听课，约定俗成的是男生集体坐在里侧，女生集体坐在外侧。但是体操和琴法等课是分开上的，我记得当年女生体操是由北京来的一位老年男教师教的。

学院对男女生的学制管理有所不同。女生实施的是三年选修制，而男生实施的是四年全修制。但是男生若刻苦、勤奋，超前修满各科，亦可提前毕业，如云汉就是这样的，他是用了三年半完成四年学业而毕业的。

华北神学院的教学，是神学院中最正宗、最正统、最全面、最严格的神学教育。大家如不信，可查阅当时的历史文献。

从学风来说，华北神学院也是一流的。就拿不作要求的选修课英文与希伯来文来说，大家亦是学习非常踊跃、趋之若鹜。云汉因经济制约，用三年半时间赶学四年的课程，但英文、希伯来文都坚持选修下来了。

华北神学院教学一大特色是重视"实行神学",非常重视学生布道能力的锻炼与培养,真正把神学院办成接地气的传教士摇篮。学院要求主日、寒暑假学生都要分组或单独外出练习布道,以印证、巩固所学,综合演练布道能力。每当外出布道,大家都满怀信心,不辞艰苦,竭力宣扬。云汉就是这些同学中积极的一员。早在山西洪洞道学院学习的第一年暑假,他就独自一人走向山西北部,途经霍州、平遥、介休等地,随走随传。第二年也就是 1929 年我进入洪洞道学院,曾听过他领礼拜,当时就为他爱主、属灵的生活所打动。在华北神学院学习期间,他更是经常怀揣领人归主的目标,独自一人背着小包袱就出发去布道了。

华北神学院精英化的师资团队并没有导致在学校管理上的专制,相反学院很注重民主管理、很注重学生自治能力的培养,学院把很多行政管理岗位拿出来、预备各种机会,放手让学生养成自治自理的习惯。俗话说:民以食为天,但学校连食堂的事务长这样重要的岗位都敢拿出来让学生管理,云汉就曾做过这项工作。学校通过学生自治管理,让学生学习自己管理自己。这样一来,学生修身比以前更自觉了,学院风纪也更好了。

五

1934 年暑假,云汉在华北神学院顺利毕业。他当时希望我能在校继续上完神学。就在这时,巴若兰教士来对我说:"现在工作多工人少,你还是赶快工作吧!"巴教士的高情难却,我只能告别我所崇敬、依恋、和乐而圣洁的华北神学院,去山西曲沃,参加了由杨绍唐牧师及其表妹吕明瑛、巴若兰教士和云汉等凭信心办的灵工团,走上了主召选我作他圣工之路。

作为云汉的心灵伴侣、作为一位布道者,我们先后应巴教士、贝牧师之邀到过山西曲沃、湖北郧阳布道,又到山西洪洞道学院教了一年书。1936 年 8 月,由华北神学院张学恭副校长推荐、孙来章牧师邀请,云汉和我带着大女儿美琳由青岛坐船至朝鲜,取道汉城,到清津、会宁华侨教会布道。1937 年卢沟桥事变后回国,开始了在海州教堂长达二十多年的布道活动,与明乐林牧师、戈锐义牧师共事,其间经历了抗战、解放等诸多历史大事件。1959 年又来到新浦教堂传教,其间经历"文革"等磨难,但我们始终认为:我们是主拣选的子女,甘心乐意尊崇主、敬畏主,歌颂主的名,直到永远!1999 年 7 月《天风》杂志曾刊出刘西三先生撰写的《风雨同路 忠心事主》一文,介绍了云汉与我蒙神差遣的作为。

1994 年 5 月《天风》刊出当时八十五岁的我撰写的《神用苦难造就我》一文，这是我迟交给华北神学院师长们的一篇汇报作业。今日我离开母校虽已八十五载，华北神学院师长们的形象仍一直印在我的脑海里，他们是我心灵深处岁月带不走的圣徒。在离开华北神学院、面对苦难试练的布道日子里，我仿佛看到导师们那深邃的目光在注视着自己，便使我信心倍增、不敢懈怠。愿在天堂的师长们能从中看到我这位辍学当圣工学生的心路历程。

岁月流转，今年我一百一十周岁了。回首往事，消逝的是时光，留下的是越来越坚定的信仰。

莲青山苍苍，微山湖茫茫，我心中的母校——华北神学院山高水长……

华北弘道院与华北神学院两院关系史料

王真光

华北弘道院（Mateer Memorial Institute）与华北神学院（North China Theological Seminary）是两个独立的学院，对外是两块牌子，在内部则有分有合。这两个学院同属于美国基督教长老会。华北弘道院由美国牧师狄乐伯（Robert M. Mateer，1853-1921 年）于 1913 年在滕县创立；而华北神学院是由美国牧师赫士博士于 1919 年在潍县创立，并任院长。到了 1922 年，华北神学院在赫士率领下迁至滕县，与华北弘道院共用一个校园，之后，又在院内建造教学楼、教师楼和学生宿舍。随同赫士来滕的有张学恭等人。1923 年，又聘请贾玉铭牧师为教授，贾曾任南京金陵女子神学院院长，贾玉铭在华北神学院任职八年离去。在华北神学院任职的教员，还有申乐道、丁立美、张学恭、丁玉璋。到了后期，赫士年事已高，神学院的校务工作由张学恭主持。

神学院和弘道院办学宗旨不同，神学院主要是培养神职人员，其生源不限于长老会的，而是来自十几个宗派、全国各省，甚至还有香港、南洋、朝鲜的学生，学生人数多达两百之众，成为中国当时学生人数最多、影响最大的神学院。学科以神学课为主，文化课为辅，神学科有：《圣经》、历史神学（教会史）、灵修神学、实践神学等；文化课有普通高校的国文、历史、哲学、天文、地质、法学、心理学、音乐、英文和希伯来文等。弘道院是普通中学，学科设置除道学外，其他与普通中学相同。

在教学上，两院的教师互有兼职。大礼拜堂共用，讲道的主讲人多是神学院的赫士、道雅伯、张学恭几位牧师。但教学楼各是各的。

神学院和弘道院的经费各有来源，分头管理，但在生活上男生共用一个餐厅，教职员和学生宿舍也是共用。

1941 年 12 月 8 日，日军强占神弘两院，外籍教师全部被关进潍县集中营，直到抗战胜利才得以获救，除赫士死于集中营外，其他人皆回国。

1946 年受国内战局影响，校舍被毁，华北神学院及华北弘道院南迁，神学院一迁徐州，再迁无锡。弘道院也迁至常州。张学恭牧师率部分神学院人员到南京，在黄泥岗教会建立泰东神学院，自任院长。在无锡的华北神学院于解放前夕迁至台湾台北市，学院在大陆的活动就此终结。解放后，华北神学院滞留人员仍以华北神学院名义，联合华东地区的各神学院组成南京金陵神学院。

读经问道　证史释史——
读赵曰北《历史光影中的华北神学院》

王牧天

　　在古老滕县辉耀一时的华北神学院的陈年旧事，因为滕州一中百年校庆的缘由，被赵曰北先生重新提起。

　　曰北在其新著《历史光影中的华北神学院》一书中，以乾嘉学派审慎致密的治学方法，介绍了原本与燕京大学宗教学院、金陵神学院鼎足而立的滕县华北神学院的学术背景、兴衰沿革，肯定了华北神学院在中国神学教育史上的重要地位，确认了基督教北美长老会坚持保守纯正的神学立场及其在山东百年传教史中的历史作用。

　　《历史光影中的华北神学院》是一部具有明确价值判断、独到学术眼光的史书。曰北编撰此书，缩百年为一瞬，汇众说为一编，执一应万，持要治繁，可被称为"体大而虑周"的宗教神学研究的大作。说它"体大"，乃指作者视野之开阔，涉及时间跨度之漫长，搜求史料、疏流探源工程之巨大；说它"虑周"，它一要作者有"冥冥之志"，有冲破固有观念束缚之胆识、襟怀，具备那种朗抱如月的学者的理想、信念，二要作者有"昭昭之明"，具备那种高情若云的史家的学养、识见。

　　通览全书，可以读出本书的三个明显特征：其一是具有一定的敢为人先的开拓性，它钩沉了行将被历史洪流淹没的小城旧事，填补了这一领域的学术空白；其二是具有一定的精思独悟的创意性，它自成系统，自成风格，自持一家之言，自成一家之论；其三是具有一定的涵盖时空的鉴镜性，它虽非神学畛域的开山之作，但却有宗教史学、神学教育、人文科学的多重价值，同时还具有

"古为今用""外为中用""多元相参"的多种功能，可以让"前修之辙迹"，成为"后学之津梁"。

撰写《历史光影中的华北神学院》书稿的发端，始于曰北三年前筹备滕州一中百年校庆、编撰一中校史那段机缘。当时，他在阅读神学教育史料、采访有关人士的过程中，深为家乡有过这段真诚的存在和宗教的那种真性的光芒所昭示，于是立志要把老滕县在中国宗教文化领域具有国际影响的时代印记真实地记录下来，并予以恰切的历史定位。其实，曰北一无基督神学经典教义的系统知识，二无宗教神学信仰实践的人生修为，硬是凭着学者之心、智者之灵的历史担当精神和学术良心，以宗教家般的虔诚、以史学家的真诚，读经问道，证史释史，走百家门、读千家文、行万里路，以求真务实的勇气，以穷源竟委的执着，素心焚膏，称珠度寸，经年累月，不计寒暑，以一千三百个月落日出的时间代价，孜孜矻矻地完成了这部心力之作。

读曰北大著，获益良多。聊作数语，以资贺忱。

2015 年 9 月

尊荣渐露的华北神学院——
欣慰于读《历史光影中的华北神学院》

马　多

　　《历史光影中的华北神学院》，当听说这本书的编著者还不是基督徒，甚至在"三年之前从未接触过有关基督教的人和事，对神学教育更是一无所知"的时候，心里确实有不小的震动和感慨。不能不对萌动于赵曰北老师心里的那份热心，要为家乡被遮蔽的那段美如"奇葩"一样的史实，尽其所能地用文字掀开一段幕幔而鼓掌。不错，历史是由许许多多的故事织就的，美好的故事可以反衬一个美好的地方，也可以反衬一段美好的人生！

　　华北神学院不是没有听说过，而是就其当有的名声而言，确实是听得太少。每当脑子里模模糊糊地出现"华北神学院"这几个字时，总是与几个人名结合在一起的：贾玉铭、张谷泉、李道生等等。其中张谷泉牧师的故事，在我们心里久久萦绕不去，成为心中瑰宝的一部分。这几个人都曾在当年的华北神学院教书或学习。而创立华北神学院的赫士博士，这位有识之士，就只是停留于仅仅知道名字而已，真是惭愧得让人说不出口。

　　赵曰北老师的这本书，有许多珍贵的史料收集和整理耙梳的价值，也不乏公允的阐释和评论。赵老师意在"还原"华北神学院当时的一些场景和细节，借此展示山东滕县这个曾经的教育重镇的"迷人风采"。华北神学院的出现，有它的历史成因。可以说它是基督教复兴运动所带来的一个必然结果。从书中我们可以了解到，创立华北神学院的赫士博士，"1882 年 8 月 15 日，赫士被按立为牧师；同年 11 月受北长老会派遣，偕新婚妻子赫美吉到达山东登州，开始了他在山东终其一生的传教生涯"。青少年时代的赫士，正值美国教会很复兴的年代。在神学院就读,曾"师从著名神学教育家本明·布雷肯里奇·华菲德"。华菲德是美国教会史上一个非常有影响力的人物,坚持《圣经》无误论,一生传讲纯正的改革宗神学教义。这对赫士神学思想的形成有着决定性的影响。后来几经波折,最终在滕县建立的华北神学院,很大程度上就是赫士博士坚持要在神学院教授纯正神学,抵御扭曲《圣经》的自由派神学;为中国教会培养储备坚守《圣经》无误、有良好神学装备的教牧人员。

在讲述华北神学院风雨彩虹的故事中,赵老师的笔墨,始终以历史资料和口述者的回忆为经纬,笔调清晰,力求准确地呈现当时当地的棱角与风貌,为读者朋友勾画出一幅次第分明的画面。其中的不少内容和细节,既让人深思,又让人诚服。全书共有九章和两个附录,以及大量的资料引用和说明,可谓是旁征博引。我们认为,这本书的编撰,有两条线索,一是时间的脉络;二是赫士博士这个重点人物。赫士博士受美国北长老会差派来华传福音,十九世纪末二十世纪初西方宣教士来华宣教热情高涨,蔚为大观。美国青年学生中甚至提出了"在我们这一代把福音传遍世界"的激动人心的口号。"据统计 1888 至 1919 年间,美国共有 8140 名学生被派到海外,其中到达中国的就有 2524 人,约占总数的三分之一。"

赫士多才多艺,除了传福音的大使命,他工作的范围很广。"1890 年前后,赫士利用文会馆的印刷设备,创立《山东时报》。此报为山东境内第一份中文报纸……为适应教学需要,赫士先后翻译和创作了《对数表》、《声学揭要》、《热学揭要》等现代科技著作,许多内容开中国现代科技教育之先河。"他在担任文会馆馆长期间,就受到其前任狄考文的高度信任,称他是"很有能力的人"。传福音救人灵魂无疑是赫士博士的最大使命,为了向独有其文化特色的中国普通老百姓讲清楚福音的道理,《圣经》所启示的耶稣基督为什么能救人灵魂?赵老师分析认为,"中国是一个多宗教的国家,长期以来道教、佛教、伊斯兰教在社会上影响颇大。为了帮助信徒辨别其中的优劣,1911 年赫士再版了《诸教参考》……通过比较'而证明惟基督福音真理,系救人之道也'"。"为了回应自由主义神学对神迹的质疑,赫士于 1913 年出版《耶稣实录讲义》一书,作为各校课本之用。"1930 年 4 月他的《教义神学》出版,成为神学院的教科书;该书共两册,博大精深,能帮助学员趋正避误。

对于教育的重视,基督教是有其《圣经》依据的。《箴言》这样说:"教养孩童,使他走当行的道,就是到老他也不偏离。"彼得前书对于信耶稣的人,也这样劝勉："只要心里尊主基督为圣。有人问你们心中盼望的缘由，就要常作预备，以温柔敬畏的心回答各人。"这里"常作预备"里面，就包含学习教育的意思。建立华北神学院，从赵老师的介绍里，我们可以知道，既是对于神学教育的重视，更是对于纯正神学教育的坚守。这让笔者想起王峙军牧师讲过的一句话，大意是"信仰越纯粹越有力量"。赫士博士之所以从先前供职的齐鲁大学神学科退出来，选择滕县另立"华北神学院"，就是对于纯正神学教育的坚持，因为不这样就"无法保证我们的学生不接受错误的思想。"赫士后来回顾这段历史时曾说："华北神学院，创始于一九一九年秋，彼年因与齐鲁神科管理及道旨意见不同，长老会学员情愿退出，教员亦分离，同到潍县，另立神学。"

华北神学院办学的历史虽然只有短短的 33 年，且是在中华大地充满动荡的时代背景之下。前有"义和团"的暴力阴影，中有北伐战争以及后来抗日战争的爆发。然而即便在这样艰难的环境条件下，华北神学院的办学果效依然成绩斐然。凭着神学院的好名声和赫士博士的声望，"华北神学院在中国国内和北美地区源源不断地得到捐助，使神学院历经各种困难终于坚持了下来。"按赵老师的话说是既铸就了一个"教育重镇"，也产生了"深远影响"，且具有"迷人风采"。到 1930 年神学院的中外教职员有 13 人：赫士、贾玉铭、道雅伯、卜德生、丁立美、张学恭、丁玉璋、何美丽等。记得吕沛渊牧师把神学形象地概括为"学神"，这关乎认识神和照神心意而活的大是大非，一点也马虎不得，一旦学偏走错，将直接影响人的灵魂与生命。赫士曾说："华北神学院永远不培养贬低基督，怀疑福音的人。"其神学院的办学宗旨为："一、以圣经为根本，取正派之教育；二、注重灵性休养，实地练习；三、以中华教会为主体，培养学员对于教会之责任心。"此外，神学院还拟定信条，强调福音派共同遵守的信仰原则。

立于滕县小清河南岸的华北神学院，据苏佐扬牧师撰文回忆："神学院三座大楼前面是一块空地，该空地有一块足球场，一个网球场，一个排球场，还有一块空地给学生打太极拳或作其它运动，学生每日均在该处运动。"最兴盛的年代，毕业于华神的学生人数达到一百多人，远远高于当时全国其他几所神学院的人数，其中有部分是女学员（华神附设有女子圣经学院）。"这些受到良好装备的毕业生，大多数奔赴各地基层教会，他们中的不少人很快成长为当地的教会领袖。"其中有一批以张谷泉牧师为代表的神学生，组成一个到最艰苦的新疆开荒传福音的团队——"西北灵工团"。为了传递耶稣爱的福音，倍历艰辛，背起十字架来跟从耶稣的脚踪行，有的甚至殉道。在张牧师的一首诗歌《主啊，我愿》里面，张牧师爱人灵魂的心志感人流泪。

赵曰北老师这本书，资料丰富，图文并茂，散发出历史资料发黄的陈香。在《圣经》里，有一句话说："是就说是，不是就说不是。"这是一切愿意追寻真理（真像）的人都不能不同意的道理。在这里我们感谢赵老师在书中为我们所呈现真实画卷的片段。基督教曾经给赵老师所热爱的故土带来过祝福，华北神学院也曾为滕县打开过一扇让世人知晓的美丽窗户。正如赵老师在绪论部分所言："在收集有关华北神学院史料的过程中，通过接触一个个活生生的人，我对基督教这一文化体系产生了由衷的景仰之情。"是的，赵老师在书中主要以文化体系的角度在审视和评判华北神学院以及基督教的方方面面，我们也盼望终有一天赵老师能超越文化的层面，深入到信仰的内核"寻根问宝"，因为这一切美好的展现，都是因为那一位耶稣基督的缘故。愿主祝福赵老师和他的家人！

追寻遥远天际那一抹神奇光辉

鞠忠武

想想都出奇，作为一个非基督学者，赵曰北先生竟然出版了《历史光影中的华北神学院》，整整12万字，完整勾画出了曾在滕县办学的华北神学院的发展史。怀着崇敬的心情，仔细读完这本书，心里竟是五味杂陈，为消失得无影无踪、当今绝大多数滕州人不知道的华北神学院——这所在中国基督教史上赫赫有名的神学院。

先来一个插话。在当今中国基督史学界，华北神学院仿佛海市蜃楼，可望不可即。究其原因，无非是历史久远，历经浩劫，资料匮乏，且散见于各地的图书馆、档案馆，也有的零星散布在其它典籍文献之内，要想查寻，殊非易事。金陵协和神学院教会史副教授严锡禹牧师深知华北神学院的重要性，多年就想让自己的研究生围绕华北神学院做课题，但由于资料匮乏，所有学生都望而却步。当《历史光影中的华北神学院》这部书的初稿摆上严锡禹教授的案头时，这位虔诚的牧师几乎热泪盈眶。再说一事。当远在西北高原的沙柳先生看到书稿时，惊起而立，他由衷赞誉："这是教会史灵宫里的一块金砖，它发光呼应，连接古今，触动我们，显示出珍贵的历史价值。"他赞叹："那被历史硝烟、尘沙、血泥封闭的名字，被一双手擦亮了。"这双手，是赵曰北先生的手，是一双执着求索、不还历史真相不罢休的手！

翔实的弥足珍贵的史料让方家里手叹服，这是该书的黄金价值。自从有了互联网，对于做学问的人来说，真的轻松了很多。什么东西不了解，百度一下，所有内容便如雨后春笋，层出不穷。可是，对于真做学问的人来说，这些资料属于二手资料，大都不可靠。再说，你想要的资料，网上还真没有。你非得下苦功夫不可，不光"苦其心志"，更得"劳其筋骨"，不远万里去找。尤其是对于基督教这方面的资料，对于在大陆消失的华北神学院的资料，健在的人已经很少，且大都在千里之外的港澳台，有的远在大洋彼岸的美国、澳大利亚等。怎么办？"亦余心之所善兮，虽九死其犹未悔"。三年来，赵日北先生南征北战，采访当事人，与远在海外的专家沟通，广泛搜寻阅读有关资料。仅翻阅《传教士与近代中国》、《蒙恩的脚踪》、《为真道争辩——在华基督新教传教士基要主义运动，1920-1937》等专著，就达 28 部之多。经过在莽莽苍苍的文字丛林里爬罗剔抉，该书得出这样的结论：华北神学院是上个世纪二三十年代中国最大的神学院，是中华基督教联合会诞生地，是当时中国基督教新教基要主义运动的策源地。翻阅此书，笔者连连感叹，如果赵日北先生研究宗教史，仅此一部书，即可将博士学位收入囊中矣。

开发、推介滕州宗教文化，对在两岸三地乃至美国提升滕州知名度，都有不可估量的作用。1919 年 9 月 19 日，齐鲁大学神学院的 18 位神学生，在院长赫士的带领下，离开齐鲁大学，来到潍县长老会会址组建了华北神学院。1922 年 9 月 29 日，赫士将华北神学院由潍县迁到滕县，与新民学校比邻而居，此后二十多年，华北神学院逐步发展成为"培养了大批教牧人员，从而深远地影响了中国教会的特质"的神学教育大本营，在中国神学教育史上产生了重大影响。华北神学院是美国北长老会等神学机构赞助创办的神学院，1935年，美国耶鲁大学神学院院长韦格尔博士就到该院演讲。1949 年以后，华北神学院不少校友离开了大陆。皖北校友胡洪文博士到台湾后，和华北神学院重要创办人之一、资深教授道雅伯博士，在台湾淡水地区创办了崇正神学院。为继承并发扬华北神学院的历史和精神，坚守华北神学院秉持纯正信仰的办学理念，胡洪文带领大家于 1991 年圣诞节恢复了华北神学院，并担任复校后的院长。目前，叶程义博士继任院长，该校拥有 20 余位中外籍教师组成的教授团队，开设学士班、硕士班、博士班以及专修班等，许多课程免试入学，且费用低廉，对贫寒、残障者还有助学金。华北神学院计划在大陆建立分校。2019年 9 月，该院将迎来建校百年华诞。从美国到中国滕州再到中国台湾，基督福音是一根红线，这条线曾经割断多次，但愿我们接续起来，其大用将不可估量。

2015 年 9 月

与华北神学院相遇

赵曰北

现在想来，与华北神学院相遇对于我来说，委实是一件应该庆幸和感恩的事情。

一

2012 年底，我所供职的山东省滕州市第一中学正式把创建于 1913 年的新民学校作为建校的起点。学校成立百年校庆筹委会办公室，启动了主要针对 1950 年之前 37 年校史资料的收集和整理工作。我作为校庆办公室的工作人员之一，走访和接待了二十多位老校友以及早期教牧人员的家人，前往潍坊广文中学、潍城区档案馆、济宁市档案馆、山东省档案馆、山东省图书馆、上海市档案馆、华东神学院、金陵协和神学院等地查阅了相关资料。几个月的奔走，很是辛劳，同时也感到收获颇丰。

感受最深的：一是姚西伊教授 1984 年南开大学历史系毕业，1987 年获该校硕士学位，而后又获美国波士顿大学博士学位，他对华北神学院非常关注，在 2008 年出版的《为真道争辩——在华基督新教传教士基要主义运动（1920-1937）》一书中，用两万多字的篇幅，向人们深度展示了华北神学院的重要地位和非凡价值。笔者在华北神学院旧址已工作二十多年，对此却几乎是一无所知，这不能不让人感到强烈的震撼！二是华北神学院在上个世纪二三十年代盛极一时，在国内外有着广泛影响。对这段历史有所了解的人，提起它总是赞不绝口，许多老校友都把毕业于华北神学院作为自己一生的荣耀。三是赫士、道雅伯、申乐道、道德贞等美国传教士，自身受过良好的教育，本来可以在国内过舒适的生活，却冒着巨大风险，漂洋过海，别寻异地，来到山东滕县这个堪称穷乡僻壤之所，不断从母国募捐钱财，用于兴办神学院和教育、卫生、慈善事业，救助在精神和生活方面陷入困境的人们，他们的大爱情怀和执着奉献精神感人至深。

我常常设想，如果没有战乱，华北神学院能够一直开办到今天，"北大洋楼"里中外硕儒济济一堂，新老校友俊采星驰，滕州必定会成为千万人心中的圣地；如果三百亩的校园不被毁掉，雄伟巍峨的西式建筑遍布其间，今天的滕州也不必为创建历史文化名城而煞费心机；其实，滕州原本可以发展成为国际知名的中等城市！有几回夜阑人静，遥望闪闪繁星，我深为家乡错失一次发展良机而扼腕叹息！

校庆活动结束之后，我把有关材料整理成《华北神学院史略》初稿，发到个人博客上，供有兴趣的同仁参阅。同时私下里想，这对于自己也算是一个总结和了断。始料不及的是，这篇文章得到了人们的持续关注，在不到两年时间里，访问量已达 700 余人次。这其中，有健在的老校友，有教牧人员的后人，有教会中的有识之士，也有对这段历史感兴趣的文化学者和在读博士生。他们有的提供一些资料和线索，有的指出史料的失实与疏漏之处，有的想寻求更多的信息，更多的人则表达了一份鼓励和期许。读着这些恳切而温暖的话语，我越来越深切地感受到：自己有幸接触到这段历史，就有责任把它整理出来，以使这段尘封的往事为世人特别是滕州人所知，这对于家乡的文化建设以及当代的神学教育，也许都不无裨益。

二

但是，当我静下心来构思这部书稿时，又真切地感受到自我学识以及有关资料的双重匮乏。这种空虚感如影随形地纠缠着我，让我几度产生了放弃的念头。我心里知道，自己实在没有资格来整理华北神学院的历史。

这首先是因为我对基督教这一文化体系知之甚少。在我单薄而有限的学习经历里，所接受的都是无神论教育。实事求是地说，至今我还没读过一遍《圣经》。以这样几乎是一片空白的背景学识，如何来打量、陈述和评价华北神学院这所极具保守特色的著名宗教学府呢？

由于历史久远，历经浩劫，现存关于华北神学院的资料非常少，且散见于各地的图书馆、档案馆，也有的零星散布在其它典籍文献之内，要想查寻，殊非易事。金陵协和神学院教会史教授严锡禹牧师告诉我，他多年来就想让自己的研究生做这个题目，但由于资料匮乏，许多人都望而却步。

我所能做的是根据已有的线索，进一步收集和核实相关资料。为此，再次前往上海、南京、济南、济宁等地查阅资料；有针对性地拜访孔繁芝、尹宝爱、张兆拯等知情人士，主动和胡承斌、张恩如等早期教牧人员的子嗣联系，请他们提供有关信息；认真听取王学典、严锡禹、王剑华等专家学者的意见，同时也买了一些相关的学术著作。经过多方努力，华北神学院的轮廓在我心里渐渐明晰起来。

初稿形成之后，出版问题却颇费周折。一直未见过面的沙柳老师，为此上下求告，倾注大量心血。读着她宽慰、激励的话语，我心里总会充满温情，多日来奔走在莽莽苍苍文字丛林里爬罗剔抉的艰辛，顿时就化作了"我道不孤"的庆幸与喜悦。后来沙柳老师又慨然作序，爱护提携之意更是让人感动不已！

这本小书 2015 年 9 月面世以后，我几乎每天都收到来自学术界、宗教界和滕州地方有识之士的各种反馈信息，大家的关注度非常高，初版 1,000 册很快就分赠殆尽。为了不辜负众多热心人的雅望，两个月之后第二版稍作增补即仓促付印。

三

2016 年春节过后，在美国工作的宋培林先生在华北神学院微信群里，提供了赫士孙女玛格丽特·霍利斯特著有《在中国的传承：一部回忆录》这一重要信息，并分享了赫士的几张照片。我知道有关华北神学院的资料向来十分难得，有时费尽周折也仅能得到并不一定可靠的只言片语。玛格丽特出生于 1917年，赫士去世时她已 27 岁，并且曾就读于燕京大学历史系，我深信以她的身份经历和专业素养，这本书应该是研究赫士和华北神学院可靠而权威的参考资料。没能借鉴此书中的成果，对于《历史光影中的华北神学院》来说是个很大的疏漏，对我来讲则是令人坐卧不安的遗憾！我立刻把这个消息转告给就读于伊利诺伊大学的傅贺博士。傅贺理解我急切的心情，很快就把书从大洋彼岸万里迢迢地邮寄过来。

拿到书之后，我心里就萌发了修订第三版的念头。几个月来，又收集到不少重要资料。匆匆再版之时，有些错误没来得及修正，新的资料也没来得及增补。静下心来修订出较为完善的版本，弥补诸多的缺憾，委实势在必行。

料想这也许是最后一次修订了，所以想着尽可能把书稿整理得丰富一些。我知道，1942 年之后以费城为中心的北美地区是华北神学院外籍教牧人员和校友集中的地方，而上海则一直是中国籍教员和校友重要的集散地。本书第八章谈文脉精神的赓续，不涉及这两个师生相对集中地区，是很大的残缺。我把自己的感想告知了熟悉情况的毛大龙教授和冯贤牧师，并获得他们的宝贵支持。毛教授以严谨的态度，讲述了华北神学院美国理事会 1942 至 1969 年的运作情况。理事会成员念念于斯，他们恢复华北神学院的热诚以及为此付出的巨大努力，令人肃然起敬。冯牧师所著《沪市拾遗》，是神学院师生在上海这座大都市近七十年持守抗争的缩影。在有限的篇幅里，冯牧师以含蓄洗练的笔墨，呈现了一条信仰的主线。这两位先生是历史的见证者、参与者，他们的加盟相助，是本次修订的重大收获。

为了进一步收集和查证相关资料，我又两次前往南京。王秀清老人已经 94 岁，是华北神学院在无锡期间以及合并到金陵之后的见证人，也是老一代教牧人员中唯一健在的一位。老人睿智机敏，侃侃而谈，回忆在无锡期间的生活细节，模仿陆旋老师的口吻，风趣幽默，惟妙惟肖，使人仿佛又置身于那段安宁明净的岁月。丁玉璋院长在潍县时期即追随赫士在神学院就读，是我所了解的唯一一位与华北神学院三十三年办学历史相始终的坚定的守护者。在他儿子家里，我看到了赫士赠送的桌椅。这对桌椅在今天看来已显得有些粗糙和陈旧，但对于他们而言却是"传家宝"。斗转星移，世事难料，华北神学院作为一个办学实体虽然早已不复存在，但它的点点滴滴却散落在千家万户，它所传递的真理光芒和人间温情，一直被人们铭记和传扬！

近年来，傅贺博士、英国爱丁堡宋继合博士、美国纽约王德利先生以及匿名的国外友人向我提供了不少英文资料。在山东大学图书馆张炳林老师帮助下，我也收集到一些民国时期的相关英文报刊。把这些资料翻译出来，是此次修订的当务之急。问题是赫士以及华北神学院是保守派神学的代表，踪迹一向难觅，其中又涉及复杂深奥的基督教人名地名、教义典籍、因果关联等等，没有相当的背景学识，单凭英文功底是远远不够的。为了保证翻译质量，我向山东大学胡卫清教授、曲阜师范大学徐庆利教授、诸城教会姜暖牧师分别求助，在他们的协调帮助下，杨青华老师、陈晓姝硕士、张江波博士、姬朦朦博士接受了这项富有挑战性的工作。他们不讲报酬，不顾烦劳，一丝不苟，及时认真地完成了各自的翻译任务。

上海的胡承斌老师和李天鸽老师是"华二代"，对华北神学院有着深厚感情，长期以来他们家就是神学院师生联络聚散的中心。两位老师对华北神学院历史脉络及其细节的了解，是别人无法替代的。值得庆幸的是，这两年他们对我一直厚爱有加，有求必应。记得初版付梓之前，我专程到上海聆听胡老师的意见。他知道我来一趟不容易，顾不上中午休息，用整个下午的时间逐页逐段地向我反馈，从而避免了一些明显的错误。这一次，他们又欣然接受请托，负责审校这些艰涩冷僻的文字，反复掂量，切磋磨砺，再次付出了很大的艰辛。想起这些，我的心里就会充满深深的敬意与感激！

山东大学儒学高等研究院执行院长、《文史哲》主编王学典教授，对我收集整理华北神学院历史资料的工作非常关心。2013 年 7 月，当我第一次向他谈起资料收集情况及感受时，他以历史学家的敏锐眼光，断定这是一件很有意义很有价值的事情。听了他的话我备受鼓舞，坚定了把这项工作继续下去的信念。四年多来，王教授时常指导勉励，解惑答疑，给予了很大的支持。第三版出版之际，他又于百忙之中惠赐序言，对于我真是莫大的鞭策和激励！淮北师范大学王德龙副教授是研究教会史的专家，他在读博士期间对曾担任华北神学院副院长、院长的贾玉铭的生平及其灵命神学非常关注，共同的兴趣使我们成了交往颇多的好友。近两年来，他经常为我出主意、想办法。在教科研任务十分繁重的情况下，挤出时间为这本小书写了很专业很精彩的序言，殷殷之意令人感动。宋继合博士对华北神学院一直非常青睐，我与他仅有几次邮件往来，但他对我却格外关照，多次提供重要资料。得知我筹划出版事宜，他马上答应代为成全，并包揽联络重任，拳拳盛情感人至深！

四

日月嬗递，光阴荏苒。过去的一千多个日日夜夜一路走来，其中还有很多值得纪念和感谢的难忘瞬间。九十多岁的王真光先生写了饱含深情的书评，八十多岁的尹宝爱先生一定要陪着到神学院去，许应许先生热心地撰文推介，辛世彪教授、孙清鼎先生提出书面的修改意见，徐以骅、胡卫清、程文浩、刘家峰等资深专家予以热情鼓励，赵超雪女士、王亚拿女士、张宝华先生、包惠远先生等华北神学院校友及其家人提供了大量翔实的材料。

平日里我想，自己何德何能，可以让年迈的老人、知名的学者、虔敬的牧师，以及众多令人尊敬的知情者和热心人，共同劳心费力地为这本小书增辉添彩？我知道，这都是因为华北神学院这个金光闪闪的名字吸引着大家，是华北神学院非凡的内在魅力和辉煌的办学成就激励着大家、鼓舞着大家。

我本来没有资格叙说这段历史，是大家的鼓励和扶助督促着我步履蹒跚地走到了今天。

五年辛苦不寻常，书稿编就答君恩。谨此，把这本小书敬献给为华北神学院的创建和发展付出辛劳的前辈以及所有给予了关心和支持的人们！

2017 年 5 月

二十世纪三十年代中国基督教基要派
与自由派之冲突的起源与回响

王政民

　　整体而言，民国时期是自由派教会塑造中国社会的进程。但是这种塑造尽管被进步人士视为进步开化和革新，保守主义者却认为这是全然大错。今天，这种保守主义依然影响了中国知识人的基本政治图谱选择。他们认为声光电的先进，只是、也仅仅是表面生活方式的便利化，而这种便利是以丧失古典德性为基础的。对民主的肤浅的选择，怂恿了不具备政治能力的人，竟以为在人人平等的"天然正确"下能操纵国家公器，最终只能是让国家和人们沉沦失丧在现代化的迷失里。所以他们出于对一种伟大传统的坚持和守候，来抵制现代化的转型。

　　欧美近代基督教主流教会之自由派在这个阶段开始作为一个社会现象进入了中国。他代表了一种平民运动，即在封建固化，人的一生有着难以改变的社会等级身份限制的中国，自由派开始通过工商社会专业技能的教授，让这一部分人，能够冲破固化的阶层而有独立上升的空间。这是自由派教会在这个阶段的一种深刻广泛的社会影响。同时，自由派还积极的介绍着西方的文明制度，改变着中国。他们认为帮助中国进入现代化、熟悉现代化，是福音和基督精神在中国的主要表现。这个阶段是纷杂繁荣之时代，是基督教自由理念在中国产生广泛影响的时代，其中基督教青年会发挥着巨大的社会影响力。

　　但是到了民国时代随着华北神学院的建立，自由派教会开始有了强有力的批判者和挑战者。在基要派看来，自由派那一套不就是唯独追逐、迷恋工具理性、技术理性的科学主义和技术主义吗？华北神学院并非无学识的盲目反对现代社会，而是认为自由派把建设和发展的代价建立在了环境污染、生态恶化、生存危机、道德迷失和绝对价值颠倒的基础上了。所以在自由派影响力处于最高峰时，基要派开始站出来说不。

由此，本文通过叙述二十世纪三十年代的国际国内历史背景，构建出当时教会的生存环境。并且继续描述当时中国教会的主要教会和社会实践，方式是通过对一些较为有影响力的人物的描述来完成。接下来进入对华北神学院的介绍，选取其从开始到结束的一些节点细节，这样带给读者一种二十世纪三十年代的中国教会的整体印象，通过回顾历史，拓展人们对当代教会发展的想象！

一、源起：第二次在华宣教士全体大会之开会时间之争

最初来华的宣教差会各自独立，后来借着长老会的教务杂志做信息沟通的工作。1874 年，烟台的美国长老会召开宣教总结会议，赴会的除了美国长老会之外，还有其他长老会宣教士。大家坐在一起，其乐融融，讨论颇为有效，最终他们觉得在自己宗派即长老会有效的讨论基础之上，有必要联合更大范围内的宣教士团体，一起讨论在华的宣教事宜，这构成了仅有的四次在华宣教士全体大会的起源。于是，美国长老会尼维斯，英国伦敦会威廉臣、美南浸信会海雅西三人起草了一个通告，向在华所有宗派所有差会发出邀请。同年，狄考文等七人组成常委来推进第一届在华宣教士大会。这是由自由派发起召开的会议。

1877 年 5 月份，第一届在华宣教士大会召开。宣教士穿着中国衣服来到上海，会议成果主要体现在确立了自由派的宣教策略。有意思的是，自由派和基要派的争论也开始体现，即在何时召开第二届即下一届全体大会这个时间性议题上发生争论，体现了基要派的反对意见。自由派认为以十年为期即在1887 年召开第二届会议为宜，这以威廉臣、范约翰、尼维斯、费启鸿、斐迪等人为代表。他们认为，战争和条约让基督教进入中国，中国人优越性和自守心态破产，开始学习西方，特别是学习西方的历史、地理位置、国家制度和船炮技术，因此中国近十年变化甚大，主流中国人接触了蒸汽机、电话机等，新闻报纸开始普及，社会生活的各方面被中国人讨论。所以，中国目前局势有利于自由派宣教士，大家应该备受鼓舞、拓展教务、信心激增。当中国的改变还处于萌芽状态时，基督教该以怎样的方式涉入，时不我待，要当机立断，不失时宜的尽快召开。

期望 1887 年召开第二届大会，是自由派的热切愿望。因为他们以自由派宣教秩序输出为基础，开始谋求以基督教来帮助中国现代化。这种热切愿望是基于社会现实，而非基要派的无论的是与不得时。

基要派代表则以费约翰为代表，包括狄考文、晏马太、蓝柏、汤姆生等人。他们对于第一届大会由自由派占主导的局面颇为不满，试图通过时间的拉长来消磨自由派的热情，同时又能在在华基要派组织并不健全时还维持一个程序性大会，于是他们主张在 1890 年开第二届大会。他们提出了自由派不得不接受的理由，即缺乏经费，因此需要多年准备并经过冗长的述职和申请来申请。于是基要派的提议得到最终确认。宣教士之间自由派和基要派之争也迅速被国人所认识。

义和团作为官僚贵族的附庸，从其姿态便能看到中国社会对基督教的接受程度。1901 年，河北故城县义和团领袖田泽民加入英国伦敦会，成立基督教教会学校，开始把捭到白由派与基要派之间的分歧，开始以白由派反对基要派。义和团运动之后，导致满清政府努力推动现代化进程，此时中国几乎是全民都一致的要求现代化，即使最保守的贵族，也是希望做出预备立宪的某种改变，只是细节上需要优待贵族和维持休面。改革，是基本社会的共识，无论朝野。

而这时期的在华西方教会，主要是秩序输出和文明译介，既不允许中国人参与教会的行政事务，经费的支出也不允许过问，同时不允许中国人自传。直到赵君影第一次提出中国人可以自传，以及 1949 年之后，三自运动吴耀宗等人明确认为，教会可以在中国人手里自传自养自治。

二、二十世纪三十年代之时代背景

二十世纪三十年代的世界有着这样的现实图景：自从德国挑战了一战前的维也纳均势国际体系后，以英法美为首的协约国家击溃了德国意图称霸欧洲的努力，建立了凡尔赛-华盛顿条约体系。这个体系相对稳定的维持着世界的秩序与和平。但是随着世界经济体系的继续工业化，出现了基于贸易和货币汇率政策现代化过程中的曲折，于是德国以国家资本主义的形式崛起，再度发动了对凡尔赛-华盛顿体系的挑战，这就是二战的肇始。与此同时，一战结束后随着十月革命后苏联的崛起，全世界构成了两个基本的阵营即苏美阵营。从此，他们之间的关系主导着世界一切重大历史事件的进程。

在中国，大清帝国内部的新政和改革，促使汉族官僚和汉族民族买办和官僚资本主义的崛起，这些构成了大清帝国中央权力体制之外的难受约束的力量，满蒙回藏汉五族区域内的地方主义开始成为鼓吹自治的主要力量。急速发展的地方主义势力难以有耐心等待大清帝国的自上而下的改革，由此通过同盟会等反满力量和北洋军政府的合力，造成了 1912 年的民国政府的成立，中国由此开始进入了共和时期。

1930 年代开始，欧美凡尔赛-华盛顿体系下的国家发生了普遍的经济危机，面对经济危机造成的社会动荡，出现了欧美自由主义和苏联共产主义两种解决方案。中国知识人开始在这两种方案中寻找出路。二战的亚洲主要战场是在中国，之后美国在太平洋和东南亚的对日作战，以及苏联远东红军之进入东北战场，最后使得日本战败，二战结束。

共和时代开始，社会经济上，实业发展迅速。这些实业原是大清帝国之时的没有土地的贵族和兴起的汉人官僚开始开办的，清帝国原本的意思是想借此扩大税源，增加财政收入，但是不受约束的地方主义却把实业兴国的趋势顺利的构成了地方自治的经济基础。地方主义、军阀、土匪成了这个时期的中国乡土社会的面貌。

本文叙述的三十年代中国自由派与基要派之争的历史过程，正是发生在这样的一个宏观历史图景之中。中国教会作为历史现实中的存在，全方位的受到了这个大历史进程的深刻影响。

三、中国近代化的转型

近代化也叫早期现代化，它们源于同一单词"modernization"，以经济工业化和政治民主化为主要标志。在中国，近代化也就是工业化和与工业化相伴随着的政治、经济、文化等方面的变迁，就是实现社会的转型，即从中世纪社会转化为近代社会。中国的近代化，也就是早期现代化，普遍认为是从 1840 年鸦片战争也就是第一次英中战争（First Anglo-Chinese War）或"通商战争"开始的。战争之后，古老帝国开始缓慢而痛苦的转型。一方面，现代社会的工商业贸易规则开始进入中国社会，中国知识人开始逐步的了解了"更先进"社会理念和科学技术知识，以及社会制度和政治制度的原理。另一方面，作为社会的精英，中国知识人开始试图学习外国的可取和先进之处，以在国力上赶上外国，以求在国际交往中，比如关税的制定上有自主权，在司法裁定上也有独立权。在治外法权的丧失上，相对于保留酷刑的晚清，司法治权的局部丧失无可厚非。但有着民族自尊的中国知识人，试图改进中国的社会以求恢复完全的自主。在中央是以恭亲王奕䜣、文祥为代表的满族官员，在地方是以李鸿章、曾国藩、左宗棠、张之洞为代表的汉族官员，发起了洋务运动。当时的中国在武器装备和军事技术上远远落后于西方，洋务派的主张是学习西方先进技术和练兵方法，建设近代化国防。这个运动的意义在于，中国承认了自己在某些方面的不足，要求进行中国的近代化。

四、非基运动和中国基督教的回应

非基运动源于这样的国际背景，即 1917 年俄国十月革命发生，1919 年第三国际成立。第三国际开始谋求将社会主义和共产主义的世界政治经济的理解方式加于整个世界，加于中国。这与美国的中国政策相冲突，于是美国共和党保守主义阵营开始借助于正在美国开展的基督教基要派运动，来华布局，这样就形成了两个方面的主线。一方面，第三国际要在中国推行政治经济主张，于是联合居于主流的自由派，如吴耀宗等人，他们对于苏联的态度都是极为赞赏，并且心底认为相对于国民党的腐败，社会主义和共产党是未来世界的必然趋向和主流趋向。另一方面，美国的保守主义和基要派教会在华活动，开始试图阻止共产主义的蔓延和影响，1919 年美国世界基督徒基要派协会成立可以作为标志。

在非基运动前期，中国社会发生了一个转折性变化，即十月革命爆发苏联成立，和随之第二国际分裂，更激进的社会党成员成立了莫斯科第三国际这两个事件的出现。在工业革命之后由于大资本和大工业发展阶段造成的工人不平等的制度，在不同程度上，社会党和基督教青年会之类组织也反对大资本、反对欧美国家主义。他们力图努力改进更新社会弊端，意图以新的更合理的制度取而代之。因而他们在中国也是倾向于主张社会主义。

但与此同时，中国的基要派开始在这个大环境下成长，这些基督徒他们反对欧美资本主义等现代方案，也反对用新的制度取而代之，他们之开始接受基督教信仰，只是关注自身的个体得救，强化福音的个体独特性而非社会性。

1922 年 4 月 4 日，世界基督教学生同盟第十一届大会在北京清华大学召开。来自 32 个国家 146 名代表及中国 550 余名代表参与出席大会。此届会议是在第一次世界大战结束后召开的首次会议，其中的重要议题就是讨论基督教与战争的关系，表达基督徒反对世界上"强凌弱、大残小"的侵略行为。大会订立通过决议"我们有绝对责任，就是尽我们一切力量为取消战争根源而战，为取消利用战争作为解决国际争端的手段而战"。这是民国基督徒的主流声音，表达了基督徒追求民族独立和免于被欺凌的诉求。

但是却在此时刻，非基运动开展。非基运动诉诸于两个理由：一是基督教反科学，二是基督教勾结帝国主义。

众所周知，基督教是现代性意识的引进者，西方文明的传播人。社会制度、政治制度、科学技术和社会生活的方方面面，都是由基督徒和教会引进。那么，在哪些事件和时间节点上，出现了什么样的问题，以至于在群众性的非基运动中，基督教被视为迷信呢？

在宗派式的宣教理论上，大宗派一直倡导排他性，即基督教和其他所有宗教都具有着决然不同的本质区别。

这些自由派教会的本色化，是在人事组织和财务关系上，让中国人主导，外国教会辅助，并没有过多探索教会信仰和神学的本色化。基督教此时还是一种看起来高大上的信仰群体和宗教模式，传播着文明，塑造着新社会。

而艾香德博士是最先在神学上进行基督教本色化的差会的尝试。他为了消除"基督教洋教"的丑恶而大规模的在教义上进行着佛教化和中国化的革新，在深山里建立教堂，教堂建成佛堂样式，十字架下粘贴莲花，礼拜时点上蜡烛，跪下祷告，早晚灵修日课。这样的风气一开，民国基督教开始接近了中国本色文化，也和中国本土信仰模糊在了一起。尽管作为信义宗宣教士，艾香德强调自己虽然极尽可能的本色化了基督教，但对于核心的因信称义等关键教义，仍然保持着基督教的独一性。但是，在这样的过于迎合中国民间文化的时候，特别是当他们认为福音对象是底层的中国人时，为了俯就中国人的接受程度，在具体的宣教过程中，就承认了民间文化和宗教的合法性和正当性。于是在非基运动和广大知识人眼中，基督教是另一种宗教形式，不仅不更高明，反而更迷信，且披戴着帝国主义的外衣，具有鸦片性和侵略性。于是，基督教开始成为了非基运动的不理智的冲击对象。虽然这场非基运动宣称是文明排外，但一些基要派教会还是受到了冲击，艾香德在南京的景风山，即今日香港道风山基督教研究中心的前身，被损坏。

1849 年的英国，在工业化的弊端产生之后，世俗社会主义和工运同时兴起，这刺激了基督教以基督教青年会为主的基督教社会主义产生。而后基督教社会主义进入美国，他们被称为基督教社会福音派。在我们的论述中，有时以基督教社会主义交替代之。

沈嗣庄说自己醉心于基督教社会主义，其创办基督教文学社，目的是使基督教适合于现代生活，之后开始系统的研究。基督教青年会文字干事张仕章1939 年回忆，耶稣精神是一种社会主义，在中国有十几年历史，在文字上鼓吹彻底的社会革命，在口头上宣扬宗教的社会主义。

1913 年美国长老会宣教士李德里在江阴说到，社会福音和基督教社会主义是解决目前冲突的总方案。

因着对英国社会和工业问题的研究，民国时期的基督教大都认为基督教有两种分别。一是基要派，认为耶稣没有让信徒去筹设社会经济计划，所以基督教了解社会，了解国家是错误的。二是自由派或者社会主义福音派即社会福音派，他们认为教会和社会要紧密联合，福音如果除去了社会的因素，就只剩下僵硬的仪式了。

民国教会了解自由派，更多更系统的是来自日本牧师石川三四郎。他创办了自由派杂志《新纪元》，他的作品《基督教社会主义》《社会主义运动史》早早的就翻译成中文。后来来华的贺川丰彦牧师的自由派神学和基督教社会服务理念，更是被基督教青年会长篇刊载在青年会机关刊物上。贺川丰彦牧师的自由派神学主张影响了在日留学的辛亥革命群体，塑造了中国教会的社会关怀意识。

基督教社会福音取代世俗社会主义的尝试，因为超出了教会内部基要派接受的程度，在当前的基要派占主导背景下的中国教会，影响十分有限。

五、民国时代自由派的尝试与努力

民国主流差会对中国早期现代化的促进主要从这几个方面来看。一是传播科技。基督教青年会专门从美国采购世界最先进的设备仪器来华演讲示范，让中国人认识到科技是多么的进步和方便人们的生活。他们认为科技在内的一切事物，都具有福音性。贾玉铭就是科技型人才，其对于现代科学的把握不亚于其对神学的思考。二是思想启蒙。他们把人文主义和个体主义带进中国。三是制度变革。清末和民初的政治制度就是自由派带入的中国。英国李提摩太就是涉入中国政治进程最深刻的人之一，他从理论上启发了维新变法的思想，影响了中国知识人寻求新的宗教信念支撑。

民国教会还深度的介入了中外全方位交流的各个领域。当时美国在全世界只有 200 名领事，其中在华有 8 名领事，其中只有三位是受薪者。对华外交的事务繁多，显然，这种因为经费紧张而少设领事的做法限制了中国的国际交往。于是民国自由派基督徒便参与其中，参与的方式是：一是在领事离职前或者交接前，直接让宣教士带领中国教会兼任办理领事事务；二是直接长期被聘任。

由于长期以来，领事和自由派的认识重叠，并且领事常常根据自由派教会的研究报告制定政策，由此基督教在民国造成了巨大的社会影响力。在刘坤一的一封信中，我们能看到这种影响。国与国之间的交往往往以商业贸易为主，自由派教会对领事和贸易规则的熟悉，造就了民国时期基督徒的开阔视野，定位了他们对社会的自上而下，脚踏实地的社会福音式的改造。

民国社会福音派代表人物是宋则久。宋则久（1867-1956）在民国基督徒中便具有相当的代表性。他比贾玉铭年长十岁左右，出生于天津，7 岁进入私塾，15 岁进入义泰布庄学徒厂做学徒，类似于现在的中专职业技术学校。之后一直从事纺织品贸易，在 36 岁即 1899 年担任了天津大绸缎庄——"敦庆隆绸缎庄"的经理，年贸易额三百万元以上。1916 年，宋则久时年 49 岁，在辛亥革命胜利后受到辛亥先贤群体基督精神的影响，加入基督教会。宋信仰基督教十分虔诚，他用基督教的教义来修身、治家、管理售品所。他认为基督教的教义与爱国运动的目标是一致的，因此他非常热心公益事业和社会教育事业。在进入教会后，宋则久利用自己身份和社会影响，成立基督救国会，以基督信仰帮助中国社会更新改变。后任中国基督教自立会执事，再后来担任天津基督教联合会干事。

宋认为"基督教别开风气，就如同在臭水坑里头放着一个净水罐，紧密牢固，外边的臭水不能侵入"，"又如同一个制造漂白粉的大工厂"，会员全是漂白粉的分子，日久天长，把基督教以外的污秽，亦可漂净了。在这里我们能看到宋则久对自由派教会的评价，首先是慎独律己，不被外界污染侵蚀，保证自身的纯洁。同时还能影响帮助自身之外的其他人，把其他人也能感染净化了。

宋则久和宋棐卿、朱继圣、资耀华等知名人士，都是基督教自由派机构青年会成员。天津青年会会所里头有日学校、夜学校、宣讲会、体操场、球房、浴室、饭店、阅报室、宿舍。楼分四层，上有露台。入会会员分成人部、童子部、学校部、学友部。

周恩来和邓颖超在天津念书期间，从事社会运动，其中就在青年会内部，有段时间，每天晚上周恩来都会和邓颖超一起来到青年会天津总部，打开油印设备，两人一起油印资料，分发资料。借此，教会和中共有着深刻的彼此认知和互相理解，在之后的中共领导的非基运动中，主要反对的也是和外国有着上下控制隶属关系的直属教会，就如美国独立期间，美国独立运动者要求切断国内教会和英国的上下隶属联系一样。

而宋则久等民国自由派基督徒，他们很早的就认识到了帮助基督教中国化的重要性，在 1910 年爱丁堡举办的世界基督教合一宣教运动上，即提倡发展本国基督教联合会，倡导宣教人员的本国化。

民国自由派基督教还第一次将现代企业精神带进中国，期间以"东亚精神"和"民生精神"为代表的企业精神出现，由此中国的民族工商业在企业管理中开始以文化柔性管理开始。

宋棐卿（1898-1956），山东益都人，留学美国，1921 年学成回国，协助其父经营家业。1928 年济南惨案后，宋棐卿以天津为基地，目任德昌贸易公司总经理。在此之前，中国的传统工商业在企业内部管理上很不完善，奉行胡萝卜加大棒原则，简化工业需求，把工人看为经济人，很少对工人的心理、愿望和人际关系进行了解。而宋棐卿在天津这个当时的工商业重镇，依靠自由派教会机构青年会，主张世俗化、本色化和走上层路线，组建联青社，汇集天津当时的主要的社会精英，特别是以工商巨头为主，如宋则久、朱继圣、雍剑秋等人，组成基督教工商团契，研究探索民国基督教工商精神。宋棐卿爷爷宋光旭早年由英国浸信会在山东得宣教士施洗，其后开始学习英语，在这个浸信会牧师库林手下工作。之后宋光旭之子宋传典接下了库林牧师的德昌花边庄，开始了自己的工商业生涯。

到了宋棐卿时期，德昌洋行改组成为东亚公司。这是一家著名的基督教背景的近代民族工商企业，以基督精神培养员工的素质。公司股东大部分是自由派教会的负责人，比如上海的余日章、济南的郑仿乔、青岛的郭金南、北京的刘砥泉、天津的陈锡三、杨肖彭，牧师赫惠亭等。股东之外，公司运营的管理层中，副总经理陈锡三、毛纺厂厂长兼总工程师朱宇涵等三十多位高管都为自由派基督徒。可以说，东亚公司是民国期间基督教工商业精神最主要的体现。东亚精神，即东亚公司企业文化包括博爱、服务、平等、忍耐、受苦、勇敢、自省悔改、忠诚无私、联合放光等等。

宋棐卿比贾玉铭小 18 岁。当他考入齐鲁大学时，齐鲁大学因为自由派占主导地位，导致基要派神学教师出走，另外成立了华北神学院。所以宋棐卿一开始就是接受着最自由派的神学影响，之后以此务实信仰融入工商社会，实业救国，打造企业精神。在企业的管理上，由于自己是山东籍，也带领了很多山东籍基督徒进入天津的东亚公司。每当新的老乡来到天津，宋棐卿一般会举办一个只有山东籍员工参加的聚餐，而像其他高管并非山东人，这就容易形成小圈子。于是宋棐卿开始考虑以基督精神，不分你我，平等对待每一个员工。

容闳（1828.11.17-1912.4.21），原名光照，族名达萌，号纯甫，英文名 YungWing，广东香山县南屏村（今珠海市南屏镇）人，中国近代著名的教育家、外交家和社会活动家。容闳是第一个毕业于美国耶鲁大学的中国留学生，是中国留学生事业的先驱，被誉为"中国留学生之父"。7 岁进入澳门马礼逊学校学习西方文化，师从独立宣教士郭士立（原属荷兰传道会）之夫人，校长是美国教育家勃朗牧师，Rev. Samuel Robbins Brown。在中英通商战争期间，容闳在马礼逊学校知道了现代自由贸易和国际体系规则，并认为中国需要进入现代国际体系且需要进行内政外交和社会等方面的巨大改革。

1850 年，22 岁的容闳随勃朗校长去美国，在耶鲁大学继续学习，并认识了再次学习的北美宗教复兴家华特菲尔德。4 年后，26 岁的容闳在耶鲁大学毕业，回到中国，试图在太平天国找到职位以促进中国的近代化，向洪仁玕提出组织良好军队、设立武备学校及海军学校、建立有效能的政府、颁定教育制度等七条建议并表示如被采纳，愿为太平天国效力。洪仁玕赞成其建议，但碍于形势无法实行。但容闳"未敢信其必成"，对洪秀全授予一枚四等爵位的官印坚辞不受。

之后容闳转而跟随曾国藩，进入清朝体制内，提出了一系列的自由派社会主张。曾国藩与李鸿章商议后奏报清廷并获准，陈兰彬、容闳分任幼童出洋肄业局正、副委员。容闳在沪、粤、港共招生 120 名，从同治十年至十三年 4 年间，每年派出 30 名学生赴美留学。

对容闳影响较深的是郭实腊牧师。他是一位宣教士，也是鸦片贸易商，还是受薪水的英国情报提供者，但郭认为这些活动能促进落后中国的现代化。郭创立汉福会，以帮助汉人接受福音。汉福会罗孝全是洪秀全的神学老师，在太平天国运动期间，汉福会在一系列的制度建设上帮助洪秀全制定统筹。

1844 年 2 月 14 日在香港创立的"福汉会"（The Chinese Union），即"欲汉人信道得福"之意。福汉会创办时有会员 21 人，除郭实腊和罗孝全外，其余都是华人，并由华人担任主席，实为基督教在华最早由华人主事的组织，体现了郭实腊本色化宣教理念。

唐国安是容闳选送美国学习的留学生之一，他回国后，由于身受赴美教育的改变，积极进行民国自由派教会运动。他倡导社会改良、推动民间禁烟、倡导妇女放足、反对不平等条约、促进国家民主共和。在 1909 年庚子赔款期间，他参与其中，主张拿出一部分款项，建立留美预备学堂，这样一大批具有现代世界眼光的人，就能被培养建立，就能在中国兴起，就能改变国家落后的面貌，也能熟悉国际规则，从而也能负责的担当大国重任，维护和平。

他也委托基督教青年会在美国选派一批极为优秀的教育家来华在留美预备学校任教。其中因此来华的历史系教授麻伦（Carroll Brown Malone）就向美国发起募捐，来帮助留美预备学校。当时购头了一处房产，建立了小礼拜堂，也就是今天北京海淀基督教堂的前身。梅贻琦更是在北京带领这个聚会，每周两次，中国人用英语读经祷告唱赞美诗。吴泽霖和潘光旦、林语堂都参加过这样的聚会。培养出来的人，都致力于社会自由派福音，以社会改良促进中国发展。

梅贻琦，天津人，留美预备学校将他送往了美国。在美期间，参加基督教青年会，并且担任了全美中国学生基督徒协会的财务总管。回国后是天津基督教青年会干事。

抗战时期，在民国政府治域下的西南联大校园里，有着两种类型的学生团契：第一是赵君影的基要派学生团契，第二就是梅贻琦的自由派学生团契。这是当时全国最大规模的学生团契运动。

六、民国时代基要派的兴起与努力

现在北美的教会史学术观点认为，民国建制教会在以前的研究中常被看重，而中国独立本土教会则被忽略，这是不正确的，人数众多的保守的华人独立教会，才是应该重新被关注的。

回溯历史，寻找中国近代以来基督教的演变脉络，可以发现，非基运动是一个关键节点。1922 年 5 月，上海召开的全国基督教大会提出本色教会口号，全国基督教大会筹备成立"中华基督教协进会"。这是自由派基督徒教会对于非基运动的回应。其用意在于证明中国基督教能且正在独立于西方差会，是中国民族性的组成部分，而非非基运动指责的充当着帝国主义的殖民秩序输出工具。

但另一方面，在 1929 年 11 月成立的中华基督教教长老会总会，贾玉铭任会长，他们则延续和国外教会的普世联系，特别是梅钦等基要派。他们针锋相对的反对共产主义的任何意识形态。

由此，相对应的，我们必须了解基要派在大陆的兴起，才能完整把握这个脉络。一般而言，基要派在大陆的兴起是循着以下这个线索展开：1. 北美首先出现了基要派和自由派之争；2. 通过司徒宣教基金会等机构，美国的基要自由之争外溢到中国（中华圣经联会、华北神学院）；3. 中国本土的独立福音保守主义传道人群体的兴起并直到当代。

（一）美国基要派的兴起

美国内战之后，南方种植园奴隶制解体，工商业开始获得发展。而建国之初关于农业立国还是商业立国的讨论也有了事实上的结果，即商业立国。现代性的认同者认为，商业是人类经济运行模式的方向，人类终将离开种植园和农庄而聚集在大城市中，依靠细致复杂的社会分工来交换产品以换取其他人的服务。这样的人，处于高度的社会流动中，也高度的依赖和需要其他人。

保守主义者则认为，这样的话，一种田园牧歌式和独立自主式的生活模式将会被打破。保守主义者不反对现代发明，不反对现代的声光电，但反对现代的生产方式太过于非人性化，不尊重个体，导致异化。他们不愿意约束自己在企业制度里，他们想既有独立的空间和自由，也能有财富。这样，种植园经济和农业立国对他们最合适，他们认为这样能保证基督徒的德性不断的增长。他们反对工商业，更反对全球化。

但内战的爆发以及北方的胜利，现代派战胜保守主义者，使得美国工商业迅速发展，科学继续进步，民主和平等的意识开始普及，女权也逐步抬升。

在 1920 年代，保守主义和基要派才惊呼，基督教绝对价值观和基督徒德性全然被现代派自由派毁掉了。道德沦丧、人心不古，人们不再以宗教信条来验证科学，而是以不可靠的人的感觉和常识来验证科学了。他们开始抨击自由派，抨击进化论，认为这是导致人类一切罪恶的源泉。第一次世界大战，在他们眼里就是德国进化论教育的恶果。

由此，在美国，基要派负有一个捍卫山巅之城的历史责任，即维护基要保守的传统基督教教义，抵抗现代自由轻浮的新派神学思想。但是由于在主流教会和宗派里都是自由派占主导地位，他们没有办法通过内部运动进行基要派革新。在最大的美国长老会，基要派试图通过一个法令，要求所有在美国长老会进行服侍的牧师都宣誓接受基要派五条要义。但是却远远达不到投票需要通过的人数。所以，他们开始退而求其次，从各个宗派分离出来组建新的教会团体，以基要派为其神学指导。

1925 年 3 月 23 日美国田纳西州颁布法令，禁止在课堂上讲授"人是从低等动物进化来的"。美国公民自由联盟唆使田纳西州的物理教师斯科普斯很快以身试法，制造了轰动整个美国乃至整个世界的历史性事件——"美国猴子案件"。这个事件，把已经形成的基要派出走带进了主流社会和公共视野。

（二）司徒基金会的在华活动

司徒基金会在美国出资出版了 12 卷《基本要道》，这个基金会由美国著名的前千禧年论的重要代表 W. E. Blackstone，即《耶稣再来》的作者，以及其在中国南京宣教的儿子 J. H. Blackstone 三人一起负责基金的发放。司徒基金会是当时最大的致力于在美国内外宣传基要派的私人宣教基金会。

宣教士较为集中的居住地在上海，但每当炎炎夏日，宣教士们就前去江西庐山或者河南鸡公山举办退休会。大家由于宗派不同，在庐山的时候，彼此都是说说中国风土人情和对局势的看法，不谈教义和神学，因为以免争论。但是这个惯例被司徒基金会邀请来演讲的格里菲斯·托马斯所打破。这个圣公会的牧师，长期在加拿大和英国任教，写了很多流传甚广的时代论和圣洁论的文章。1920 年他和北美基要派重要刊物《主日学》主编查尔斯·杜鲁门一起由司徒基金会安排来中国庐山。

他们在庐山的讲演，引起了宣教士中间的争论，之后他们又走访了各地的教会。在他们的影响下，中华圣经联会成立，这是一个由基要派中国基督徒成立的最早的全国性组织。中华圣经联会由 150 名全国代表组成，第一次大会由司徒基金会资助，1922 年 5 月 13 日在上海召开。这个联会大部分的会员是在庐山和鸡公山这两个宣教士退休场所加入的，他们大部分人都听过 R. A. Torrey、William Henry Griffith Thomas、Charles G Trumbull、MG kyle 等北美基要派健将在特定的传教士会议上的发言。

以后就形成了这样的模式：司徒基金会负责出钱，中华圣经联会负责出人，翻译大量的基要派神学小册子，并且致力于帮助和培养中国教会的基要派领袖。王明道、倪柝声、陈崇桂、王载等中国当时有影响力的布道家，都得到了司徒基金会的全力资助。这表明两件事：一是北美的神学论争外溢到了中国，二是中国有了福音保守主义的土壤。只要时机到了，华北神学院这样备受瞩目的基要派神学院就会建立起来。这其中的代表人物是梅钦。他是世界基要派历史上的一个突出代表，我们本文所说的基要派和自由派的两种方向的冲突由来，很大程度上是由梅钦引进的。

（三）齐鲁大学和华北神学院的建立

1. 狄考文和赫士的早期宣教

由于美国长老会北方牧师处于工商业发达地区，大部分接受自由派信仰，在宣教士来源地址的选择上，他们往往被派往气候与美国北部更接近的山东，同时他们认为因为是孔孟故乡，山东才是中国的文明中心，于是山东成为了长老会宣教的基地。

1863 年底，美国长老会自由派牧师狄考文携新婚不久的妻子来中国，1864 年他们在登州创办了文会馆（始称蒙养学堂），登州文会馆就是齐鲁大学的前身。经过十几年的发展，文会馆在当地普通百姓和基督教徒心中赢得了极高的声誉，1882 年在校学生已达 65 人。狄考文雄心勃勃，正式向美国长老会本部提出将文会馆扩建成大学的请求，并且要求输入一大批世界先进水平的物理和化学设备以及一架先进的望远镜，以帮助中国学生具有现代科学意识，能在毕业之后进入中国主流社会，实业救国，从事社会改造和更新运动。贾玉铭即在这样的登州文会馆学习，获得优异成绩，具备了世界眼光和胸怀。

1881 年底，狄考文的三弟狄乐播怀着宣教的热情来到登州，一面学习汉语，一面帮助狄考文夫妇料理相关事务。1883 年狄乐播在潍县创办了集医疗、教育、传教于一体的乐道院。但是狄乐播是基要派信仰，不同于狄考文。

1882 年秋天，随着这批现代设备仪器前来的，还有赫士携妻子来到山东登州文会馆教书宣教。赫士，1857 年出生于美国宾州墨瑟县。他 9 岁丧父，学习刻苦，就读于匹兹堡神学院，师从华菲德，是一位坚定的基要派牧师。在匹兹堡学习期间，赛珍珠也是该校老师。赛珍珠是著名的自由派，所以赫士的神学学习，伴随着华菲德不停地对赛珍珠等自由派观念的批评。赛珍珠说，传教跟医疗不一样，它就是浪费时间，因为按照福音所讲，不管怎样，每个人都会得救，所以赛珍珠强调一种超级恩典，人人不可抗拒，不需要人的合作，仅仅是基督就足够，人生活行为的优劣，不足以抗拒基督的超级恩典，更别说得救后不遵守律法了。

赫士 25 岁时按立为牧师，那时他就立定心意要抗拒赛珍珠等自由派的神学观点，按照《圣经·旧约》规定的律法生活，以期荣耀神。

这次赫士被派往山东登州文会馆任教，是因为他精通自然科学，是作为大学师资被派往中国的，被委任以致力于自然科学的教育。为了教学需要，狄考文委托赫士翻译编制了《对数表》、《声学揭要》、《热学揭要》、《光学揭要》、《天文初阶》等现代科技著作，许多内容开中国现代自然科学之先河。但是赫士对于自然科学毫无兴趣，认为这些学科最终会导致基要派基督徒离开信仰。因此，他要求美国长老会总会更改自己的在华职业，不再教授自然科学，而是教授神学。但美国长老会总部认为赫士神学教育的资质不够，还是建议赫士教自然科学。

当时，在美国长老会决定对华宣教时，长老会内部就存在着自由派和基要派之争。为了在宣教部获得主导权，自由派认为没必要单独建立宣教部，而是和更加自由派的公理会共享一个宣教事业部，美国长老会的宣教资金直接转移给长老会与公理会共同合作的宣教事业部，并且派出自由派宣教士来到登州文会馆。

但是，这些宣教士并不热衷于个体得救式的单纯的福音宣讲，而是迫切的认为在积贫积弱的中国，帮助中国人认识世界，学习现代的物理和科学，才是重中之重。福音在中国的表现形式，是让中国人具备现代社会的常识和文明。而基要派则认为这是错误的，会让单纯的福音混杂和不明朗。

于是，基要派策略性的在美国长老会发起提案，认为长老会作为最大的教会宗派之一，没有单独的宣教部是不符合逻辑的。于是美国长老会决议成立单独的宣教部，和公理会分开。在新的宣教部的人事选择上，很多基要派牧师进入，因为他们曾经单独运作着对华宣教的事工，在美国长老会总会成立宣教部时，他们的事工被并入了。

1884 年，针对长老会在华差会建立的学校中教导英语一事，梅钦指导长老会华中差会作出一项决议，即不支持不鼓励并在经费上切断对英语教学的预算，因为他们认为基督徒如果学习了英语，很容易走上经商买办的道路，从而离开单纯的基督教信仰和教会生活。

2. 齐鲁大学的创建与内部纷争

1895 年赫士接任登州文会馆校长。1901 年，在登州文会馆 18 年教授自然科学之后，狄考文离开了差传系统，独自接受袁世凯聘请，在登州文会馆基础上创办了山东大学堂，设置了世界水平的自然科学学科体系，采购了和美国同等水平的教学设备。而 4 年后，赫士回到潍坊，开始在基要派教会从事神学教育。此时，美国长老会和英国浸信会在青州决定，合办山东基督教共合大学，Shantung Christian University。

这样，两个宗派决定把隶属于美国长老会的登州文会馆和英国浸信会的青州广德书院，全部迁往潍坊乐道院，合并成为广文学堂 Shantung Protestant University。

1914 年，经过 14 个自由派差会的共同努力，广文学堂迁入济南与济南共合医道学堂合并，正式组建了山东基督教共合大学，Shantung Christian University，即齐鲁大学。1917 年，美国长老会筹备齐鲁大学期间，梅钦保荐赫士任齐鲁大学神学系教授，不久就因和齐鲁大学校长公开论战，最终双双离开。这场论战，就是齐鲁大学一建立就因着神学立场不同而来的自由派和基要派的论战。其争论起因是：齐鲁大学首任校长是英国浸信会的卜道成（J. Percy Bruce）牧师，是自由派神学背景。他在学校推行综合性全学科的办学理念，并不太在意齐鲁大学的差会色彩。赫士等基要派想维护单纯的神学训练属性，把通识教育当做辅助，仅仅讲授一些简单的现代科学的常识就可以，而不必要让学生到达现代科学的专精地步。为此，赫士策略性的提出：中国教师，即使他们不会英语，也要让他们参与学校的管理。赫士所说的中国教师，是长老会地方区会的负责人。

按照规则，齐鲁大学要和地方各教会配合起来一起培养中国学生，服侍中国教会和中国社会。而这些赫士极力主张参与学校管理的中国教师和牧师，他们是基要派。赫士认为，根据民主原则，这些中国本土教师和牧师进入管理层和董事会，有助于遏制学校的自由化倾向，这是梅钦给他的建议。但是卜道成强力拒绝这样的提议。

于是，1919 年 8 月，赫士联合基要派教职工，在董事会上提出，4 个月内卜道成若不辞职，他们将退出齐鲁大学。于是经过妥协和艰苦的谈判，齐鲁大学决定，卜道成和赫士以及基要派牧师文学院院长德位思（L. J. Davies）同时离开。这样，赫士就离开了齐鲁大学。山东长老会里面的基要派教会对赫士的决定表示赞扬。同时，18 个受赫士影响的学生也一起离开了齐鲁大学，因为他们认为"长老会必须在山东建立尊重圣经的自己的神学院"，像那种在齐鲁大学神学系《旧约》教授菲斯克（Fiske）公开嘲笑《旧约》求雨祷告是迷信的做法，将不允许存在。

3. 华北神学院的建立

在齐鲁大学退学的 18 个学生回到山东潍坊组成了新的学习班，自学度日。山东四个长老会基要派区会和赫士开会准备筹建山东神学院，重新申请由梅钦差派基要派神学教师前来任教。

1919 年 12 月 4 日，梅钦让江北区会也前去参会。当时大雪纷飞，潍坊银装素裹，北风凌冽。在潍坊基要派一处平房里，大家围炉坐卜，江北区会的牧师受不了北方的寒冷，冷的直打哆嗦。在这个小屋子里，大家临时决定不叫山东神学院了，因为杭州江北区会加入了，所以临时改为华北神学院。

会议再一次谴责了美国长老会自由派不负责任的和 14 个多宗派自由化倾向的差会联合办齐鲁大学的行动。他们决定选举赫士任校长，1902 年毕业于普林斯顿神学院的道雅伯（Albert Dodd）和来自济南督会的教士衣兴林担任教授职务，这样三位老师和 18 位齐鲁大学退学学生组成了华北神学院的最初雏形。

美国长老会总部对于赫士等人离开齐鲁大学深感难以处理。如果谴责赫士和 18 位退学生，必将造成山东长老会内部基要派的分裂。

1920 年赫士在写给美国长老会的海外宣教部的述职报告中提出，在中国齐鲁大学之类的差会学校中，基要信仰存在问题，很多神学教师教导进化论和现代科学，而且私下教中国人英语。这样，为了信仰的纯正，受到基要派影响的美国长老会宣教部开始指示赫士离开日益自由化和综合化的齐鲁大学，前往山东滕州建立华北神学院。

这样，为了避免中国长老会的分裂，美国长老会总部决定，18 位学生可以在潍坊长老会教会内完成学业，赫士和道雅伯暂时在潍县的神学班授课，总会的经费根据人头比例在齐鲁大学和拥有 18 位学生的华北神学院之间平均分配。但山东长老会内部的基要派必须继续与齐鲁大学神学院合作，即继续派送神学生前去读书，且接受齐鲁大学毕业的神学生。

5 个月后，赫士到了休假时间，回到了纽约，见到了梅钦，他们认为"我们需要在中国创立一所保守的神学院。"梅钦表示，自己即将离开美国长老会，另外筹建 OPC，并且筹建基要派威斯敏斯特神学院，建议且支持赫士在中国也要建立同样的基要派神学院，以训练帮助中国基要派长老会教会。

由此，再次回到中国的赫士选择了滕县作为华北神学院的永久校址。在滕县，狄乐播和哥哥狄考文继室夫人，也就是自己的大嫂，创办了新民学校。赫士在滕县合并改组了该校，并且购地 17 英亩，即 100 中国亩土地，扩建了学校。

华北神学院迁往滕县后，卜德生和司迪恩作为美国南长老会的代表，离开弘道书院在此任教。在滕县，华北神学院与江北差会在地理位置上开始接近。而江北差会此时迫切的需要这样的基要派神学院，因为在江北区会，自由派的美国长老会总部也是指示他们把自有的弘道书院与自由派合作办学，建立了金陵神学院。而他们不满金陵神学院的学术化和自由化。

此时，华北神学院由赫士任校长，贾玉铭牧师为副校长。

赫士认为，"华北神学院永远不培养贬低基督，怀疑福音的人。"赫士在华北神学院也开设了社会学、考古学和地理学等学科，来帮助华北神学院学生能更好的反驳齐鲁大学现代派神学的观点。

4. 中国基要派势力的形成

1929 年，梅钦和赫士指示山东长老会和江苏长老会的五个区会，与东北的加拿大长老会差会和基督教改革宗差会的代表在滕县成立了中华基督教长老会总会，贾玉铭被选举为总会长。同时为了更好的对抗以协进会为主的自由派教会，与会代表提议应该扩大基要派联盟，不仅要成立长老会基要派的总会，也要和其他宗派如美国南北长老会差会、美南浸信会、美国路德宗差会和门诺会等十几个差会、教会代表一起成立跨宗派的基要派联会：中华基督教会联合会，来坚持神学的保守立场，反对自由主义神学。这个跨宗派的基要派联会应该下设执行、宣传、经济、奋兴、书报和教育委办会等部门。

在会议上，赫士明确指出两点。第一，《圣经》绝对无误，《圣经》中所有记载的神迹都是真实发生的，《圣经》具有至高无上的准则。第二，主张社会服务，强调社会改革，是基督教最大的危险。

与此同时，梅钦也离开了自由化的美国长老会成立了新的宗派 OPC，并且建立了威斯敏斯特神学院。

这样，中国的华北神学院和中华基督教长老会总会，就成为了与威斯敏斯特神学院和 OPC 一样的基要派模式之复制。

1934 年，独立的基要派 OPC 在华差会形成，他们接管了长老会在华的宣教事工。这样，在中国基要派的势力基本成型。

所以，在这个阶段，中国的基要派是处于 OPC 和梅钦影响之下的。政治立场上，自由派更倾向于工人运动和社会革新的中共，而华北神学院则倾向于国府。而正是因着美国的基要派的培养和扶持，1930-1940 年代的王明道、倪柝声成为中国本土基要派教会的代表；1950-1960 年代滕近辉、鲍会园、王永信、赵天恩和唐崇荣等是成为华人基要派教会的代表。

5. 路思义和亨利·卢斯父子

在现在山东大学趵突泉校区内，有原齐鲁大学的保存完好的伯尔根楼，纪念的是 1860-1915 年的美国长老会宣教士伯尔根（Pall D. Bergen）。1893 年，伯尔根在山东烟台的登州文会馆作为差会支持差派的宣教士教书。1897 年冬天，在烟台登州文会馆，伯尔根迎来了一对青年夫妻，他们就是亨利·温斯特·卢斯夫妻。亨利·温斯特·卢斯中文名路思义，路思义当时在耶鲁大学毕业后即乘船经过上海来到了烟台。当时登州文会馆已经有了 20 年的历史。

路思义骑着马跟随着伯尔根，来到了一座观音庙改造的教师宿舍安顿了下来。他的妻子是个失聪的基督教青年会成员，怀着孕，也骑着马，倍感不适。1898 年春天，他们生了一个孩子，叫卢斯，也就是《时代》周刊的创始人。路思义当时教物理，活动能力极强，很短的时间就成了山东宣教士的核心人物。

贾玉铭在学校期间和卢斯成为了最好的朋友。因为贾玉铭要学习英语，特别是口语，他需要一个练习口语的对象。长老会的宣教士口语说得很快，而且没有更多的时间一对一的跟中国学生联系，于是贾玉铭就跟卢斯在一起练习，两个人成为了好朋友。当时贾玉铭 20 多岁，卢斯 7 岁。1906 年，贾玉铭在烟台登州文会馆毕业。

1906 年，路思义带着卢斯回到了美国，开始走遍美国各地，在福音保守主义的教会里募捐，来支持中国的宣教工作。1907 年，路思义带着卢斯又回到了中国，在广文大学教历史。路思义的历史知识大气磅礴，对横向竖向的历史都很了解。他学习历史的时候，看到人们就搜传记，看到地名就搜地图册，而且把历史大事的中外时间都列了出来，能够清晰的分析历史事件之间的联系，学生顿时脑洞大开。

路思义有个才能，就是和所有的陌生人能在短时间内打成一片且获得对方深度信任。因此，齐鲁大学修建改造校舍，募款的任务就落在了路思义身上。

他在短时间内就募集了 30 万美元帮助齐鲁大学升级硬件设施，这个在当时的世界属于较大数目的私人募款金额。路思义的教学任务不重，主要职责就是往返于美国和中国之间负责募款，每次募款都带着卢斯，由此卢斯大大的开了眼界。

1924 年，燕京大学建立，路思义从美国带来 200 多万美元的建校资金。1926 年，燕京大学制订了十年计划，需要 600 万美元，当时路思义就决定不回中国了，留在美国募款。

因着路思义的筹款能力，他对山东的福音保守主义起到了决定性的影响，而他的儿子卢斯更是深化着这样的影响力。1912 年，卢斯 14 岁的时候离开了中国，那年贾玉铭 33 岁。14 岁的卢斯，通过贾玉铭和山东的其他保守主义基督徒了解了中国。

当时，美国有两个宣教士家族深受山东文化的影响：一个是赛珍珠家族。赛珍珠一是翻译了《水浒传》。她家里有个保姆，是赛珍珠父亲在山东烟台时请的，经常给赛珍珠讲《水浒传》的故事，赛珍珠长大后就把深刻着童年回忆的《水浒传》翻译为了英语，至今都在出版。赛珍珠二是写了以与山东交界的安徽宿州农村为背景的小说《大地》。这部小说跟山东高密的红高粱一样，都是叙述中国北方农村老百姓的生生死死的故事。

另一个家族则是卢斯家族。卢斯则深受贾玉铭的影响。贾玉铭家境贫寒，吃穿用度都很节俭，卢斯也是这样，一切的娱乐，哪怕是打个网球，也不喜欢。在饮食上，他也跟贾玉铭一样，都认为吃饭是为了补充营养，所以只吃大米和馒头，不吃饼干和点心。这种清苦，督促他尽量的在短期内把福音传给更多的人。因此，卢斯有种山东人的那种乡巴佬的感觉和气质，尽管城府很深。1920 年，即 22 岁那年，卢斯毕业于耶鲁大学，创办了《时代》周刊，这个期刊随即成为了福音保守主义的时政平台。卢斯创造了一种新的媒体发言方式，即不是主编负责制，而是所有的编辑都为他自己服务，根据他的授意，去搜集编辑材料。并且，卢斯并不在意新闻的真实性，而是认为善意的谎言更有意义。卢斯善于捕风捉影、牵强附会，他有强大的能力，把不相关的事情说成相关的，而且所有的发言最后都凝聚成基要派和自由派的争论，而结论都是福音保守主义最后获得胜利。卢斯在美国挖掘捧红了葛培理，在中国则帮助了贾玉铭和王明道、华北神学院，还有山东的长老会。山东是卢斯的根，他偏执的认为自己是中国人，根在中国。

6. 华北神学院的复校努力

华北神学院几经沉浮，最终在香港复校，由赵天恩牧师主持，改名为中国神学研究院。这其中的曲折在此简要论述。1942 年 6 月 10 日，日军占领山东后，除了赫士夫妇之外，所有美籍教师都撤离中国，回到美国，大部分居住在费城。12 月，他们成立了华北神学院在美本土委员会。费城是华北神学院坚定的支持者，梅钦曾邀请费城长老会中央教会的费城牧师爱德华·克拉伦斯·马戛尔尼牧师为华北神学院定期捐助。

1945 年日本投降，中日战争结束，华北神学院在美本土委员会认为重建华北神学院的时机到来了。费城郊区的伯温三一长老会的贺拉斯·希尔，拿出自己的庄园当做华北神学院在美总部，支持在华华北神学院的重建。在重建过程中，让大家感到沮丧的是，校长贾玉铭被华北神学院学生张学恭牧师认为在信仰上不足够纯正，因为贾玉铭同情甚至可能持有前千禧年的观点。而作为赫士指定的华北神学院接棒人张学恭牧师因为和贾玉铭神学观点的不同，造成了声望和资质的不足以担负华北神学院重建之责。华北神学院美国委员会于是决定，部分的给与华北神学院财务支持，但不能全部支持，因为在学校的管理上，美国委员会不能完全控制。中国内战之后，美国华北神学院委员会给与资金支持在徐州重建了华北神董事会。

1948 年，贾玉铭应麦金泰尔邀请参加在荷兰举行的世界基要派会议，并当选为副主席，但此时的他开始认为基要派充满了内斗和争执，开始不信任这次会议。

这个时期，美国长老会中国区会开始由劳埃德·鲁兰德担任秘书，他是一位有着极大活力的卓越的自由派牧师。他试图扭转华北神学院在华的基要派神学训练，其途径是通过收回华北神学院教产以遏制基要派。他开始准备接管重建华北神学院，并任命贾玉铭为院长。为此，他前去纽约和美国长老会宣教委员会讨论赫士在美国领事馆以"美国基督教长老会"的名义登记的教产收回问题。因为在当时，华北神学院建立之初，是由美国长老会总部支持并且登记在美国长老会总部名义下的。最终，美国国会议员 T.爱德华·罗斯告诉劳埃德·鲁兰德，这涉及复杂的教会内部事务，是自由派和基要派的内部争端，而华北神学院的在华团队有着独立性，他们将有权利处理华北神学院教产。于是自由派和基要派开始争夺华北神学院的重建权。

1947 年，基要派教会捐助了 1.7 万美金重建资金给美国长老会总部，而总部认为此刻直接转移给中国本土华北神学院，很可能就是直接资助了基要派的师资。于是转移配置，扣着不发。因此，直到 1947 年华北神学院基要派教授毛克礼重回大陆，在无锡花费 2 万美金重新置办了校产，华北神学院才略有规模的恢复了，当时学校有 150 位学生。1952 年之后，华北神学院并入金陵神学院，不复存在，此时毛克礼搬到香港，何赓诗回到了美国，他们都是华北神学院的资深教师。（1970 年，70 岁的毛克利礼抱怨台湾长老会教导高等圣经批判，经常尴尬的苦笑。）这时美国华北神学院委员会，即曾在中国的华北神学院神学教师组成的一个委员会成员又在渐渐老去，且只存有六人。在 1957 年召开的委员会年度会议上，这些基要派牧师特别是奥斯瓦尔德·阿里斯再一次宣称，捍卫《旧约》信仰，捍卫基要派信仰。由于委员会有一笔未使用的资金，这使得大家一直试图善用这笔资金，恢复华北神学院。他们多次试图在台湾建立一所纯正的基要派神学院，但是台湾长老会和台湾神学院自由化倾向明显，无法使他们信任。

此时，皖北校友胡洪文博士迁移到台湾后，和华北神学院重要创办人之一、资深教授道雅伯博士，在台湾淡水地区创办了崇正神学院，其后又办理基督神学院，道雅伯任院长，胡洪文任教务长。数年以后，因人事变动，改办东方神学院，胡洪文任院长。胡虽然时常自认接续了华北神学院的信仰和神学遗产，但在法律地位上，并不具备接任华北神学院的资质，且并不为美国华北神学院委员会认可。

1965 年，华北神学院迎来了重建的最后一个机会。经由麦金泰尔介绍，华北神学院剩余的三位受托人：奥斯瓦尔德·阿利斯、贺拉斯·希尔和他的儿子约翰·希尔，他们在费城会见了赵天恩。在一年多的商讨中，他们了解了彼此，并且就华北神学院的复校细节进行了商榷，赵天恩牧师也做了合宜的保证，于是剩下的这笔资金转移给了赵天恩牧师，新的董事会成立了，这就是中国神学研究院，华北神学院的法律地位也由其接任。

赵天恩 1965 年经由麦金泰尔见到华北神学院最后托管人之后，回到威斯敏斯特神学院完成道学硕士。在 1965-1975 年期间，赵天恩牧师的主要事工在亚洲，并且创办了华人神学教育促进会。赵天恩牧师，在神学信仰上，并非正统的改革宗，确是保守的基要派。他在威斯敏斯特神学院读书期间，因为不能接受改革宗经典教义中重生在信心之前，所以未能如期完成学业。在 1965 年承接华北神学院重建异象之后，他开始觉得按照要求，一个有资格授予神学硕士的神学院，必须有 5 个神学博士。而自己又不能在正规神学院拿到博士学位，于是来到了滨州大学读东方学哲学博士，毕业论文为《诚静怡与中国教会本色化运动》。在一间乡村偏僻的德裔美国人的浸信会教会中，赵天恩被按立为牧师。赵天恩发起了一个叫做 Chinese Fellowship Of Christian studies 华人基督徒研究的团契，这个团契，并非教导严格意义上的神学，而是教导一种速成的福音保守主义理念。1969 年 12 月在费城举行了第一次会议，1975 年 6 月中国神学研究院设立于香港，1975 年 9 月 28 日中国神学研究院举行开学庆典，首任院长及副院长分别为滕近辉牧师及张子华牧师。

总结

综上所述，当下中国的三自教会和家庭教会，作为两个主线，分别延续自非基运动时期而来的自由派和基要派路线，认可中共治理合法性，并且主动地认为社会主义是中国未来唯一出路的自由派基督徒组成了三自教会，并且把三自教会作为一个新的民族教会和国家教会的领袖们，搭建了三自教会的组织架构，并且积极地进行神学建设以探索基督教的中国化和本色化，实行和现实中国相适应的教牧实践。与此同时，家庭教会作为中国基督教会的另一方面，则扮演者反体制的角色。他们不认可中共治理的合法性，且对无神论社会主义政权持严重的怀疑。

事实上，无论三自教会还是家庭教会，无论自由派还是基要派，都是基督的身体，都是普世教会的多样性的体现，都是普世教会的一份子和基督的肢体成员。但梳理各自形成和传承的线索，意在让几乎一家独大的中国基要派认识到自由派的深刻的历史根源和自洽且合宜的自我主张根据，同时让自由派认识到基要派尽管顽固的对抗所有的现实主义和现代主义，仍然是会长期存在的一种教会现象，以求二者的宽容和共融的滋生。

（选自《福音与当代中国》杂志，第一期，2018 年 4 月）

The Pre-Revolutionary American Presbyterian Mission to China: Theological Conflict Reflecting Homeland Realities Insights from a Letter Fragment

A. Donald MacLeod

一、 Finding the letter

Southern Presbyterian missionary to China Martin Armstrong Hopkins was finally able to return to his station in the spring of 1946. North China Theological Seminary (NCTS) [1], where he had taught before the war, was in ruins, abandoned now by the defeated Japanese. The thirty-two building campus had included lecture rooms, offices, a library, a chapel, faculty homes and servants quarters, the largest theological seminary in pre-war China. Hopkins had reconstituted the school further south into Kiangsu province to the city of Xuzhou. He was now returning, seven months after a so-called "peace" had been declared, on a salvage operation: books, furniture, whatever else had been undamaged. A year later even what had been left by the Japanese was destroyed as Chiang Kai-shek's beleaguered army and the Communist Eighth Route Army chose the school site to do battle.

---

1 On NCTS see Yao, Kevin Xiyi, "NCTS: Evangelical theological education in China in the early 1900s" in Kalu, OgbuEd. Contemporary Christianity: Global Processes and Local Identities. Grand Rapids, MI 2008, 185-206.

Hopkins made his way to what had been the home of Watson Hayes, the founder and president of the Seminary. Among other items of furniture he retrieved the hallowed desk that Hayes had used to prepare his lectures, write letters, and pursue his own devotional and scholarly interests. Hayes and his demented wife Margaret Ellen, both octogenarians, had been dragged out of the building by Japanese soldiers, the final Western missionaries to leave the compound, on 28 July 1943. The aged couple were forced onto a train to Weihsien camp, located on the site of the American Presbyterian Mission where they joined Eric Liddell and other missionaries along with 300 China mishkids from Chefoo Schools for the duration of the war. However, Watson McMillan Hayes, son of a Union army soldier who had been killed in battle, finally gave up the fight on 2nd of August 1944.

A year and a half later, in what remained of Hayes 'looted home in Tenghsien Hopkins found papers scattered on the floor. One item was a fragment of a timely letter disclosing that Watson Hayes was having a serious （and one assumes, confidential） theological conversation with Robert L. Speer, Secretary of the Board of Foreign Missions of the Presbyterian Church USA, a denomination riven by theological strife about the major theological issue of the hour, one of great and general concern: the nature of Biblical authority and inspiration. It was at the heart of a debate then raging among China missionaries of the PC（USA）. As always, many preferred to fudge about the matter, finding it divisive and unhelpful, particularly on the mission field with its close network of relationships, Christians seeking to share the Christian gospel in an inhospitable and sometimes dangerous environment.

Of the sixteen PC （USA） mission fields there were undeclared but recognisable theological divides among appointees: Korea and Cameroon were for evangelicals, Japan and the Philippines for the more open and flexible in their theology. The China Mission represented the widest spectrum of all, from strict Calvinism, dispensationalism, and some influenced by contemporary theological liberalism. China had a large number of educational and medical ministries, attracting people with faith but little theology. The Southern Presbyterians in China were generally orthodox and warmly Evangelical. In 1938 the appointment of liberal Lloyd Ruland [2] as China Secretary suggested balance was abandoned.

二、Who were the correspondents?

The letter was sent by Robert L. Speer, Secretary of the Board of Foreign Missions of the PC (USA His letter conveyed, even as a fragment, something of the warmly pastoral relationship for which Speer was known. Of all the Board's 1500 staff only six predated Speer's coming to the Board and with many he was on a first name basis, taking personal interest in their families and ministries.

Speer had an emotional attachment to China and the work of the PCUSA Mission Board there, possibly the most successful and most influential of all its fifteen fields and certainly one that had received much of its treasure, talent and attention. Since 1891, when he joined the staff of Board, he had made two major and lengthy visits there, curiously just prior to major political upheavals: in 1896/7 prior to the Boxer Uprising and in 1926/7, a time of civil unrest as Communists with Soviet support jockeyed for power with Chiang kai-shek and most missionaries fled the country. Missionary work in China was costly: the Baoding martyrs of 1900 were only some of the American Presbyterians who paid with their lives for their missionary service.

Speer had another reason for an emotional attachment to China: his daughter Margaret had gone out to Beijing in 1925 as a Board appointee. It had not always been easy for her. In 1930 she had been sent home by the North China Mission (much to her and her father's annoyance) to requalify for reappointment by earning a graduate degree. Robert Speer wrote her: "It is not a good thing for our family to be setting the example of undercutting the regulations,"[3] Margaret Speer's father set a high standard for relationships with the Board's 1500 missionaries, as a person of integrity and faith and always scrupulously fair and even-handed.

---

2 Lloyd Stanton Ruland (1889-1953) Graduate Westminster College, 1912 (DD 1932), McCormick Seminary, 1916. Decade with PC (USA) in Shandong. Returned to US in 1926 and pastored West PC (USA) Binghamton, NY until 1938 when appointed Board Secretary for China, leading a delegation there in 1946.
3 Piper, J.T. Robert E. Speer: Prophet of the American Church. Louisville, KY:Geneva Press, 2000, 178.

Watson Hayes, must have been a particular challenge. Hayes had arrived in 1882 and was widely known and respected for his brilliance and breadth of knowledge, a real Renaissance man. At Tengchow College Hayes taught astronomy, geology, physics, and mathematics, a first in China at that time. He became President in 1895. Seven years later the school joined with the English Baptists（and others）to form Cheloo Christian University in Jinan, capital of Shandong. It was not a happy union Hayes was particularly irked by a teacher who, in a chapel talk, held up the Old Testament to ridicule. Another missionary wrote that "The virgin birth is scoffed at, the bodily resurrection of Jesus Christ is explained away, and even the Deity of Christ is questioned by some of the foreigners on the faculty." When Hayes resigned in protest, the students had taken drastic action. Harry Romig[4] recalled: "They were decidedly unwilling that[5] Hayes should no longer have a seat on the faculty bench. When they were not appeased, and little consideration given to their complaint, all nineteen students from the Presbyterian bodies walked out." Watson Hayes was the hero of the Chinese church.

The establishment of the resulting North China Theological Seminary in Tenghsien was a catastrophe for his ecumenical sensitivities. It was compounded in 1927 when the Church of Christ in China, a long-time goal of Speer's, was constituted without the Shandong presbyteries of the Chinese Presbyterian Church which continued its existence[6] as a strongly committed Reformed institution. Financially it was independent, having wide support among like-minded donors. It negotiated directly for faculty, enlisting my father, Princeton Class of 1928, to teach New Testament after one year of teaching history at Wheaton College and marrying his Wheaton bride..

What most bothered Speer was the fact that, aside from the Seminary being a huge success outstripping both the Yenjing and Nanking seminaries in enrolment and as well, independence from foreign influence, though challenged fiscally during the

---

4 Harry Romig "Early History of North China Theological Seminary" handwritten in 1946 and transcribed by A. N. MacLeod.（Author's archive）

5 E. C. Lobenstine to Walter Lowrie 21 August 1921（PCUSABD RG82，20-13）．

6 See G. Thompson Brown's Earthen Vessels and Transcendent: Power: American Presbyterians in China, 1837-1952. Maryknoll, NY: Orbis Books, 1997, 212-213.

early Depression years, NCTS was financially independent. This came primarily because of Winston Hayes 'ability to appeal to wealthy donors, particularly in Philadelphia Presbytery and specifically in Swarthmore Church, members of whom built the , beautiful； 400 seating capacity chapel in memory of a former interim pastor. He also assembled an impressive faculty from the Chinese church, dispelling the racist myth that so-called "fundamentalists" were ignorant foreigners seeking to impose their craziness on gullible Chinese.

三、The year 1933 in the PC（USA）

The fragment was dated 8 June 1933, a Thursday. The General Assembly a fortnight earlier had met in Syracuse in the heart of the Finney-ite, New School, so-called "Burnt-over District.". That date says a lot about Speer's legendary work ethic. The Assembly had convened on Thursday, 26 May, and a fortnight later he was back at his desk in his Manhattan office dictating letters. Speer had an almost avuncular relationship with many, if not most, of his staff who were passionately loyal to him. Of the Board's 1500 employees only six now predated his coming to the Board. With many he was on a first name basis, taking personal（and pastoral）interest in their lives and families.

"One Century Past, Another to Come" was the theme for Assembly that year, a recognition that 1933 marked the centenary of the Mission Board and the impending retirement of its Secretary. In all its one hundred years there had been only two general secretaries at the helm, a remarkable record Speer, now on the way out, had taken over from John C. Lowrie. Lowrie, an 1833 Princeton Seminary graduate had, after brief service in India and the death of his wife, had returned to America and joined his father at the Board office when it was set up. He was formally appointed in 1850 and stayed for forty-one years. He died at the age of 90 having handed over the responsibilities of office to Speer as well as an opulent new Art Deco office building on Manhattan's Fifth Avenue.

The denomination had chosen both secretaries to be the moderator of General Assemblies in troubled times for the denomination: Lowrie in 1865 after a Civil War and a country and a church divided north and south, Speer in 1927 as the compromise sole nominee in a church increasingly riven by theological controversy. Speer emerged from his year as moderator with a pending reorganization of Princeton Seminary, the training school for many foreign missionaries with an inevitable impact on the Board. As a close friend of Princeton Professor Charles Erdman and as an acquaintance of President Ross Stephenson he developed a visceral hatred of Professor J. Gresham Machen. Machen had left Princeton Seminary as a result of its reorganization for which his friends attributed some blame to Speer. On 11 April there had been a fractious debated between Machen and Speer in Trenton （NJ）'s Fourth Presbyterian Church, sponsored by the Presbytery of New Brunswick, in which both sides claimed victory and vindication.

That year 1933 the blows kept coming: first the Hocking（"Layman's"）Report Rethinking Missions, then the Pearl Buck debacle. Those two events, and the lack of a credible response by Speer, led inexorably to schism and separation. Foreign missions, which had once united the church in a common commitment, was now proving divisive, In rapid sequence one disaster seemed to be followed by another. Speer was a beleaguered man when he wrote Hayes and must have inevitably identified Watson Hayes as another hectoring separatist, a founder with his enemies of a rebel theological seminary in China whose influence had affected the merger of the Church of Christ in China, which he regarded as one of the great achievements of his life.

Then, to compound a difficult situation, there were reports of an Independent Board of Presbyterian Foreign Missions, founded by his nemesis J. Gresham Machen. On 28 May 1933 the Syracuse Herald had a full page spread about the Assembly on 26 May[7] in which it reported: "Dr. Machen and his associates on the Independent Board of Missions [sic] [are] charged with insubordination in refusing to resign from the board, will know their fate during the Assembly meeting. The Permanent Judicial Review Commission is reviewing their appeal from orders of their Presbyteries suspending them from the ministry, and will report to the Assembly which they will vote on without debate." Needless to say, the vote went

---

7 https://newspaperarchive.com/syracuse-herald-may-26-1936-p-10（accessed 17 October 2018）

against them and Machen and his friends were expelled from the ministry of the denomination.

四、Speer the theologian on inspiration

It is significant that Speer, who was never ordained and had dropped out of Princeton Seminary after his first year to join the Student Volunteer Movement, resorted to theological distinctive in his letter to Dr. Hayes who was no slouch theologically himself. As a student of Warfield while at Western Seminary, Speer was speaking directly to Hayes 'background which he knew well: on familiar territory for Hayes. But it was specifically Warfield's view of the sacred text that Speer challenged, pitting Warfield against traditional Reformed orthodoxy:

（一）Warfield got it wrong: we have no inerrant Bible

"Speer began with a direct attack on B. B. Warfield, taking direct aim the professor who, more than any other, influenced Hayes in his theological studies at Western Seminary（1878-1881）and set NCTS 'commitment to verbal plenary inspiration during the brief time that Warfield taught there before going to Princeton Seminary. He begins: "It would have been a good thing for all of us and it would be a good thing for all of us if we were still to adhere faithfully to the institution of the Church, The trouble is that so many have not done so, Dr. Warfield did not do so. He set the example of the interpretation of the first chapter of the Confession of Faith wholly at variance with the mind of the Westminster Assembly. That Assembly had present to its mind the present-day concept of the inspiration of the original manuscripts as this idea of the inspiration of the original manuscripts different from the inspiration of our present Bible and it repudiated this idea absolutely."

What Speer appears to be saying is that we do not have the original（inspired）text so why quibble about an infallible and inerrant Bible? It doesn't presently exist. But then he throws down the gauntlet:

（二）'Friends 'in the home churches also got it wrong

Not only was Warfield misguided, the simple believers in the home churches also were misguided. They don't have an inerrant Bible either.

"I think that these friends in the Home Church who have been contending for the verbal inerrancy of the original manuscripts as contrasted with our present Bible have been playing with fire."

Many of those who had given sacrificially for the work of the Mission Board or put their lives on the line for the propagation of the gospel would not have been satisfied with this – in their mind – evasion.

（三）Francis Landey Patton was right: Mt. 27:9 makes inerrancy impossible

Speer then goes on to pit Francis Landey, who at different periods was president of both Princeton University（he renamed it）and Princeton Seminary.

"I think Dr Patton's position adverse to Dr. Warfield's is impregnable, when he refuses absolutely to attach his faith and the inspiration of the Bible to the doctrine[8] of verbal inerrancies of the original manuscripts. There is just as much evidence that Matthew 23:13（sic）is a part of the original manuscript of Matthew as it is that Matthew 11:25-30 is original and yet the quotation in Mathew 23:13（sic）is not from Jeremiah but is from Zechariah and it is not a verbal quotation., I think that we have got to come to the Bible account of itself and to the pure Westminster Confession doctrine which holds that the same spirit（sic）that gave the Bible has preserved it."

Patton's Inspiration of Scripture was a text in theological seminaries of the Reformed faith for half a century. In checking several of the various editions of this classic text I find no reference to Matthew 27:9 which is presumably the verse that Speer means, not Matthew 23:13. The only other possible reference might conceivably be to Patton's florid encomium on the death of Warfield in the Princeton Theological Review in which Patton extols the need for private judgment and surprisingly hedges Warfield's view of inspiration with qualifications.[9] His use of Patton to support his arguments cannot be substantiated and appears spurious.

8　W. M. Hayes to J. G. Machen, 17 August 1933（Machen Archive, WTS）.

9　Patton, F.L. "B. B. Warfield: A Memorial Address , Princeton Theological Review, July 1921, 1-2.

五、Conclusion

In the meantime Watson Hayes and his colleagues seemed energized by the establishment of an independent board. Albert Baldwin Dodd[10] who was a close colleague of Hayes from the initial establishment of the Seminary, having come to China in 1902, resigned from the PC（USA）Mission Board and aligned himself with the Independent Board. On 17 August 1933 Dr. Hayes wrote a personal letter to Machen. He had read of the establishment of a new mission board in Christianity Today and was appealing to that Board for financial assistance. "Hitherto," he explained, "this seminary has not asked nor received any money from the P.B.F.M. [Presbyterian Board of Foreign Missions]. At first we were notified in advance that it would not be given, and later, when asked to present an estimate, we decided not to do so, lest in doing so might sooner or later, receive a Modernistic teacher assigned here." What a reflection on the state of the denomination. Watson Hayes was committed to a theology that was at variance from the one that Robert Speer found himself sliding into, a denial of the absolute trustworthiness, authority and inspiration of an inerrant Scripture. His old professor, B. B. Warfield, would have been proud of him and the leadership he and his Seminary exercised in the young Chinese church.

Indeed seminaries do shape faithful ministries. It is claimed that NCTS's strong commitment to Reformed orthodoxy set the tone for the Chinese church in the years following Communist "liberation." The Seminary may now be a ghost of the past, its beautiful campus replaced by the North China Flour Mills, but its testimony to the Bread of Life through the faithful leadership of Watson Hayes lives on.

10　Albert Baldwin Dodd（1877-1972）gave the commencement address at WTS in 1936.

革命前美国长老会对中国的宣教：从一封信的片段中洞察到的反映本土现实的神学冲突

[加拿大]毛大龙

一、寻获信件

　　1946 年的春天，美南长老会在中国的传教士何赓诗最终得以返回他的住所。战前他曾经执教的华北神学院几为废墟，战败的日本人现已弃之而去。华北神学院曾是战前中国最人的神学院，校内有 32 座建筑，包括教室、办公室、图书馆、教堂、教职工宿舍以及后勤人员宿舍。何赓诗曾将学校南迁至江苏省徐州市。在所谓的"和平"宣告了七个月后，他又重返故地，挽救那些没有在战争中受损的书籍、设备以及其它所有幸存下来的东西。一年后，蒋介石被困部队和中共八路军在此交火，那些曾经被日本人保留下来的东西再次遭到破坏。

　　何赓诗来到神学院的创建者兼校——赫士曾经住过的地方。从众多家具中，何赓诗发现了那张神圣的书桌。赫士就是在这个书桌上准备讲稿，写信，个人灵修以及追求他学术上的兴趣。1943 年 7 月 28 日，年逾八旬的赫士和他患有痴呆症的妻子玛格丽特·爱伦，被日本兵强行拖出住所。他们是最后离开这群建筑物的西方传教士。之后，这对年迈的夫妇被迫登上了开往潍县日军集中营的列车。该集中营位于美国长老会差会的会址。战争期间，赫士夫妇和李爱锐等其他传教士以及三百名来自烟台学校的中国传教士的孩子一同被关押在那里。不过，赫士——一位战死的同盟军士兵的儿子，在 1944 年 8 月 2 日最终停止了战斗，蒙召归天。

一年半后，在滕县赫士被洗劫的家里，何赓诗发现地上散落着一些纸片，其中一张是一封信的片段。从信中可看到，赫士正和罗伯特·斯皮尔进行一次严肃的（据推测，保密的）神学对话。罗伯特·斯皮尔当时是美国长老会海外宣教部秘书。当时美国长老会在有关"圣经权威和默示的本质"这一普遍关注的重要神学问题上存在纷争，导致宗派内部出现分裂。而这一问题也是当时美国长老会的中国传教士中间辩论的核心。和以往一样，许多传教士倾向在这个问题上模棱两可，他们发现争论只会导致分裂，并没有什么益处，特别是在需要紧密联系的宣教工场上。在这么一个不太友好、有时还特别危险的环境下，基督徒应该尽力传扬基督的福音。

在 16 个（美国）长老会宣教工场中，宣教士中有神学分歧是心照不宣的事实。韩国、喀麦隆是福音派，日本、菲律宾在神学上则更开放和灵活。中国宣教士中神学派别最多，有严格的加尔文主义，时代论派，也有一些受当代自由主义神学影响的人。中国拥有大量的教育和医学事工，吸引了很多有信心但神学装备很少的人。在中国的美南长老会一般都是正统的和热情的福音派。1938 年，自由派的劳埃德·诺兰德被任命为中国部秘书，说明平衡已被摒弃。

二、通信人都是谁?

这封信是（美国）长老会海外宣教部秘书罗伯特·斯皮尔寄出的。虽然只是零星片段，却表达了一份温暖的教牧情怀，斯皮尔在这方面是人尽皆知的。在宣教部的 1，500 个员工中，只有六个人入职比他早。他对许多人都是直呼其名，对他们的家庭和事奉都非常关心。

斯皮尔对中国和美国长老会宣教部在那里的工作有一种情感依恋。那里的宣教工作可能是 15 个宣教工场中最成功也最有影响力的，当然也得到了美国长老会宣教部很多的财力、人力支持和关注。自从 1891 年斯皮尔加入宣教部，他对中国进行了两次比较重要的、长期的访问。让人好奇的是，访问时间恰恰都是在政治大动荡之前：一是 1896-1897 年义和团运动之前；一是 1926-1927 年国共内战，中共在苏联支持下和蒋介石展开夺权斗争，大部分传教士逃离中国。中国传教工作代价惨重：1900 年保定殉道者只是为传教事业付出了自己生命的美国长老会成员中的一部分。

斯皮尔心系中国还有一个原因：他的女儿玛格丽特 1925 年被宣教部派到北京。这对她并不是一件容易的事。1930 年她被华北差会派回国（她和她的父亲为此很恼火），要求她修一个学位才能有资格再次被任命。罗伯特·斯皮尔写信给他的女儿说："开了这样一个轻易改变规则的先河，对我们家来说不是一件好事。"玛格丽特·斯皮尔的父亲是一个正直的、有信心的、绝对公平公正的人。他极其看重和差会 1，500 名传教士的关系。

对于斯皮尔来说，赫士一定是个极具挑战性的人物。赫士 1882 年就已来到中国，是一个真正的文艺复兴人物，其卓越才华和渊博知识使他在当地德高望重。在登州文会馆，赫士教天文学、地质学、物理学和数学等课程，这在当时的中国是率先之举。1895 年赫士成为该校校长。7 年后，该校和英国浸信会（还有其他宗派）联合在山东省会济南组建了齐鲁基督教大学。但这次合作并不愉快。在一次小型礼拜中，一位老师公开嘲笑《旧约》，这让赫士大为不悦。另外一位传教士则写到那时的情况："嘲笑童女怀孕生子，否定耶稣基督的肉身复活，甚至基督的神性也被一些外国教授质疑。"当赫士辞职以示抗议时，学生们反应强烈。罗密阁回忆道："他们坚决反对赫士辞职。当他没有得到任何安抚，提出的抗议也没给了任何考虑时，来自长老会的 19 名学生集体退学。"赫士是中国教会的英雄。

随后，华北神学院在滕县成立，这对斯皮尔提倡的普世教会联合是一个沉重打击。另一次打击是，斯皮尔长期以来积极推动的中华基督教会在 1927 年成立时，一直委身改革宗的中国长老会山东分会并没有参加。华北神学院财政独立，得到了大量志同道合之士的捐助，同时它还直接招聘教员。我的父亲，普林斯顿 1928 届毕业生，在惠顿学院教授历史并娶了一位惠顿姑娘，一年后，应聘到这里教授《新约》。

最让斯皮尔担心的是，华北神学院除了人员招聘非常成功，超过了燕京和南京神学院，它还不受制于国外的影响。尽管在经济萧条初期财政曾一度困难，但神学院一直保持财政独立。这主要是因为赫士常常能够得到一些不菲的捐助，特别是来自费城长老会的斯沃斯莫尔教会的捐助。为了纪念之前一位代任牧师，斯沃斯莫尔教会捐建了一座很漂亮的、能容纳 400 人的教堂。赫士还从中国教会召集了一批能力卓越的教员，消除了当时带有种族主义的传言，即所谓"基要主义者"都是些无知的外国人试图将他们疯狂的思想强加到单纯的中国人身上。

三、1933 年的长老会（美国）

这封信写于 1933 年 6 月 8 号，一个周四。两周前长老会大会在激进的芬妮新派的核心区锡拉丘兹召开。那段日子显明了许多斯皮尔传奇式的工作伦理。大会于 5 月 26 日周四召开，两周之后，斯皮尔回到曼哈顿办公室，在他的办公桌旁口述了这封信。斯皮尔对许多职员，即使不是大多数，都像长辈一样亲切。他们对斯皮尔也是忠心耿耿。在差会的 1，500 个雇工中，只有六个人入职的比他早。他对许多人都是直呼其名，对他们的生活和家庭表现出个人的（教牧的）关怀。

"一个世纪过去了，新的世纪即将到来"，这是 1933 年大会的主题。表明确认 1933 年为宣教部百年庆典年，也意味着其秘书斯皮尔即将退休。在过去的一百年里，美国长老会只有两位主政的秘书。即将退休的任职时间创纪录的斯皮尔是接替约翰·劳里任此职。劳里是普林斯顿神学院 1833 届毕业生。在印度短暂事奉和妻子去世后，他回到美国，和他的父亲一道加入了刚成立的宣教部。1850 年，他被正式任命，在位 41 年。90 岁去世时，他已经把秘书一职交到了斯皮尔手里，一并转交的还有一座位于曼哈顿第五大道的具有装饰艺术风格的豪华办公室。

该宗派选择了这两位秘书，在宗派面临困难的时期协调长老会成员关系：劳里受命于 1865 年美国内战之后，当时国家和教会都南北分裂；而斯皮尔的任命是在 1927 年，当时教会因为神学分歧而四分五裂。作为唯一的协调者，斯皮尔在普林斯顿神学院即将开始的重组工作上崭露头角。普林斯顿神学院培养了许多海外传教士，对宣教部必然有很大影响。作为普林斯顿教授查尔斯·厄尔德曼的好朋友和校长罗斯·斯蒂芬森的熟人，斯皮尔对梅钦教授有一种深入骨髓的厌恶。因为重组，梅钦教授离开了普林斯顿，他的朋友都将此归咎于斯皮尔。4 月 11 日，在新不伦瑞克长老会赞助的第四次长老会大会上，梅钦和斯皮尔展开了一场充满火药味的辩论。双方都宣称自己是获胜方，自己的观点是正确的。

1933 年，不好的消息持续袭来。首先是霍金（平信徒）的报告——再思宣教，接着是赛珍珠对宗教的否定。这两件事，斯皮尔都没有做出令人信服的回应，导致了不可避免的分裂和分离。曾经为了共同的使命而把教会联合在一起的海外宣教，现在正趋于分裂。很快地，灾难似乎接踵而至。当斯皮尔给赫士通信时，斯皮尔已经四面楚歌，他一定也把赫士视为另一位危险的分裂分子，在中国建立了一所反叛的神学院，影响了中国基督教会的联合，而中国基督教会的联合被斯皮尔视为他人生中最伟大的成就之一。

然而雪上加霜的是，有报道称其死对头梅钦创立了长老会海外宣教独立差传部。1933 年 5 月 28 日发行的《锡拉丘兹先驱报》用一整页报道了 5 月 26 日的大会，其中这样报道："梅钦博士和他的独立差传部的助手被指控拒绝退出差传部（不服从要他离开的决定）。他们的命运有待大会来决定。终身司法审查委员会正在审查长老会终止他们事奉资格的诉求，并向大会报告，大会将在没有辩论的情况下投票表决。"无需多说，投票结果是不支持他们，梅钦和他的朋友被逐出了长老会的事奉。

四、斯皮尔的默示观

斯皮尔从未被按立圣职。在加入学生志愿运动　年后，从普林斯顿神学院退学。在给赫士博士这位神学斗士的信中，斯皮尔表明了自己独特的神学立场，这一点是很重要的。作为华菲德在西部神学院的学生，斯皮尔直接提到了他所熟知的赫士的背景。但斯皮尔质疑的是华菲德对《圣经》文本的观点，指责华菲德违背传统的改革宗正统。

（一）华菲德弄错了：我们没有无误的《圣经》

斯皮尔一开始就直接评击华菲德，直指赫士在西部神学院学习神学时（1878-1881 年），受到华菲德的影响最大。华菲德在来普林斯顿神学院之前曾在华北神学院短暂执教。期间他在华北神学院全力倡导完全字句默示论。斯皮尔是这样开始说的："如果我们都能够信守教会教规，这会是一件好事，也必定会是一件好事。但问题是有很多人并没有那样做，华菲德就是其中一位。他对《威斯敏斯特信仰告白》第一章的阐释完全背离了威斯敏斯特大会的思想。威斯敏斯特大会已经明确表示了原始文本默示性的现代观，即原始文本的默示性不同于我们现在圣经的默示性的观点。华菲德完全否定了这一观点。"

斯皮尔明显想表明的是，我们没有原始的（默示的）文本，那为什么要争辩《圣经》正确无误，绝对可靠呢？它现在不存在。接着他又发出更多挑战：

（二）本土教会的朋友们也弄错了

不仅华菲德被误导了，本土教会天真的信徒们也被误导了。他们也没有一本无误的《圣经》。

"我想本土教会的朋友们一直为原始抄本的字句无误辩争，把原始抄本和我们现在的圣经作对比，那其实是在玩火。"

那些为了宣教部的工作舍己地奉献的人或者说冒着生命危险传播福音的人，不会满足于这种——他们所认为的——逃避。

（三）弗朗西斯·兰迪·巴顿是正确的：《马太福音》27：9 表明无误是不可能的

斯皮尔又开始分析弗朗西斯·兰迪。他曾经在不同时期同时担任普林斯顿大学（他重新命名）和普林斯顿神学院的校长。

"我认为，当巴顿博士坚决拒绝把他的信心和圣经的默示性与原始抄本字句无误的教义联系在一起的时候，他与华菲德博士的立场完全相反。这种立场坚不可摧。正如有证据表明《马太福音》第 23 章第 13 节是《马太福音》原始抄本的一部分一样，亦有证据表明《马太福音》第 11 章第 25-30 节也是其中的一部分，而《马太福音》第 23 章第 13 节不是引自《耶利米书》，而是《撒迦利亚书》，并且不是逐字引用的。我想我们应该深入了解圣经本身和《威斯敏斯特信仰告白》的纯正教义，它坚持认为那默示圣经的同一圣灵将圣经保存下来。"

巴顿的《圣经的默示》在改革宗信仰的神学院作为教材已有半个世纪之久。在查阅这本经典教材的几个版本时，我没有发现书中提及《马太福音》27：9，想必这就是斯皮尔所指的，不是《马太福音》23：13。另外唯一可能的参考是巴顿在华菲德去世时，在《普林斯顿神学评论》上发表的对华菲德的颂词。在颂词中，巴顿称赞了个人判断的必要性，同时出人意外地有保留地回避了华菲德的默示观。斯皮尔用巴顿来支持他的观点并不能证实，看起来有些虚假。

五、结论

与此同时，独立差传部的成立使赫士和他的同事们激情高涨。艾伯特·鲍尔温·多德，从神学院建立之初就是赫士的亲密工作伙伴，他于 1902 年来到中国，从（美国）长老会宣教部退出后，就加入了独立差传部。1933 年 8 月 17 日，赫士博士亲自给梅钦写了一封个人信件。他从《今日基督教》杂志上看到了一个新的差传部的成立，然后请求得到新的差传部的经济援助。"迄今为止"，他解释道，"这所神学院从未向长老会海外宣教部要过钱，也没收到过他们的一分钱。最初我们被提前告知钱不会给我们，后来，又要求我们做个预算。我们决定不要了。我们担心如果要了，迟早他们会派一个现代派老师来我们这里。"这是对当时长老会现状怎样的一个反思啊！赫士委身的神学与罗伯特·斯皮尔逐步滑入的神学存在分歧。后者否认无误《圣经》的绝对可靠性、权威性和默示性。赫士的老师华菲德一定会为赫士感到自豪，为他和他的神学院在年轻的中国教会中的领导地位感到自豪。

　　神学院确实能塑造忠心的传教士。据称，华北神学院对改革宗正统的坚守，在共产党解放后多年中，为中国教会确立了基调。华北神学院现在看来可能是一个过去的幽灵，它美丽的校园已被华北面粉厂取而代之。但是，透过赫士忠心的领导，它对"生命之粮"所作的见证将永存。

中国神学教育模式的简要比较

李海恩

今年恰逢"华神"百年华诞，谨以此文纪念曾经在中国神学教育历史上留下重要影响的华北神学院，同时通过对中国神学教育"三足鼎立"——华北神学院、燕京宗教研究院、南京金陵神学院的比较研究，希望为中国现今的神学教育提供一些新的启示。

众所周知，从1807年开始，中国基督教宣教史揭开了崭新的一页。伴随着宣教的需要，中国神学教育的事工也同时发展起来。从最初门徒式的神学培训，发展到学院式的神学教育。伴随中国教会事工的扩大和教牧人员需求量的增加，各种各样的神学教育机构日益壮大。海外宣教机构的神学思想和教育路线自然而然地影响到中国教会。与此同时，中国本土教会的呼声也日益高涨，形成了独特的神学教育模式。例如，昔日执教于华北神学院的贾玉铭牧师创办的中国基督教灵修院，就打破了西方传统的"学院式"神学教育模式，开拓了专注"灵性"操练和教会牧养的神学教育模式。

二十世纪初的基要主义神学（Theological Fundamentalist）和自由主义神学（Theological Liberalism）的论争给中国的神学教育带来了巨大的影响。华北神学院在基要主义神学路线的影响下，很快成为中国保守神学的根据地和大本营。燕京大学宗教学院受自由主义神学的影响，追求神学的多元性和自由性，开拓了培养学术为主的神学教育模式，在神学学术领域担当至关重要的角色，培养了一批知名的神学学者。介于基要主义神学和自由主义神学之间的南京金陵联合神学院，由美国南北长老会、美国卫理公会、中华基督教会联合创立，以培养中国教会领导人和基督教学校需要的教师为目的。以上三所学校构成了中国神学教育的"三足鼎立"模式。本文试从以上三所院校的形成背景、教育目的、课程设置以及影响力等方面作以简述和评价。

一、神学教育机构的背景

（一）华北神学院

山东基督教大学（Shantung Christian University）由英国的浸信会和长老会，美国的南北长老会、路德宗和加拿大的长老会一起联合创立的。但是各个宣教会因为圣经观的不同，不久便分道扬镳。反对进步圣经观的赫士博士带着18位学生离开济南，1919 年 12 月 4-5 日重新组织理事会，这标志着坚守基要主义神学的华北神学院诞生。华北神学院迁往滕县以后逐渐发展成为基要主义神学的重镇，并深刻影响了中国教会。

（二）燕京大学宗教学院

燕京大学神学院由美国卫理公会、美国北长老会、英国伦敦会、中华圣公会等机构联合创立，以后发展为燕京大学宗教研究院，追求神学的学术自由。根据 Leger 的观点，属于科学-历史类型（scientific-historical type）。燕京大学强有力的支援下，宗教学院拥有一批担当教研工作的优秀学者，在基督教学术研究和基督教学者培养方面成绩显著。在众多的神学教育机构当中，燕京宗教学院是中国自由主义神学的发源地。徐以骅在《燕京大学宗教学院的盛衰》一文中，称燕京大学宗教学院为中国自由派神学之重镇。虽然最终失去了中国教会的支持和帮助，却开拓了中国基督教学术的先河，对后来的神学教育具有一定的启发性。

（三）南京金陵神学院

南京金陵神学院是由 1904 年在南京创立的长老会联合神学院、1895 年在南京设立的卫理公会神学院、还有 1909 年设立的基督教宣教训练学校合并而成，1911 年正式开办。设立初期倾向于福音派，带有保守的色彩，但是到了二十年代初期，部分倾向于福音派的教师和美国南长老会离开，金陵神学院开始选择中间的神学路线。后来美国北长老会、南长老会、基督教会、卫理公会、中华基督教会华东区会一起参与办学，发展为超教派的协和神学院。南京金陵神学院担当了教牧人员和宗教教育人员的培养工作，这种以培养教牧人员为中心的神学教育模式，一直延续到今天。

二、神学教育机构的教育理念和教育课程

（一）华北神学院

根据《华北神道院简章摘录》和《华北神学院年刊》，华北神学院的教育理念概括为如下 5 点：一，造就信仰纯粹、乐传福音之布道人才，本圣经之正义，传真道于中国；二，训练道学兼优之士，做神无愧之工人，有解释圣经保障正道能力；三，养成谦卑热心、爱人身灵之牧师，以引人归主为其无上荣乐；四，预备教会领袖，俾有倡率组织之能力与训练，可以率领信徒倡办于教会有益及服务社会之事业；五，培养人才，为教会自立，自养，自传之根基。由此可见，华北神学院的教育理念是以培养教会领袖为中心的，同时也积极参与有益于教会和社会的公益事业。作为基要主义大本营的华北神学院积极参与社会公益事业，打破了对基要主义狭隘的理解，从而开拓了对整全的福音的诠释。而以后的福音派往往只关注个人的灵魂得救，却忽略有益于社会的公益事业。作为保守的基要主义神学，怎样在教会和社会之间找到平衡点一直在困扰着中国神学教育模式的创新和探索。

华北神学院的办学宗旨，主要教授《圣经》所载的基督的基要教义，着重以《圣经》作为信仰与行为唯一的而且是足够的准则，保守有关神学、圣经批评和讲经等方面的守旧教训，着重基督教生活与服务属灵方面的意义，传授基督教工作各个方面的训练。与燕人宗教学院和南京金陵神学院几乎全部由西方宣教士来承担管理工作不同，华北神学院明确的提出了中国教会来管理。为了克服神学院西化教育的局限，所有的教育课程都是由国文来教授，英文只不过作为神学院教育的选修课程，对《圣经》和牧会现场的重视和强调突出了华北神学院独特的教育模式。

（二）燕京大学宗教学院

根据燕京大学宗教学院的英文简章，"学院的宗旨是要通过本院所教育的，有着生动的个人基督教经验的，有着进步的教会意识的，有着要求个人和社会重生的热情，有着历史感和科学态度和方法的男女，为中国筑成基督教思想和基督教生活的基础的奠定"根据上述办学宗旨，燕京大学宗教学院的核心目的并不在于培养中国教会当务之急的优秀教牧人才，反而在追求基督教学术和培训基督教学者。

燕大宗教学院研究生课程是 3 年制，根据"私立燕京大学一览"，专业设置如下：古典文学系、宗教社会系、宗教哲学系、宗教教系。

1. 古典文学性的教育课程：一年级 2 个学期，一共 24 学分，开设课程：新约文学、旧约文学、宗教哲学、宗教教育概论、宗教心理学、宗教史、基督教历史等课程。二年级开始根据专业不同选择指导教授，在指导教授的指导下开始选择专业课。1. 新约学（《新约》27 卷书研究），2. 新约历史和教义（耶稣生平，保罗生平，保罗神学，基督论，约翰的基督论，页数和社会理想，《新约》和同时代的宗教），3. 旧约学（《旧约》研究），4.《旧约》历史和教义（以色列的民族史，以色列民族和宗教，先知和社会理想），5.《新约》希腊文（希腊文语法，希腊文解读），6. 希伯来文（初级希伯来文，希伯来文解释）。三年级写论文。

2. 宗教社会学的教育课程：一年级基督教历史、比较宗教学，二年级基督教和近代、基督教教义史，中华基督教历史研究、中国宗教思想，三年级写论文。

3. 宗教哲学系的教育课程：一年级宗教哲学，二年级基督教哲学、有神论、基督论、教会论。三年级写论文。

4. 宗教教育写的教育课程：一年级宗教教育原理概论、宗教心理学，二年级宗教事工论、实用心理学、基督教生活心理观、宗教教育方法论、宗教教育实验、宗教教育教材、宗教教育组织和视察、宗教教育历史和新兴运动。

大学宗教学院的研究生课程分析，我们可以明确的知道培养基督教学术人才的教育理念在其教育课程当中得以具体的实践和实现。尤其学术性人才培养方面已经细分化和专业化，为日后的专业性基督教学术人才的培养带来了典范性的作用。

（三）南京金陵神学院

南京金陵神学院的教育目的是"培养如下人才：培养城市和乡村的牧师和传道人，教会和学校的宗教教师，服侍基督教社会的领袖，基督教学者和作家。因此不仅培养学生的高层面的学术知识，也强调学生的属灵生活和传福音的热情，鼓励服侍神国的精神。"这种综合性的教育理念也是理想型的教育理念，但是在日后的发展过程当中，在培养基督教学术人才和学者方面还有欠缺。庆幸的是在 2016 年，南京金陵协和神学院终于开办了全日制的神学博士课程。或许昔日的神学教育理念能得以成就。

南京金陵神学院当时开设了从本科到硕士的课程，本科 4 年制、硕士 3 年制的课程主要包括：圣经释经学、新约、旧约、宣教学、宗教伦理学、历史、讲道学、系统神学、希伯来文、国文、历史、音乐。1918 年开设了神学学士课程，1938 年开设了神学学士（B.Th）、道学士（B.D）、宗教教育学士（B.R.E）、宗教教育硕士（M.R.E）、神学硕士（M.Th）5 个正式学位课程。

三、神学教育机构的影响力

（一）华北神学院

华北神学院作为中国保守神学教育的摇篮，在三十三年（1919-1952）的办学历程中培养了大约一千名信仰纯正的毕业生，为中国教会输送了最早几代的基层教牧人员。不仅如此，华神也积极涉足到传福音、大学生宣教事工、社会救济等领域。同时也培养了一批基要主义倾向的良牧，比如王明道（1900-1991）、谢模善（1918-2011）。不仅在国内，也在香港、台湾、韩国、新加坡、北美等地区和国家开拓了华人教会。

根据笔者的研究和调查，　大批来自朝鲜（现韩国）的学生也就读华北神学院。给日后韩国长老会教会的复兴带来至关重要的影响。鉴于页数有限，仅记录朝鲜毕业生的名单和简历。1. 崔载华牧师（日名崔默 1924 年毕业于华北神学院）历任韩国长老会总会公长，启明大学理事长和创始人之一，韩国爱国运动家。大邱第一教会牧师。2. 金京河牧师（1924 年毕业于华北神学院）。3. 朴永昌牧师，韩国知名牧师，教育家，爱国运动家。4. 韩柄革牧师（1932 年毕业于华北神学院），仁川第一长老会教会牧师。5. 方孝元牧师（华北神学院理事）。6. 金庆道牧师（1946 年毕业于华北神学院），长老会神学大学校长金重恩教授之父。7. 朱宽俊牧师（韩国首尔上道中央教会牧师），创办恩泉基金会一直推动中国神学教育事工。

与此同时，1931 年华北神学院教授贾玉铭牧师的《神道学》由李永泰、郑载冕翻译为韩文，在当时朝鲜正式出版，作为平壤长老会神学大学的系统神学教科书一直使用到朝鲜被解放为止。《神道学》不仅在中国，在韩半岛也有至关重要的影响力，此书成为中韩两国神学教育建立的基石。

（二）燕京大学宗教学院

从 1920 年开始，燕京大学宗教学院（Graduate School）开办了 3 年的神学研究生课程，开始招生神学研究生，是当时的中国神学教育机构当中唯一招生大学毕业生的宗教学院。在燕京大学强有力的财政资助下，笼络了一大批中国顶尖的学者，开创了中国神学教育象牙塔的最高峰。但是因为高学术的造诣并不满足中国教会当时的需要，如燕大宗教学院院长刘延芳评价道："燕大宗教学院若脱离教会便意味着脱离信众"；而且教会也承担不起那些"名师学者"的生活费，"结果却成了孤芳自赏，无所依傍的神学学府"。

燕京大学宗教学院在当时只招收大学毕业生，相对于其它的神学教育机构，在学生综合性学术生平上很卓越。但是在传道人的培养上却有所欠缺，据1931年110名毕业生的调查统计：在教育领域就业的人员为21名，国内研究机构为2名，国外研究为3名，政治界6名，宗教社会服务领域为56名，实业界3名，死亡1名，未详18名。由此可见燕京大学宗教学院的影响力不是在教会而是在社会。

（三）南京金陵神学院

南京金陵神学院设立的宗旨是为中国的城市和乡村培养需要的教牧人员和传道人。教育的课程也强调教牧的实践和需要，到1950年为止，南京金陵神学院毕业生当中 80%以上从事于传道和牧会。南京金陵神学院的毕业生相对于燕京大学宗教学院的毕业生来讲，虽然在神学的学术性上不占优势，但是在牧会和传道的专业性上很优秀。南京金陵神学院特别在宗教教育和乡村教会事工当中一枝独秀。

面对神学学术的造诣和牧会的职业性训练，神学教育模式一直很难找到一个平衡点。目前中国的神学教育机构和神学教育者也一直积极地探索新的模式。信仰在教会，学术在社会的矛盾现象会一直持续下去，"有信无学，有学无信"的困境一直阻碍着中国教会健康的成长。

结语

无论是"燕京时代"的科学-历史型（scientific-historical model）的大学宗教学院的神学教育模式，专注神学的学术性研究和社会影响。还是"华神时代"的古典-教义型（classical-dogmatic model）的独立学院式的神学教育模式，专注《圣经》的教导和教牧人才的培养。或者是"金陵时代"的综合性型（synthetic model），兼顾教牧的专业性和神学学术的综合性。或者是"灵修院时代"的半修道院式（semimonastic model）的神学教育模式，还有"门徒式"等各种各样的教育模式。它们都给当前中国神学教育模式的探索提供了前车之鉴。在全球地域化和地域全球化的浪潮下，面对当前对综合性、复合型、学术性和专业性教牧人才和神学人才的需要，中国特色的神学教育模式的创新和开拓需要以史为鉴。从而摆脱"有学无信，有信无学"的困局。正如徐以骅教授在南京金陵协和神学院创立 65 周年《中国神学教育与中国基督教中国化》中提到的一样，中国基督教教会正在努力改变长期以来中国基督教神学、宗教学研究"学主教从"的格局。

贾玉铭院长的圣经（释经）观——
从《圣经要义·摩西五经》的释经说起

王维洲

一、导言

本文主要以贾玉铭院长的《基督教要义·摩西五经》[1]为主，来论述贾玉铭院长的解经原则与方法。

（一）研究目的

中国基督教会的历史发展中，影响中国教会最深远的人物当是贾玉铭院长，二十世纪的中国教会神学教育影响最深的也是贾玉铭院长。二十世纪在欧美的基督教被分为基要派信仰和福音派信仰。[2]中国的教会对基要派（Fundamentalism）和福音派（Evangelical）的概念界线并不清晰，[3]教会多以"保守派"和"属灵派"来称呼中国的基要派信仰。[4]因此，我们有必要研究贾玉铭院长的圣经（释经）观。

首先，从历史观来分析贾玉铭院长的《圣经》绝对权威性对当时中国教会的意义，有助于给出正确认识中国教会的发展。二十世纪初西方的神学发展，

---

1 笔者上世纪八十年代在燕京神学院读神学时，张爱真老师所用教材。张爱真老师在 1945 年 9 月，与毕咏琴、刘淑琴、刘树慎创办了北京香山灵修院。

2 乔治·马斯登：《认识美国基要派与福音派》，宋继杰译，北京：中国编译出版社，2004 年，第 1-3 页。

3 马斯丹：《解构基要主义与福音主义》，宋继杰译，香港：天道书楼，2004 年，第 1 页。

4 1980 年代初的神学院校会无形的分为属灵派和现代派。

以及二十年代的中华基督教会合一运动，并不能说中国教会走向合一，而贾玉铭院长的《圣经》绝对权威性的神学思想却影响，或成为中国教会的主流信仰，这个是我们值得从贾玉铭院长的圣经观来研究的重要课题。

其次，贾玉铭的圣经观，厘清中国教会建立的神学。笔者相信，我们要从贾玉铭的著作中去挖掘教义的重要内容，才能从其教义理解神学思想。我们才能公正的分析圣经观当时教会的意义。

（二）现今研究的状况

二十世纪的中国教会的圣经观，在中国教会历史研究上是一个备受学者及教会研究的课题。若从贾玉铭的神学以及圣经观研究的并不多见。笔者的目的将从贾玉铭院长的圣经（释经）观，从《圣经要义·摩西五经》的释经说起进行分析，从而由释经角度解读贾玉铭院长的圣经观。

二、贾玉铭院长简介

贾玉铭院长是二十世纪中国基督教基要派的著名神学家、神学教育家、解经家，出任过很多神学院、灵修院的教授和院长，是唯一在国际上被誉为"神学泰斗"的中国基督教神学界人士。[5]也是中国灵命神学先驱。[6]从二十世纪初直至六十年代，他一直投身于中国基督教会的神学教育和教会牧养事工中。他的影响与其说是得自于他的牧养事工，倒不如说是源自他的基要的神学思想。他一生基本上都是生活在神学院中，先后侍奉于华北神学院、金陵女子神学院、南京灵修院[7]、重庆灵修院[8]、中国基督教灵修院等神学院校中，只使他不但为中国教会培养了许多优秀的传道人，也为二十世纪八十年代中国教会开放，培养了一批教会牧者和神学院老师，[9]而且也在《圣经》释义方面留下了许多著名著作。

三、贾玉铭院长主要著作

贾玉铭院长一生著述颇丰。于 1903 年神学毕业后，在山东济宁和忻州

5　王忠孝编辑：《窄路上的背影——叙述贾玉铭生平透视中国教会百年史》，内部资料，自行印刷，2009 年，第 11 页。
6　谢龙邑：《基督人：贾玉铭的灵修神学》，台北：华神，2008 年，第 7 页。
7　王忠孝编辑：《窄路上的背影——叙述贾玉铭生平透视中国教会百年史》，第 16 页。
8　王忠孝编辑：《窄路上的背影——叙述贾玉铭生平透视中国教会百年史》，第 21 页。
9　燕京神学院上世纪八十年代复校时，主要以华北神学院、燕京宗教学院以及香山灵修院的老师为主。当时我是学生。

长老会服侍。之后开始他的神学教育，从 1916 年开始出任南京金陵神学院教授起，曾任山东华北神学院副院长、南京金陵女子神学院院长长达 21 年之久。[10]

（一）神学著作

在贾玉铭的神学著作中，1931 年由灵光报社丛书出版四册《神道学》，属于神学院教科书，部分内容是翻译或改写了西方的神学著作，书名也以中国文化中词汇定为《神道学》，以避免使用西方的术语，出版后本书为中国当时各神学院的系统神学课本。中国改革开放后神学教育百废待兴，神学院校的课本也成了一时无法解决的问题，而从海外推荐来的神学院神学课本，主要是《神道学》这个系统神学课本。这些成了贾玉铭院长对中国神学教育最独特的贡献。

（二）《圣经要义》

在贾玉铭院长众多的著作中，《圣经要义》的出版举足轻重，全书共分为六卷。[11]是贾玉铭院长著作中最著名的。

四、贾玉铭院长的圣经观

如果要系统明白贾玉铭院长的圣经观，《基督教要义·摩西五经》可说是他神学思想，以及释经原则的精华部分，超过了他对《新约圣经》的解释。贾玉铭院长说："新旧约《圣经》，是基督教的经典，完全的救法，真理的府库，生命的写真，晋见神的道路……"[12]因为在 1880-1890 年代，燕京神学院的神学教育中，所用新旧约教材都是以香港晨星出版社的贾玉铭院长《圣经要义》系列著作为主。而老师为二十世纪三、四十年代华北神学院毕业的牧者和香山灵修院的牧者。

（一）坚持《圣经》原本无误和绝对的权威

贾玉铭院长认为，"信全部圣经皆由圣灵启示而来，原本无误，为吾人信行完全无上的准则"。[13]这种观点在二十世纪八十年代中国教会是基要主义的圣经观。即认为全部《圣经》的每一字句都是出于神自己的默示。《圣经》的

10 谢龙邑：《基督人：贾玉铭的灵修神学》，第 51 页。
11 上海出版的《圣经要义》共分为八卷。
12 贾玉铭：《圣经要义·摩西五经》，香港：晨星出版社，1992 年，第 1 页。
13 贾玉铭：《圣经要义·摩西五经》，第 2 页。

原本是完全无误的，只是由于后来的传抄和翻译才造成一些错误。他说："新旧约圣经，是基督教的经典，完全的救法，真理的府库，生命的写真，是普见神的道路，是神将他自己，并他无量丰富的德能与救恩，向着全世界人类的一种天启圣示"。[14]对他而言，《圣经》绝非是历史的产物或一些文学作品的集子。而是绝对完备而真实的属天启示。对于这种观点，我们不可以认为是极端的基要派信仰，[15]这个观点国内大多数教会是不认可的。

（二）坚持基督是《圣经》的中心

贾玉铭院长强调基督是《圣经》的中心和救恩是《圣经》的要旨。他说："全部圣经的要旨即救恩，即神为人所预备的完全救法。以耶稣为中心，以十字架为主题。全部旧约莫非是以十字架为总归，全部新约莫非由十字架而发源。于全部圣经的每卷、每章、每页，莫不看见耶稣的形影。合新旧约圣经所论，莫非是论耶稣的生、死、复活、升天、再来，与其生、死、复活、升天、再来所有的成果"。[16]"耶稣是宇宙的中心；历史的中心；教会的中心；信徒的中心；更是圣经的中心。全部圣经以耶稣为中心，每卷每章亦莫不以耶稣为中心；在每卷每章里，若未看见耶稣，即无所见。"

（三）坚持《圣经》的一贯性

贾玉铭院长认为，"然而圣经是一部书，是前后一贯的，是秩然有序的；自创造天地起，至新天新地结，是前后统一，是由一位著作家圣灵之启示而来的。"[17]然而，他所强调的《圣经》的前后一贯和秩序，不仅是指《圣经》的启示是一致而有序的，并且也指《《圣经》》在内容上的排列。例如，在谈到摩西五经的前四卷时，他就认为这四卷书的排列有一种内在的统一和秩序。他说："第一卷为《创世记》要旨是起头与败坏；第二卷为《出埃及记》要旨是救赎；第三卷为《利未记》要旨是事奉；第四卷为《民数记》要旨是圣程。这正是显出圣经的次序十分适宜。因为人必是先觉出败坏……罪，才需要救恩；即蒙救恩，才能事奉神；果能事奉神，而与神有交通，始能奔走灵程。"[18]而类似这样

---

14 贾玉铭：《圣经要义·摩西五经》，第1页。

15 金陵神学院研究生秋敏持此观点。秋敏：《贾玉铭旧约释经评述》，刊于《金陵神学志》，总第十八期（1993年第一期）。

16 贾玉铭：《圣经要义·摩西五经》，第5页。

17 贾玉铭：《圣经要义·摩西五经》，第5页。

18 贾玉铭：《圣经要义·摩西五经》，第320页。

的观点在他对智慧书的次序的认识上。也许我们可以说，对于他来说，《圣经》不但有整体的统一性，而且还有局部的统一性。而维持这种统一性的就是救恩。

五、《圣经要义·摩西五经》的解经方法

从以上的贾玉铭院长对《圣经》的认识，奠定了中国基督教基要派信仰的《圣经》根据。我们从中也不难看出贾玉铭院长在《旧约》解经上主要的方法。

（一）灵义解经法

若我们说贾玉铭院长注重灵义解经，我们要先看什么是灵义解经法。灵义解经是根据经文取其属灵的意义与教训，使解经者和听者都得灵性的帮助。从贾玉铭院长的《旧约》释经中我们可以看出，灵义解经是他最常用的方法之一。贾玉铭院长认为《圣经》是"完全的救法"。[19]所以他解经的时候着重不在经文本身的字面意义，而是着力于认识其中所缊藏的属灵教训。当他用一个基督徒的眼光，从救恩的立场发来读旧约时，那么，灵义解经法便是一个必然要用的工具。借此，贾玉铭牧师将《旧约》的内容同《新约》的教义，以及基督徒的灵修紧密地结合在一起。使《旧约》的内容不但是以色列人同上帝相遇的历史，而且也成了每个基督徒同上帝相遇之地。现在让我们来看几个具体的例子，这样的例子在贾玉铭牧师的《旧约》释经中处处皆是。在《圣经要义·摩西五经》中贾玉铭牧师即用此法，将摩西五经解经解释为信徒灵程道路上的五个阶段。他说："创世记是表显神的拣选，……在出埃及中就看见被拣选的人如何蒙神救赎而实验救恩……利未记与希伯来书通论会幕的道理，亦与歌罗西书同论成圣的道理……民数记的要旨是表明信徒在今世的旷野，走神要我们走的路程……守爱律，……一个真以色列，或是一个真信徒，即是一个在爱律中生活的爱化的生活。"[20]灵义解经法不但是要阐明一段经文中的灵意，而且也是为要使解经者、听者都得到灵性上的帮助。也就是说解经并不单纯是解经者个人的思想活动，更是要使人从中得到灵性上的造就。

贾玉铭院长总是注意将《圣经》中的属灵教训同信徒个人的属灵生命相关联。他认为《出埃及记》15：22-25 中记载着摩西将一棵树丢在苦水中，于是苦水变成甜水。对于这段经文，贾玉铭院长解释说："究竟这一棵树是什么？

---

19 贾玉铭：《完全救法》，香港：晨星出版社，1987 年，第 81 页。
20 贾玉铭：《圣经要义·摩西五经》，第 55-56 页。

无非是神用人看为愚拙的救法——十字架。唯有主的十字架，能令人心中一切苦味变甜。"[21]在此之后，贾玉铭牧师就联系到信徒的实际灵性生活："读者今日时或遇见苦水，是像会众发怨言呢？是像摩西去祷告呢？须知令苦水变甜的唯一妙法，就是主的十字架，你几时遇见苦水，就把十字架这一棵树放在其中，让它变苦为甜吧。"[22]

（二）预表解经法

贾玉铭牧师的《旧约》释经中，另一个经常使用的方法便是预表解经法。预表解经法是一种特别的《旧约》释经法。这种方法是建立在《旧约》和《新约》在神学方面的统一性上。相信《旧约》中有些人、事影响或反映出某些《新约》中的人和事。[23]在预表解释法的运用上，贾玉铭牧师也有一些自己的特点。主要表现在第一将预表应用得十分广泛。几乎从每一卷、每一章中他都能找出关于基督或教会的预表。例如他认为在《创世记》中有七个关于基督的预表。这才不过从《创世记》众多的预表中略题数则。第二是在预表和对范之间，他倾向于将二者完全地对应起来。而不是注意预表和对范之间突出的关联部分。例如他讲到约瑟预表主耶稣基督时，他认为"其一生履历借预表基督。并且他还把约瑟生平列为十点同耶稣的生平一一相对应。"[24]贾玉铭牧师也有自己推理出的预表，而且他所指明的预表中相当一部分是《新约》中丝毫没有提及的，完全出自他的推理。例如他认为"亚当为基督的对象，夏娃为教会之先影。"[25]诚然亚当为基督的预表有《新约》的根据，但是由此便认为亚当的妻子夏娃是基督的新妇——教会的预表，则完全是出于他自己的推理。有如他根据月亮的自然规律，联系到教会的一些本质特征，便认为月亮是教会的预表。[26]

贾玉铭牧师在解经中，也从一些名称的自身意义中引申出来属灵的教训。这些名称可以是人名、地名、山名和河的名字等等。他可以从这些名称中讲出各种各样的教训来。例如，他曾以流经伊甸园的四条河的名称为题引申出圣灵的恩赐的教训。他说："一曰比逊，即加倍、扩大、白施之意；二曰基训，即恩谷、胸怀、丰盛之意；三曰希底结，意即水流之势急迫有能力；四曰伯拉，

21 贾玉铭：《圣经要义·摩西五经》，第194页。
22 贾玉铭：《圣经要义·摩西五经》，第190-191页。
23 兰姆：《基督教释经学》，詹正义译，美国：活泉，1983，第208-209页。
24 贾玉铭：《圣经要义·摩西五经》，第136-137页。
25 贾玉铭：《圣经要义·摩西五经》，第85页。
26 贾玉铭：《圣经要义·摩西五经》，第85页。

即甜水、结果之意。此义正表明圣灵的恩赐是神白赐的、是丰盛的，人既得了属灵的能力，方能多结果子。"[27]

（三）数字象征性解经法

贾玉铭牧师的《旧约》释经中，我们也讨论他对一些数字和颜色所做的解释。这种解释的方法，却成了解释预表的方法。他基本上认为《圣经》中有许多数字是有一定的特殊意义。因此，他特意列出一到十二这些数字的象征性，所代表的意义。如"三是属神的完全数，……七十属灵之完全数，……十是属地之完全数"等等。所以他在解经时很注意从这些数字中引申出某些意义。例如论到十条诫命，他说："十是属地完全数目，也是责任的完全数，所以十条戒，是指人的完全责任。对神对人，果能照此而行，即算是尽了人的本分。"[28]这种方法是没有错误的，并不是神秘主义的释经方法。

在对颜色的解释上，他将蓝色解释为"表明耶稣在世间的旷野里，所显属天的颜色，"红色"表明神性透出人性的美丽；紫色是极尊贵王家所尚的颜色，正是表明牺牲与尊荣的相关相同。"[29]除了数字和颜色，贾玉铭院长对一些经文的解释也是具有神秘主义的色彩。在《民数记》4：5-6是讲利未人在拔营的时候如何搬运约柜的一段经文。他对此解释说："如何蒙盖法柜，须先用幔子蒙盖；按幔子蒙盖，是避免经过旷野-世界-的影响。"[30]以上所举例子中贾玉铭牧师所采用的释经方法显然不是寓意解经法或灵义解经法。因为他直接肯定经文和释义之间有着固有的、确定的和内在的联系。从以上两种释经方法可以说是贾玉铭牧师在旧约释经中主要采用的方法。我们列举出来，还需要不断对他旧约释经法进一步的探讨。

六、贾玉铭院长的旧约解经反思

（一）他所持守的"《圣经》字句无误说"的圣经观有时代局限

我们需要站在当时的时代，以及1980-90年代中国教会发展来看，贾玉铭院长的旧约释经维护了《圣经》的权威性。推动了中国教会1940年代以致1980年代教会的复兴奠定了信仰的基础。例如1945年在"重庆灵修院举行了一次

---

27 贾玉铭：《圣经要义·摩西五经》，第282-283页。

28 贾玉铭：《圣经要义·摩西五经》，第205-206页。

29 贾玉铭：《圣经要义·摩西五经》，第341页。

30 贾玉铭：《圣经要义·摩西五经》，第341页。

中国教会史无前列的基督徒大学生夏令会……讲员就是贾玉铭……滕近辉牧师、陈终道牧师和焦源廉牧师等人，就是那次夏令会中被神兴起来的时代工人。"[31]这点足以说明贾玉铭院长对中国教会的贡献，以及上世纪八十年代国内神学教育百废待兴，而贾玉铭院长《圣经要义》六册作为神学教材，所培养的传道人遍布全国各地。"《圣经》字句无误说"也有它的解经的不足之处，体现在解经中可能会出现主观的猜测《圣经》的影响，但也不能绝对的认为有什么原则性的错误。

（二）字义解释

所谓字义解经是按照经文的字面意义来解释《圣经》，除非经文字句本身无法用字面意义来解释《圣经》。由于贾玉铭院长非常强调基督是《圣经》的中心，救恩是《圣经》的主题，[32]这是正确的。所以他解经的重点在于从每段经文中发现围绕这一中心和主题的灵意。这样一来基本上有忽视了《旧约》本身的字面意义的嫌疑。虽说他这样做能使信徒在属灵的教训上和生命的成长上得到帮助，但是对于全面正确理解就越来说却是一个令人遗憾的缺欠。总之，对字义解经法的忽视，和只从某一特定的信仰角度出发来解释《旧约》，其结果则会在一定程度上限制和掩盖了《旧约》本身在许多层面上的意义。

七、贾玉铭院长的《旧约》解经对中国教会的影响

从中国基督教会的发展历史，我们来看华人教会属灵传统，我认为更应该从积极的方面来研究近现代的教会人物。贾玉铭院长的《旧约》释经在中国，以致在华人教会广为神学院校以及信徒所喜爱，并不是偶然的。从总体上来说，贾玉铭院长是一个地地道道的中国基督徒。更是一个"灵性超越的解经家。"[33]他的信仰特点，他的思维方式，他的解经模式都是为中国基督徒。同华人的性情、气质和思维等有着最基础而广泛的沟通。[34]

（一）贾玉铭牧师的《旧约》释经影响中国基督徒信仰和神学

从他的释经著作中，我们一下子就看出他的信仰，及对上帝、对上帝话语

---

31 王忠孝编辑:《窄路上的背影——叙述贾玉铭生平透视中国教会百年史》，第 21 页。

32 贾玉铭:《完全救法》，第 81 页。

33 查时杰:《中国基督教人物小传》，上卷，台北: 中华福音神学院，1983 年，第 113 页。

34 王忠孝编辑:《窄路上的背影——叙述贾玉铭生平透视中国教会百年史》，第 14-18 页。

一种敬畏与热爱的心情。贾玉铭院长作为一个敬虔的基督徒，在解释《圣经》正是抱着这种态度高举《圣经》的属灵权威。反映出他的神学思想为中国基督徒所接受和欢迎。如他强调《新约》和《旧约》是前后一贯的，是秩序井然的，此外，如强调基督是《圣经》的中心，救恩是《圣经》的主题，时间具有最高的权威，以及《圣经》对信徒灵命的重要性等等，都是符合绝中国信徒的信仰和神学要求。

（二）贾玉铭院长对《旧约》释经的方法论满足了中国基督徒阅读《旧约》的需要

贾玉铭院长的《旧约》释经完全是从一个基督徒的身份，以《新约》为钥匙来解释旧约。实际上贾玉铭院长把《旧约》新约化使它成为基督徒的灵命粮食。从他对《旧约》的解释中，我们清楚地看到，他的每一卷《旧约》的解释都是以救恩为主题，以基督为中心，以培养基督徒的灵命为目的。而贾玉铭的《旧约》解经正是满足了中国基督徒阅读《旧约》时的这种需要。贾玉铭牧师自青年时期，即在圣灵感动下对《圣经》产生了强烈的感受。他曾回忆说："曾记得于 18 岁，第一次把新旧约圣经读过一边时，即在书尾写到'感谢神！吧这部宝贝的圣经赏赐给我，比他把全世界赏赐给我，更满足我的心'。自此以后，我愿意立定，无论贫富、安危、穷通、顺逆，愿以传扬这本圣经，并圣经中的基督与救恩，为唯一的事工。"[35]所以说，他的《旧约》解经不是单纯地埋智思考，而是将身心投入到整个《圣经》中。

八、结语

当历史跨入到二十一世纪的今天，贾玉铭院长的释经著作仍在中国教会发挥着不容忽视的影响力。甚至在中国的基层教会牧者们能背诵贾玉铭院长的著作。因此，笔者并不赞成有些作者的观点，只不过是未走出书房的研究，以及迎合中国教会政治的需要而已。[36]我们有必要对贾玉铭院长的圣经（释经）观作一些评析，以期能从中得到属灵生命的帮助。贾玉铭院长不愧为上世纪中国教会的先行者，他的《旧约》解经直到今日，还影响着中国教会基督徒属灵生命的成长。他的《圣经要义》还广泛的被地方教会的教牧同工使用，经久不衰！

---

35 贾玉铭：《圣经要义·摩西五经》，第 2 页。

36 秋敏：《贾玉铭旧约释经评述》，刊于《金陵神学志》，总第十八期（1993 年第一期）。

贾玉铭基督教文献概论

王德龙　高深

　　贾玉铭是中国近代著名本土神学家，一生勤于著述，留下了大量的神学、释经、布道作品。这些宗教文献对于我们理解近代华人基督徒的信仰状态有所裨益，对于建构"中国化"经学诠释也有帮助，同时从中也能管窥中国人对于世界宗教文化的理解状态。为了便于学界进一步研究贾玉铭的思想，更或深入探究华人基督徒对于《圣经》的本土化理解，笔者总体上以时间先后为纲，通论贾玉铭的知见宗教文献，并穿插分析文献产生的背景、影响及其中国化元素等，以方便学界了解贾玉铭文献概况。贾玉铭宗教文献数量庞大，大致分为三类，一是系统神学及释经作品，二是布道文章，三是灵修日记及赞美诗歌。从时间段上来划分大致可分为金陵神学院时期（1916-1922 年），华北神学院与金陵女子神学院时期（1922-1936 年），中国基督徒灵修学院时期（1936-1964 年）。为什么以神学院为主体划分？主要因为贾玉铭一生最主要的活动是从事神学教育工作。又为什么把四所神学院分为三段时间，是因为差会体制、神学选择、本土处境三元素影响了贾玉铭文献性质。但这并不是说如此划分便能对其文献进行最准确的分类，只是说这样划分大致上契合贾玉铭文献变化与生平活动。当然在此前提下也是为了本文表述方便。

一、金陵神学院时期（1916-1922）

　　贾玉铭公开发表的第一篇文献是《女谈道会佳音（潍县）》（载《通问报》，1906 年第 198 期），该文献是面向教会的新闻报道，介绍了自己早年在潍县地区传经布道、开展女传道会活动的情况，从中可以看出贾玉铭初期牧会工作从基层信众做起。此后他一直热心布道活动，受到广泛赞誉，直到 1913 年贾玉铭以长老会代表身份出席中华基督教全国大会，并代表长老会为《中华基督教会年鉴》撰写了《中华全国长老会联合总会之成立》（载《中国基督教会年鉴》，第1册），该文介绍了长老宗推动教会合一的原因，一是长老宗各公会的信道、会例、会名皆相同，但各会却分离，有悖基督教导；二是中国的长老会已经成立数十年，需要有自己的总会；三是民国以来宗教信仰自由，各界人士愿意接受基督信仰，所以教会应加强联合，扩大福音布道的能力。贾玉铭不仅希望各地的教会"互为联络，化除畛域，公同组织一中华基督教会"，而且还促请宗派背景相同的公会现行联合，以成为中华基督教会之先导。[1]此文献重要性在于显示了贾玉铭早期的合一观，对于研究其早年生活经历也有重要意义。同时该文也显示贾玉铭已经注意到基督教的中国化问题，即在教会组织架构上成立与世界其他长老会平行的"中国基督教长老会"，并突破西方教会的宗派分别，形成合一的"中华基督教会"。1916年贾玉铭调入金陵神学院，开始了自主研经和神学教育工作，并随之发表了大量解经、灵修和教会建设等文献，主要有《创世纪之研究》（载《神学志》，1917年第3卷第1期），《中国教会急需军民主义》（载《神学志》，1917年第3卷第2期），《圣经分段》（载《神学志》，1917年第3卷第4期），《祈祷与传道》（载《神学志》，1918年第4卷第1期），《个人传道》（载《神学志》，1918年第4卷第2期），《基督圣迹》（载《神学志》，1919年第5卷第2期），《今日之中华基督教会》（载《神学志》，1922年第8卷第1期）。这些文献主要是为了协助赛兆祥开办金陵神学函授班而写，并且伴随着金陵神学院函授班成员的不断扩大而逐渐在教会中形成影响力。从这些文献的内容来看，贾玉铭的关注主体主要在中国教会的处境化建设，并且提出了一些基督教中国化的主张，如在组织建设方面贾玉铭认为"宗教之制度可应社会而改变"，但"宗教之信仰勿以社会为转移"；在信仰培养方面主张要利用中国人的保守、调和、神秘、坚深等国民性格。[2]从这些主张来看，贾玉铭是站在基督教福音传播的角度来思考中国化问题。

贾玉铭在金陵神学院除了筹办函授班外，还从事神学教学工作，主要讲授《旧约》和实践神学方面的内容，遂形成讲义，后陆续出版，主要有《神道学》、《旧约要义》、《宣道法》、《教牧学》、《新辨惑》。这些书籍虽然有的迟至1923

---

1 贾玉铭：《中华全国长老会联合总会之成立》，刊于《中华基督教会年鉴》第1册，第25页。
2 贾玉铭：《今日之中华基督教会》，刊于《神学志》，1922年第8卷第1期，第23页。

年才出版，但最初是为了满足金陵神学院课堂教学之需要而编写的教材，或是参与反对新神学的辩论之作，并非贾玉铭加盟华北神学院后的实践成果。其背景、内容和中国化方面的价值大致如下：

　　《神道学》是贾玉铭系统研究神学的著作。1921 年 9 月由金陵神学董事部审核，南京灵光报社出版发行。全书分为 10 卷 3 册，分别是总论、天然神学、启示神学、神之性功、原人篇、救恩篇、灵功篇、灵命生活、来世篇、立教篇。毕来思在其英文序言中介绍了《神道学》是贾玉铭经过两年的努力研究，参考史特朗（A. H. Strong）博士的系统神学，赫士（Hodge）的神学，毕来思（P. F. Price）的神学纲要，半译半著而成。当时对中文版的神学书籍有巨大需要，贾玉铭的写作是满足这种需要的一次努力，也是一位中国神学家在自己的知识领域内，尽最大努力为他的学生和同行贡献的一本书。但就贾玉铭本人而言不仅是为了满足现实的需要，还为了巩固中国基督教会的理论根基，抵制新神学及现代思想对传统基要真理的冲击，他说："叔季以来，思潮方盛，排斥宗教之理论学说，日益新歧，不有及时将我基督教纯粹之真理，追本穷源，阐发推绎，以介绍于中国教会之前，何以期望基督救道于我中华大放光明，以烛照亿万幽闷于黑暗阴翳中之同胞耶！"[3]该书通篇内容明显地依据《圣经》，以灵性信仰为基点，强调教义的重要性，对近代以来启蒙时代的理性权威、自由神学的经验解释、道德价值等持批判态度。但是这些讨论并不是以极端分离的态度对待其他宗派，而是为了能够更好的传播福音而作的探讨，即"他讨论了教会制度的不同形式，主观目的是为了更好的传播福音，并非针对某个宗派或教派的。"[4]《神道学》不仅得到了贾玉铭自己学生的好评，而且被很多其他神学院作为教材使用，最初的文言文版在 1937 年抗战前已印刷发行 6 版，1949年 8 月改为浅文言出第 7 版。该书为贾玉铭在学术和灵性方面赢得普遍的尊敬，1928 年被维斯敏斯特大学授予神学博士学位。[5]《神道学》第 9 卷《来世篇》在 1921 年 11 月曾以单行本发行，定书名为《来世观》。该单行本的发行是因为教会信徒对于来世等方面的教义模糊不清，而且中国人普遍注重现世而漠视来生，《来世观》单行本正是针对此两种现实状况而特别发行。贾玉铭三册十篇《神道学》原本，其中七篇被编辑为六册，翻译成韩文。李永泰翻译

3　贾玉铭：《神道学》序言，上海灵修学院，1949 年 8 月。
4　毕来思：《神道学》英文序言，上海灵修学院，1949 年 8 月。
5　何庚诗：《去年回顾》，刊于《华北神学院年刊》，南京：灵光报社，1930 年，第 2页。

第一本《基督教验证论》，郑载冕翻译第二本到第六本，分别是《神道论》、《人罪论》、《救援论》、《圣灵论》、《来世论》，美国宣教士李讷瑞（William Dawis Reynolds）任监修。韩文版《神道学》1931 年在平壤长老会神学校出版，并在二十世纪三十、四十年代，成为平壤长老会神学院《系统神学》的教科书。但该书内容与贾玉铭原文并不完全相同，李讷瑞监修时有些内容修改、删除或添加。贾玉铭的《神道学》在讨论主题上与史特朗的《系统神学》存在着很大共性，说明其中国化努力是有普世神学基础的，能够体现中国化独特性的地方主要表现在卷七"灵工篇"和卷八"灵命生活"。史特朗并不重视"灵"的问题，而贾玉铭在研究主题上开辟"灵工"和"灵命"篇，与中国人的宗教生活习惯有关。中国信徒对于思辨性的神学教义缺少深究其理的热情，但是对于体验性的神人感通却非常热衷。贾玉铭注重"灵"的问题，一方面为中国化神学突破传统教义提供了方便之门，另一方面也抓住了中国人宗教信仰表达习惯。

《旧约要义》是贾玉铭应函授科邀请而编写的函授课教材，1922 年 2 月由南京灵光报社出版。《旧约要义》的内容是贾玉铭在"民国五年，曾于本校教授旧约要义一门，苦无适宜教材，课余之暇谨将旧约各卷要义，提纲挈领，约略而论。"该书对《旧约》作了系统研究，认为《旧约》并非如一般信徒所言为过去时代的陈物，没有研究价值，而是"真理之渊源也。救恩之基础也。由于天启圣示之神道也，其中奥理精义，绝非浮慕浅尝者所能明其究竟。"本书在写作过程中参考了"马而根君之圣经分段，斯高斐德君之旧恩预表，并考盼仰之旧约年录"[6]，创新部分虽然不足，但综合编著的价值却值得重视。考其内容，在深度不及后来《圣经要义》中《旧约》部分的内容，但宏观框架已经具备，而且反对新神学的基本立场也已显现。该书的内容是贾玉铭初到金陵神学院任教《旧约》课程的课堂讲义，从中也可约略窥见其神学知识修养的初步状况。

《宣道法》是贾玉铭在金陵神学院教授宣道法自编的讲义。于 1922 年 7 月由南京灵光报社出版，至 1930 年已出第 4 版。全书分为 13 章，分别是绪论、资格、概要、派别、经题、备经义、导言、正意、结束、态度、个人传道、布道方法、祈祷与宣道。主要内容是讲解了怎样成为一名好的传道人，传道人应该怎样讲道，尤其强调了传道人应该注意祈祷才能够使讲道有能力。该书属于编著之书，"并非于久已风行海内之《宣道良规》《讲道要诀》以及《讲法略

---

6 贾玉铭：《旧约要义》序，南京：灵光报社，1922 年 2 月。

论》等诸大名家之著作外，有独得之奇，而别创新法。乃欲介绍学者就宣道之
规范，而不为规范所囿，藉以追求灵能灵力，以为应时而起之传道人物。"[7]可
见《宣道法》在内容上更加强调属灵能力对于传道人的重要性。就其写作目的
而言，也是为了在传授宣道方法的基础上培养传道人的灵能灵力，达到《圣经》
所言"非以势力，非以才能，乃以主之灵方能成就也"。从这种出发点也可以
看出贾玉铭对于属灵能力的重视。毕来思认为该书是贾玉铭牧师实践经验和
神学教育工作的结晶，"很多部分强调祈祷对于布道的重要性，其目的在于激
发我们在主耶稣基督的福音工作中的热情、机智、灵能灵力的表现。"[8]

　　《新辨惑》是1922年秋天贾玉铭在华北神学任教辨惑学时所编写的讲义，
但是书中的思想却是在金陵神学院之际已经形成。事实上该书所阐发的一些
内容就是贾玉铭在金陵神学院反对新神学的思想，是为了应对各种新思想、新
神学对传统基要神学形成的冲击而写成的护教作品，该书于1923年5月由灵
光报社出版。从书中可以大致了解贾玉铭保守的神学立场。全书共分为三卷，
其中第三卷"近代之新神学"，从宗教进化、圣经高等批评、耶稣位格、童女
怀孕、《圣经》神迹、基督救赎、耶稣复活、祈祷心理、社会福音、地狱永刑、
教政权威、中国化之教会等十二个方面论述了新神学的弊端之处，并提出了自
己的看法和主张。在中国化问题上，贾玉铭开始谨慎地思考新神学派的中国化
言论。他首先从总体上对"中国化"教会的提法提出质疑。他说："中国化教
会之意，无非为求以中国人为主体，或教会之组织适合于华人之国性。此基督
教于各时代、各种族中自然之事。实究不得以中国化论之也，则所言之中国化
教会，果何说也？"[9]此言外之意即说"中国化"一词缺乏实质内涵。他认为，
教会是出世而入世的组织，要有"教正世界，改良社会之能力"，而不能"随
波逐流，而与斯世同化矣"；要"改化国族而不为国族所化"，基督教制度形式
可以变，但"信仰之根本要道，究不能随国族社会而转变也"。贾玉铭虽然赞
成中国教会要抛弃西方文化的形式，但是他又提醒，基督真理之本色既不是西
方文化之本色，同样也不是中国文化之本色，基督教的本质不能随着文化处境
的不同而改变。其次就《圣经》文体而言，"中国化新神学"派提出《圣经》
文式体裁多不合中国人之心理，句读行文要么古老，要么西洋，不利于国人理

7　贾玉铭：《宣道法》序，南京：灵光报社，1930年第4版。
8　毕来思：《宣道法》英文序言，南京：灵光报社，1930年第4版。
9　贾玉铭：《新辨惑》卷三，南京：灵光报社，1923年5月，第101页。

解。这种诉求的结果就是以中国文化基因重新写作而不是翻译《圣经》，"有补于社会者增益之，不合于人心理者删除之"，事实上就推翻了圣经权威，抛弃了对象性的"信"，使圣经成为工具性的"用"，把基督教文化中的信仰本体之存在转化为功能客体之结构。贾玉铭对这种"中国化"质疑道："但吾不知如此之经典，仍可称为基督教之圣经否欤？"[10]第三关于"中国化之诗歌""中国化之音乐"，贾玉铭赞成采用中国音调加以修订，但修订要"圣"而不"俗"，作曲者要"心被恩感"，即虽然在形式上不同于西方诗歌，但在功能和本质上要一样的高雅、灵动，决不可用一些如"[拜香调]、[唱春歌]等类，甚至淫词俚歌"等。另外在乐器的选用上，也反对用中国的胡琴等，认为这些乐器虽然便宜易学，但是声音缺少庄严幽雅之感，有鄙俗亵渎之嫌。一些"中国化新神学"派人士热衷于圣诗歌的雅俗共赏，必然导致神圣功能的丧失而落为娱乐之音，贾玉铭批判地提醒说："我教中信徒颂主之诗歌，非灵歌乎？歌唱时非极敬虔严肃之事乎？讵可以鄙俗之俚歌等，以亵慢之态度处之也！"[11]由此可以看出贾玉铭在看待"中国化"的问题上，其出发点是是否能够引导信徒操练敬虔之心，而不是适应处境文化的需要，其出发点仍旧是传播福音。

二、华北神学院与金陵女子神学院时期（1922-1936 年）

如果说上述文献主要集中在教牧和解经方面的内容，那么在 1920-1930 年代贾玉铭还以专题的形式撰写了大量带有布道性质的作品。这类作品大体分为三种：

一是为灵光报社函授学校学员撰写的辅导资料，主要有：

《圣徒与法律》，载《灵光报》，1925 年第 1 期。

《耶稣受荣入都》，载《灵光报》，1929 年第 8 卷第 1 期。

《遵行神旨》，载《灵光报》，1929 年第 8 卷第 2 期。

《中国教会的现状与需求》，载《灵光报》，1929 年第 8 卷第 3 期。

《保罗之祈祷模范》，载《灵光报》，1930 年第 8 卷第 5 期。

《巧匠手所作成》，载《灵光报》，1930 年第 8 卷第 5 期。

《最大的得获》载《灵光报》，1930 年第 8 卷第 6 期。

《荆棘冠冕》，载《灵光报》，1930 年第 8 卷第 6 期。

---

10 贾玉铭：《新辩惑》卷三，第 104 页。

11 贾玉铭：《新辩惑》卷三，第 105 页。

《十架与我》，载《灵光报》，1930 年第 9 卷第 1 期。

《称义之经过》，载《灵光报》1930 年第 9 卷第 1 期。

《道成肉身》，载《灵光报》，1930 年第 9 卷第 3 期。

《三等工人》，载《灵光报》，1930 年第 8 卷第 3 期。

《认识神》，载《灵光报》，1931 年第 9 卷第 4 期。

《金制的大偶像》，载《灵光报》，1931 年第 9 卷第 4 期。

《灵光报》内容以解经培灵为主，报纸在管理上完全脱离差会体制，成为贾玉铭报社团契自主刊物。《灵光报》与灵光报社函授学校事实上是相互搭配的，一些订报客户也是函授学员。贾玉铭所撰写的这些文章，实际上是为培养函授学员而编的教辅资料。从贾玉铭的实践活动来看，此时他已经努力践行自己的"中国化"主张，首先是灵光报社在体制上脱离了西方差会的管理，成为独立面向中国信徒的传教机构；其次是在传播模式上注重中国处境需求，如以函授形式方便信徒，顾及信徒的生活处境。

二是贾玉铭从事教会和社会活动以及神学教育的一些记录。

《基督徒的个人生活》，载《基督教全国大会报告书》，1922 年 5 月。

《滕县华北神学之经过》，载《通问报》，1926 年第 1230 期。

《悼高师竹老牧师》，载《灵光报》，1929 年第 8 卷第 3 期。

《灵光报复版之嘉音》，载《真光杂志》，1928 年第 27 卷第 8 期。

《新约书信与传道人》，载《基督教苏州夏令会刊》，1928 年 7 月。

《中华基督教长老会》，载《中国基督教会年鉴》，第 11 册（1929-1930 年）。

《信行救国十人团总团函请各处牧师宣讲信行救国运动（南京）》，载《真光杂志》，1934 年第 33 卷第 1 期。

《十字架的能力》，载《信行特刊》，1935 年第 2 期。

《上海伯特利第八届夏令《圣经大会佳况》，载《通问报》，1935 年第 1652 期。

《遵行神的意旨》，载《金陵女子神学年刊》，1936 年第 2 期。

《关于圣殿工作之要训》，载《金陵女子神学年刊》，1936 年第 2 期。

《本神学院教员会报告》，《金陵女子神学年刊》，载 1936 年第 2 期。

《南京灵光报社之工作》，载《金陵女子神学年刊》，1936 年第 7 期。

《一位牧师的见证》，载《灵声》，1937 年第 2 期。

这些文献对于建构贾玉铭生平历史有重要意义，有的显示了贾玉铭出席1922 年中华基督教会全国大会情况，有的记录了贾玉铭在华北神学院工作的情况，有的呈现了贾玉铭与贵格会高师竹交往情况，有的揭示了贾玉铭开办灵光报社情况，有的介绍了贾玉铭参加苏州地方教会、上海伯特利教会的夏令营活动，有的体现了参与创办"基督徒信行救国十人团"情况，有的则反映了贾玉铭反对金陵男、女神学院合并态度等。另外《一位牧师的见证》是贾玉铭自述性文章，对于印证贾玉铭生平活动的内因弥足珍贵。当然上海档案馆里有一些贾玉铭任职金陵女子神学院院长职务时所做的英文校务报告，从中也能寻到贾玉铭生平活动的细节。从这些文献可以看出，贾玉铭此时的活动主要在华人自立教会方面，其交往人员、团契生活、社会活动等以中国人为主体，这也为其基督教中国化思想提供了更多的实践平台和具体体验。

三是发表在其他刊物上的布道文章，大概是应基督教刊物邀请而作。

《传道人之养成（诗八十四篇）》，载《通问报》，1924 年第 1125 期。

《信徒得胜世界方法》，载《公报》，1928 年第 2 卷第 4 期。

《信知行的循环》，载《通问报》，1928 年第 1308 期。

《耶稣升天》，载《杭声》，1929 年第 14 期。

《基督的死》，载《杭声》，1929 年第 13 期。

《靠着良人从旷野上来》，载《布道杂志》，1930 年第 3 卷第 4 期。

《耶稣祈祷之感应》，载《布道杂志》，1930 年第 3 卷第 5 期。

《信徒与基督》，载《自理》，1932 年第 22 卷第 3-4 期。

《蒙神欢喜的事工》，载《通问报》，1935 年第 1659 期。

《主何时再来》，载《圣经报》，1936 年第 25 卷第 178 期。

《你愿为一祈祷有力的人么？》，载《基督徒布道刊》，1937 年第 1 期。

《五旬节的灵恩》，载《基督徒布道刊》，1937 年第 1 期。

《保罗传基督的妙法》，载《基督徒布道刊》，1937 年第 1 期。

类似于《通问报》、《圣经报》、《布道杂志》等刊物，都是在基督教界有影响的报刊，他们重视贾玉铭文章，一方面说明贾玉铭在基督教信徒中的影响力，另一方面也说明贾玉铭与这些报刊杂志社有一定的交往。这段时间贾玉铭著作中解经文献并不多，更多的是灵修性质的文献，一是《灵修日课》，表现个人日常灵修方法的著作，二是赞美诗《灵交诗歌》。《灵修日课》写作于1924年，是贾玉铭根据自己的宗教体验和神学见解，专门为信徒灵修所作的一本灵修指导书，"以备信徒日读一课，且每礼拜为一大课题，每一月为一总课题，全年共十二总题，已将有关吾人之信徒、之天职、之灵命生活及诸要端，皆历历明言。"[12]而《灵交诗歌》则是一本赞美诗诗歌集，编辑于 1928 年冬天，出版于 1930 年，是贾玉铭在华北神学院期间"随口欢唱，荣归于主"的内心写照。该书所"注重之点有三：一、诗词，计二百余首其中四分之一从各诗选录或删改。此外有前登州文会大学并友人所创数首。余皆由个人手著，可略表中国信徒之心声。二、诗意，多注重灵感为求合于神学院、圣经学校及聚奋兴会时所用。三、诗调，皆幽雅和谐，多有比平常诗谱较长者颇合咏诗班之用"[13]。另外还有《五十二灵程讲题》（灵光报社，1930 年版），是一本讲道集，共分 52 篇，是对贾玉铭发表在一些杂志或在奋兴会上讲道的汇总，但在编排上大致按照信徒灵命成长的过程，对一些重要的神学论题如神论、基督论、救恩论、称义、成圣等系统神学内容作逐篇阐述，只是这些系统神学论题的具体切入点关照实践中的经验和信徒具体的困惑，并不是宏观理论著作。从文献的整体情况来看，贾玉铭此时已经不再投入精力解经，而是集中时间灵修。

三、中国基督徒灵修学院时期（1936-1964 年）

　　如果说贾玉铭在华北神学院和金陵女子神学院期间的"中国化"努力，还属于管理体制、社会形式等方面的表层努力，那么贾玉铭创办中国基督徒灵修学院则属于教义诠释和神学思想等深层次的中国化实践。1936 年 4 月份贾玉铭因"温氏遗金"带来的神学分歧而辞去金陵女子神学院院长职务，但神学分歧只是其辞职的一方面原因，更重要的是他希望能够转换神学教育模式，成立一个以灵命培养为主的灵修学院。1936 年 10 月份，贾玉铭与廖恩荣、毕咏琴等在南京鼓楼戴厚巷 53 号正式创办中国基督徒灵修学院。但不久抗日战争全面爆发，贾玉铭只好带领灵修学院辗转上海、成都、重庆等地，这段时间所著文献以讲道文章为主，主要有：

　　《灵修生活》，载《田家半月报》，1942 年第 9 卷第 7/8 期。

　　《中国基督教灵修学院于南京复员通告》，载《天声》，1947 年创刊号。

　　《天上的声音》，载《天声》，1947 年创刊号。

　　《信心的小路》，载《真道杂志》，1947 年第 3 期。

---

12 丁立美：《灵修日课》序，山东省基督教协会出版，鲁宗函（1999）26 号。

13 贾玉铭：《灵交诗歌》序，南京：灵光报社，1930 年。

《雅各祈祷的模范》，载《真道杂志》，1947 年第 4 期。

《哈巴谷》，载《灵水》，1947 年第 6 期。

《三个领袖》，载《灵水》，1947 年第 6 期。

《以祈祷读经传道为事》，载《灵水》，1947 年第 6 期。

《至圣所的生活》，载《灵水》，1947 年第 5 期。

《作个祷告的人》，载《灵水》，1947 年第 9 期。

《复兴论坛：一件新事》，载《布道会刊》，1948 年第 2 期。

《得胜》，载《真道杂志》，1948 年第 7/8 期。

《基督人》，载《香港浸信会联会月刊》，1948 年第 10 期。

《十架之爱力》，载《基督堂年刊》，1949 年第 3 期。

《三个十字架》，载《基督堂年刊》，1949 年第 3 期。

《十字架的经过》，载《基督堂年刊》，1949 年第 3 期。

《十字架的能力》，载《基督堂年刊》，1949 年第 3 期。

《十字架的实验》，载《基督堂年刊》1949 年第 3 期。

《今日中国教会需要的传道人》，载《东区布道团刊》，1950 年第 2 卷第 10 期。

这些文献的核心追求与中国基督教灵修学院共同构成了的贾玉铭中国化思想与实践的主题——灵修。西方传统的基督教注重神学思辨和教义规范，并且广泛的与哲学、历史等学术领域联系在一起。但是在中国处境下，学术神学以历史批判等方法研究《圣经》，在信仰上引发很多动摇和疑惑；教义神学则重视教规礼仪的传授，且囿于门派之争而有失偏颇。而且这些神学模式也不适应中国人感性的、灵交式的宗教信仰习惯。贾玉铭等人提出"以灵修功夫，代神学教育"的口号，希望能够更加符合中国人的信仰习惯。这种思想是对学术神学和教义神学在中国处境下的扬弃。贾玉铭希望能够把神学教育的重心从学术讨论和社会关怀转移到对神人之间直接的灵修方面，这无疑在神学建设方面更契合中国人的思维习惯。从本质上而言，宗教是一种情感而不是理论，需要的是实践操练和精神皈依，而不是理论思辨和组织控制。灵修学院以团契的形式实现了教会与教育的合一，对中国化神学建设有启发意义。此外，贾玉铭在这段时间里还写作了大量的赞美诗歌。释经阐道属于解经的理智活动，而赞美诗创作则属于灵修的情感活动。灵修生活中的灵交经历和心境，只有通过诗歌形式才予以表露。1943 年夏贾玉铭结集出版了《圣徒心声》赞美诗歌集，

"此诗歌系汇集一九二八年冬，于华北神学院所写之灵交诗歌，一九三八年春，于重庆旅次所写之得胜诗歌，一九四一年春于灵修学院灵岩山灵修学院，所著之灵交得胜诗歌，又后于重庆南山灵修学院添著百余首，共五百三十首。"这些赞美诗是贾玉铭灵修生活的体验，集中体现了基督教中国化的实践形式，"歌中有五分之四，写于民族抗战期间，……乃中国产物，尤合中国信徒崇拜时心灵中所发之颂词"。[14]从文献数量上来看，贾玉铭在这一时期处于赞美诗创作的高峰阶段，也反映出他灵修生活的虔诚和密集。值得一提的是贾玉铭夫人朱德馨在 1945 年去世，大概是出于对夫人虔诚得救的信心，贾玉铭在三个月之内写成了《完全救法》一书，该书重点探讨了人得救的历程，属于贾玉铭在系统神学基础上对救赎论的理解。

新中国成立后，贾玉铭发表的主要文章转向政治性，这是由当时社会环境决定的。1951 年贾玉铭发表《按圣经眼光看基督徒是超政治的吗？》（载《天风》，1951 年第 5 期），该文以《圣经》的权威来劝勉基督徒放弃"超政治"的错误认识。他认为基督徒乃是人民一分子，要作光作盐，要有以超世的生命，过入世的生活。基督徒既为人民的一份子，就应服从政府，要爱国并为国家祈祷。另外在《推进基督教三自革新运动、割断与美帝的一切关系》（载《大风》，1951 年第 25 期）一文中他还号召中国的信徒"在这个大时代里，应该以人民的立场，爱国家、爱教会，并要认清信徒不是超政治的，务要加强对于时代，对于政治的认识与学习，免致发生错误，被人利用。"这些文献带有明显的政治表态倾向，是为了配合国家、对抗美国的表态性文献。1956 年和 1957 年贾玉铭发表的《基督徒和世人的关系》（载《天风》，1956 年第 13 期）、《教会的性质和真理是不变的，但形式可以变》（《天风》，1957 年 6 月 24 日，总 531号）则是为了适应国内三自爱国运动建设的需要，当然背后也有维护灵修学院独立性的目的。

从总体来看，贾玉铭留存的文献数量庞大，金陵神学院时期（1916-1922年）主要是解经教牧作品，属于教义神学和圣经神学的内容，在整体上处于保守派的位置。这个时期是贾玉铭创作的高峰，一方面是因为他前期教牧实践的积累，另一方面也是因为神学教育的需要。此时也是贾玉铭对基督教中国化问题思考最多的时期，他对于教会组织建设的中国化极力赞成，对于基督教适应中国文化的表达形式也持开放态度，但是对于新神学派推动的神学教义诠释

---

14 《贾玉铭博士所著〈圣徒心声〉出版在即》，刊于《真道杂志》，1948 年第 5 期。

中国化却站在持守纯正信仰的立场上加以抵制。华北神学院和金陵女子神学院时期（1922-1936年），贾玉铭宗教文献有所减少，主题则侧重于灵修、诗歌和讲道集等，内容上并不教条的执著于教义，而是强调圣灵感通，灵修操练。中国基督徒灵修学院时期（1936-1964年）则完全走向灵修路线，强调"以灵修功夫代神学教育"，文献内容也倾向于情感、救赎等，出世性增强。强调"灵修"无疑为贾玉铭突破体制教会限制、传统教义拘囿提供了方便之门，在某种程度上恢复了早期教会的原创精神，在权威塑造上也符合中国人托古改制的思维习惯，为深层次的神学诠释中国化提供了可能。至于贾玉铭晚年所发表的时论性文章，虽然以宗教为题，但主旨却是探讨政治问题，背后的动机也是为了配合政府行为，颇符合中国"政主教辅"的宗教文化传统，可以视为基督教在政治方面中国化的一种表现。我们并不能说贾玉铭文献内容代表了汉语神学在世界范围内的尖端水平，但却可以说这些文献代表了中国大众的理解层次，所以注重研究这些文献产生的背景、过程、影响等，有助于我们准确把握中国人对于基督宗教文化的理解状态，从而进一步认清历史实况，为当下基督教中国化与法治化提供基础。

知识与灵性并重的贾玉铭牧师

严锡禹

十多年前，我曾在金陵协和神学院开课介绍贾玉铭牧师的神学。为了让同学在短时间内把握贾玉铭牧师的经历及其神学主张，我用了"知识与灵修并重"，并写了一首"题贾玉铭牧师"的诗，以便引导学生认识、理解这位对中国都会产生过重大影响的山东籍牧师。

早岁寻羊遍齐鲁，金陵华北育主仆。

求道得道铸心性，立身立行成大牧。[1]

一生只为通天路，全心唯求得耶稣。

名满神州圣徒声，诗才皆从祷告出。

下面解释一下"知识与灵性并重"这个题目：先谈谈"灵修"。

有人称贾玉铭牧师为中国福音派神学的宗师，我觉得这样评价是有道理的。身为福音派，信仰上自然比较保守，在信仰的表达上比较虔诚、追求。贾玉铭就是如此，他非常注重祷告，自己就是一个祷告的楷模。据他的学生回忆，贾玉铭很早就起床，在固定地点祷告。在灵修学院，对学生的祷告上的要求也很高，往往天不亮就叫学生起床祷告。所以，汪维藩教授有一句诗说他"双膝事主终生"。

再来看"知识"。

作为福音派神学的宗师，贾玉铭一点也不排斥知识和理性。他在金陵神学院作教师时，根据斯特朗的系统神学著作和师当理的讲义写成了《神道学》一书，就是他不排斥知识和理性的明证。

---

1 贾玉铭说："吾人得各执圣经一部，以为立身立行的标准，求道得道的宝藏，并信仰与生命的无上准则。"《神道学》，上海：灵修学院，1949 年 8 月七版，第 1 页。

作为一个神学教育家,贾玉铭始终强调知识与灵修相结合,要求学生在生活中体现出信仰和灵性。贾玉铭侄儿于力工结婚时,他送了两本英文《圣经》给他,扉页上写着:"灵性理性化,理性灵性化。"《圣徒心声》第 161 首"丰盛生命"之三也有这样一句:"由灵性理性化达理性灵性化。"这是对贾玉铭神学思想的最好总结。由于长期从事神学教育,致使他在神学上的思考非常深入,因此,当时在教会传道人中盛传,"陈崇桂的博,贾玉铭的深"。

一、贾玉铭牧师生平简介

前文提到的于力工曾讲述过一个关于贾玉铭的趣闻。贾玉铭晚年牙不好,装了假牙,因此,说"哈利路亚"时,哈字是呼气,牙齿会松动,必须先吸气让牙齿就位后,才能再说后面的字。学生们以为这就是属灵的祷告,竞相模仿。于力工感到很奇怪,就教于贾玉铭,方知究理。[2]贾玉铭牧师是二十世纪最知名的中国福音派神学家之一,他一生的贡献主要有四个方面:中国保守派系统神学家、解经家、神学教育家和基督徒诗人。姚西伊这样评价贾牧师:"通过其生平可知:他使自己成了最重要的中国福音派保守神学家、解经家和教育家之一。"[3]姚西伊提到了三个方面,但没提贾玉铭的诗人身份。关于这一点,我们会专门介绍。先来看一看贾玉铭牧师的生平。

贾玉铭,字德新,笔名惺悟(或惺吾)。1880 年(光绪六年)出生于山东昌乐小岭村,少年时就读于齐鲁大学前身人登州文会馆,[4]与著名布道家丁立美(1871-1936 年)同学。1900 年自文会馆文学系毕业,旋即进入教士馆学习,教士馆即文会馆神学系。1904 年神学毕业,被按立为牧师,开始受美北长老会差派,在山东安邱县逢旺支会、济宁州教会和沂州府教会牧会,前后达 12 年之久。

1915 年应聘出任金陵神学院前身金陵神学教授。贾玉铭到金陵任教,可

---

2 于力工:《纪念贾玉铭牧师》,参见于力工:《西方宣教运动与中国教会之兴起》,台北:橄榄出版社,2006 年,第 382 页。

3 Kevin Xiyi Yao: *The Fundamentalism Movement Among Protestant Missionaries In China, 1920-1937*, New York: University Press of America,2003 年,第 159 页。

4 关于登州文会馆:1864 年,美南长老会传教士狄考文在登州开设一寄宿男校,名为蒙养学堂,1882 年扩大为登州文会馆(Dengzhou College),开设的课程包括三个方面:西方科技、宗教和中国经典。1902 年,美北长老会和英国浸礼会把他们各自学校并入登州文会馆,形成三个学院:文科学院、神学院和医学院。1909 年,登州文会馆更名为齐鲁大学,1917 年,全校迁往济南。

能与丁立美有关。在 1912 年 7 月召开的第一届金陵神学董事会上，丁立美被选为中文书记，成为董事会成员之一。

1919 年，美国传教士赫士被迫辞去齐鲁大学神学院代理院长一职，在潍县创办华北神学院，18 位属于长老会的神学院学生也追随赫士而去。赫士大概曾教过贾玉铭，因此，召唤贾玉铭到华北神学院任教。贾玉铭在神学上属保守派，比较认同赫士的神学思想。而赫士作为华北神学院院长，当然要在这所新兴的神学院推行福音派的神学教育理念。在这种情况下，贾玉铭从金陵神学院辞职，前往华北神学院任教。同时，丁立美也参与了华北神学院的教学工作。

1930 年前后，贾玉铭与赫士在末世论上发生分歧，赫士主张无千禧年，而贾玉铭和大多数华北神学院教授持前千禧年论。为此贾玉铭便想离开华北神学院。恰在此时，南京金陵女子神学院邀请他去作院长，于是便离开了。

1936 年，金陵神学院因获得温氏基金，按捐赠人的意愿，金陵神学院要与金陵女子神学院合并。此事虽因抗日战争爆发而未实现，但贾玉铭不愿与自由派的金陵神学院合作，于是辞去金陵女子神学院院长一职。同年 10 月在南京戴厚巷创立基督徒灵修院，得到宋尚节、丁立美、焦维真、丝规身、林子丰、毕永琴等人的支持。抗战期间西迁，1939 年春在四川灌县灵岩山重开灵修院，1940 年迁至中和县闵家林。1941 年迁至重庆，有人在南岸黄角桠送了一处山庄，便在此建起重庆灵修学院。后来，华北神学院也迁来重庆，与灵修学院合并，组成灵修神学院，贾玉铭任院长，副院长是专门向大学生传教的赵君影。

抗战胜利后，贾玉铭返回南京山西路 81 号重开灵修学院，1947 年 7 月 4 日，在信徒奉献的土地上建起"灵光堂"。1949 年，灵修学院迁至上海陕西路 520 号，直到 1958 年并入金陵协和神学院。1954 年，贾玉铭当选为中国基督教三自爱国运动委员会副主席。1964 年 4 月 12 日在上海去世。贾玉铭的主要著作有：《神道学》、《圣经要义》、《完全救法》、《教牧学》、《灵修日新》、《约翰福音讲义》、《使徒传道模范》和《圣徒心声》等。

二、神道学

（一）什么是神道学？

神道学，也称道义神学、教义神学，其实就是系统神学。[5]贾玉铭认为，

---

5 参见贾玉铭：《神道学》，第 24、25 页。

"神道学即宗教学"。[6]那么，什么是宗教学呢？他认为：

> 宗教学，即所以论神、论人、论神与人、人与神、神人与物类彼此的对待与相关；并阐发探索关于上帝、宇宙、人类、罪恶、救赎的真理。即所以说明神的位格、性质、作为与恩功；表显世人的本原、真像与究竟；以及窥灵界的奥蕴，探真理的原委，揭经旨之底里，详救法之功能；将吾人应有的上帝观、灵命观、来世观并人生观诸要端，汇而论之，始终一贯，作有系统的研究，以为学者求道得道的津梁。[7]

贾玉铭认为，神道学的目的，在于以科学的和超科学的方法，"发明神道要义，论神之所以为神，人之所以为人，以及神与人、人与神、神人与万有一切的事实。"[8]

（二）神道学的任务

贾玉铭认为，科学家的任务，是要"发明万物中已有的定理，并非另创新理。"神学家也像科学家一样，"非于宇宙之间，或圣经以外，别创新理，而另立新说。乃阐明固有的真理，且实验灵界的真理，并表发此各种真理彼此的关切与究竟，以次叙明。"[9]

人类的真理可分为三类，第一类是"直知的真理，可凭人的直觉而自明者。"第二类是"表证的真理，即假证明推论而表显者。"第三类是"或然的真理，其中含有怀疑的原素，其理可凭与否，须视证据之差别而定。"贾玉铭认为，神学研究远超过这三类真理了。他认为，神学是"由天启圣示而来的圣经真理，谨依圣经宣明神学要领，藉以培植学者的道心灵性，增益学者的真理智识。"他认为，这是神学研究"唯一的宗旨"。[10]

我们所以可以研究神学，完全依靠以下三端："一即确有一位真宰；二即人类亦具有与神相通相感的灵知与灵性；三即有完备的圣经等，以为神人交通的妙缘。"[11]

---

6 贾玉铭：《神道学》，第2页。
7 贾玉铭：《神道学》，第2页。
8 贾玉铭：《神道学》，第5页。
9 贾玉铭：《神道学》，第5页。
10 贾玉铭：《神道学》，第5-6页。
11 贾玉铭：《神道学》，第6页。

（三）神道学的研究方法

贾玉铭提出了四种研究方法。第一，"以脑学"。所谓脑，就是今人所说的思维能力。贾玉铭认为，用脑固然重要，但所学到的，不过是一些善于神道的知识。如果仅凭这些知识去传道，不过是一个口头上的传道人。第二，"以心学"。用脑学，可得到道学，唯有用心学，才能得到道心。用脑学，可明道，用心学，方能得道。他说："因为以心学的，方能对奥妙真理有心得。方能培养心性，而不仅有道学，亦且有道心。"[12]第三，"以身学"。贾玉铭说："以身学，即躬行实践，凡所学者皆身体力行。"[13]贾玉铭非常看重以身学，他认为，"凡以身学者，亦以身传，可使听众不但耳闻，亦且目睹。"[14]第四，"以灵学"。对于学习者个人来说，神道学的最终目的，是要得到道身。所谓"道身"，就是主耶稣道成肉身的那个道身。贾玉铭说：

> 以脑学所得者，是道学。以心学所得者，是道心。以身学所得者，即道德。以灵学所得者，是道身。主耶稣是道成肉身，吾人学道的究竟，即以身成道，或身被道化，而为道化之身。[15]

（四）《圣经》是神道学的根本

贾玉铭非常注重《圣经》，他认为《圣经》是基督教的宪章，是神道学的本源。他说："圣经即我基督教的宪章，亦即神道学的本源。"[16]也就是说，神道学的所有讨论，都必须根源于《圣经》，同时也要受到《圣经》的检验："吾人种种的研究，要不外乎全部圣经，而以圣经为神学的渊源。吾人的研究纵或有误，而圣经的真理自在，甚至天地虽废，圣经的真理却犹存。"[17]"圣经全部，原是始终一贯，各端要道，亦互为表发，尝有以一端要道。见解不同，其对于全部圣经的信仰，亦或随之而异。"[18]

三、神学生的资格

贾玉铭认为，学习、研究神学的人，必须具有三才。[19]

---

12 贾玉铭：《神道学》，第 12 页。
13 贾玉铭：《神道学》，第 13 页。
14 贾玉铭：《神道学》，第 13 页。
15 贾玉铭：《神道学》，第 13 页。
16 贾玉铭：《神道学》，第 12 页。
17 贾玉铭：《神道学》，第 3 页。
18 贾玉铭：《神道学》，第 15 页。
19 贾玉铭：《神道学》，第 19 页。

（一）资才

首先是"资才"，贾玉铭称为"天然的资才"，也就是先天具有的能力。拥有这种能力，才能对神学有融会贯通的可能。那么，"天然的资才"包括哪些内容呢？贾玉铭指出，应包括"强健的脑力，灵敏的悟性，特殊的想像，会通的心理，高尚的辨才"。

（二）学才

其次是"学才"。贾玉铭指出，除了"天然的资才"以外，神学研究者还必须"饱受教育"，拥有"深湛的学识"。这些学识如"科学哲理""历史地舆""语言文字"等。

（三）灵才

最后是"灵才"，贾玉铭认为，"灵才"是最重要的，前面两项固然重要，但却不是最必须的。神学研究所要探讨的是"属灵的真理"，没有"灵才"，不可能明白这种真理。

"灵才"包含些什么内容呢？贾玉铭列出了 7 种。

第一，"属灵的生命"。所谓"属灵的生命"，就是指已经重生的人。贾玉铭认为，作神学生，重生是最低资格。他说："未重生的人决不可作神学生。须知人进神学院，非为得生命乃为培养生命。"神学院的教育，就像母鸡孵小鸡一样，只有所孵的蛋中有生命，才可能孵出小鸡来，否则只会把蛋孵坏了。

第二，"属灵的脚跟"。"属灵的脚跟"即指信心。贾玉铭说："信心对于研究神道，最有价值，最有功用。"其实，这是一个信与知的关系问题。贾玉铭说："虽曰神学关于知识，然深知每由于确信。或则由知而信，亦或由信而知，且非信不知。"

第三，"属灵的头脑"。"属灵的头脑，即理性灵性化。"神学研究者，既要有科学的头脑，又要有属灵的头脑。属灵的真理，往往向"聪明通达人"隐藏起来。而对于这些隐藏起来的真理，非用属灵的头脑不可。

第四，"属灵的胃口"。研究神学，必须渴慕神道。贾玉铭指出："无属灵的胃口，即无慕道之心，求道之诚。"这样的人，即使"研究穷年"，也只是"食而不化""毫无所获"。

第五，"属灵的嗜欲"。"属灵的嗜欲"就是"求道欲"。神学生必须具备"求道得道的工夫，决不得中途而废，故步自封，必是学而时习。"也就是说，一个研究神学的人，一定永远保持对神学的渴慕之心，促使自己不断深入下去，不做那种只有开端、没有结果的人。

第六，"属灵的眼光"。"属灵的眼光"是指得到圣灵启示后所拥有的"属天的智慧"。贾玉铭认为，"求道者，亦须与圣灵相通，而有属灵的眼光，始能深悉神道的奥秘。"

第七，"属灵的步履"。神学不单单是理论，也是实践，因此，贾玉铭主张"信行合一"，他说："宗教生活固在信仰，尤在经验，如不能将所信仰的真理，表显于生活，所信仍不可凭。研究神学不在由思考而得的抽象理论，乃在将蕴藏于内的真理，实验于生命生活为目标。"

贾玉铭非常强调信仰的生活化，即在生活中体现出信仰，可称为以行体信。对于神学研究者也是如此，他说："吾人研究神学的唯一妙法，亦唯躬行真理，以神圣的道学，表显于人的道心灵性，而成功于个人的生命与生活，无愧为以道化身的'基督人'，庶几可为研究得法的神学生。"[20]

四、中国人与中国教会

（一）基督教与中国国民性

1922 年，贾玉铭在《神学志》第 8 卷第 1 期上发表"今日之中华基督教会"，指出了中国国民性与基督教之间的关系。[21]他认为，基督教的真理是永恒不变的，但是，接受基督信仰的各个民族，因其国民性之不同，对基督真理的感悟力也不同。他说："我基督之真理，虽万古常新，其对于各国各族之感力，亦历世不变。然人所处之时代种族、政治文化、秉性心理、常识环境既不同，其与教会之真理相接触，所生之效力，亦自不等。"

贾玉铭认为，中国的国民性非常有利于中国人对基督教的理解，如果这两者结合得好，将来世界基督教的奋兴，就要从中国教会中生发出来。他认为，中国的国民性有 4 个特征。第一，保守的性质。所谓保守，是指中国人的心理是静止的，对新事物的接受比较慢，但一旦接受，就不致为异教之风摇荡。第二，调和的特长。中国人崇中尚和，对宗教抱一种齐物观。由于有这个特长，将来基督教的合的实现，必然始于中国教会。第三，神秘的思想。中国人的思维，不像西方人那样，崇尚分析，而是强调综合。分析性思维重在讲清楚，综

---

20 贾玉铭：《神道学》，第 36 页。
21 参见段琦：《奋进的历程》，北京：商务印书馆，2004 年 5 月，第 219 页。

合性思维则得在启发。因为要讲清楚，所以不能留余地，相反，因为要启发，所以不能讲实、讲满，要留余地。有了余地，就有了想象的空间。在哲学上，这个空间必然具有神秘的性质。第四，坚深之信仰。由于有神秘的性质，因此，中国人本性中就有信仰的根基。贾玉铭说："盖以中国人信仰之真纯，仍系乎性生也。"

（二）"中国教会早该自立了。"

1957 年，贾玉铭在中国基督教三自爱国运动委员会第九次常务委员会上发言，谈到三自问题，发出了这样一个感慨："中国教会早该自立了。"

贾玉铭不是一个机会主义者，他对三自和教会自立的问题，是经过认真思考。早在 1923 年，受到非基运动的冲击，他就撰文，表明了自己对外国人控制中国教会的不满。是年的 5 月 27 日，他以心悟为笔名，在《真理周刊》第 9 期上发表"对于教会用人才的我见"一文，抨击中国传道人依附西国人的现象。他说：

中国教会的领袖，实在没有学问和阅历，好像没有脊梁骨一样的。只知道一味的供西国人使用，好在教会中占重要的地位。此种情形，在教会中到处皆见，……实在与中国教会前途的发展，有莫大的妨碍。究其根本的错误，不只是在中国人身上，更是在西国人身上，因为从前有些西国人到中国来传教，不都是抱着传道的目的，不是实实在在的为造就中国人和谋求中国人的益处，是为一己的金钱，和国家的殖民政策。所以现在中国教会的领袖，在西国教会势力的范围里的，务必要认清楚，不要为金钱和殖民的支使，使你们丧失自由。[22]

因着这个原因，社会上对教会的传道人就非常反感：第一，人家要说，你们的使命，不是福音的使命，乃是金钱的使命。第二，人家要说是外国人的奴隶，试看非宗教同盟的宣言书，岂不就是这些现象招出来的么？

他还批评西教士，对中国传道人的控制太严，以至于一些有才华的中国牧师也不能发挥他们的长处，为教会贡献力量。"（中国）教会牧师，都在西国宣教师权力之下，受人的支配，未能发展他的志愿和工作；所以许多富思想，具才能的人，要做良好的牧师，也不能有机会；虽是他们缺少勇敢忍耐和毅力，

---

22 贾玉铭：《教会的性质和真理是不变的，但形式可以变》（"在中国基督教三自爱国运动委员会第九次常务委员会上的发言"），《天风》，第十二期，1957 年 6 月 24日，第 9 页。

也是西国宣教师欠容人的度量。"[23]

（三）中国教会自立之义与法

1926 年，贾玉铭出版他的另一本专著《教牧学》，在该书中，他用了很长的篇幅来谈中国教会的自立问题。对于什么是教会自立，贾玉铭说：

> 第此自立之义，乃言不受母会之供给与禅助，得于基督内自治自养自传之谓，论者固不得以辞害意也。且以自立二字论及中国教会，或疑与母会冲突，有排外之心；殊不知此自立教会之提倡，乃愿各信徒皆尽其天职，同心担负教会事务，以图我国教会之发达与进行；我母会对于已经成立之教会，可稍卸仔肩，备留余力，从事于推广开垦之工，俾得和衷共济，以拯我国四万万同胞，论者亦不得误会而訾议也。[24]

至于自立之法，贾玉铭提出了 4 点。

第一是"提倡"。虽然大家都觉得有自立的必要，但是，如果没有人站出来呼吁，自立是不会有开端的。提倡有 4 件事情可做：宣讲、促进、指导和感发。

第二是"筹备"。自立需要一个过程，在这个过程中，中国教会必须先做 4 个方面的准备。人才，贾玉铭认为，"盖教会之自立，首在得人。"[25]经济，"教会经济之丰盈，会牧可以自养，会使可以自遣，会堂可以自建，会务可以自理，所谓利之所在，即权之所在，外不受人之牵制，内可有自由之设施，非快事乎。"[26]精神，"夫人与经济，犹为表面之事，其尤要者，乃在有自立之精神。"[27]灵性。"不欲我中国教会自立则已，如欲自立，对于教友之灵性方面，尤当特别注重，以所谓之真教会，乃属天者，属灵者，不可见者。"[28]

第三是"试行"。

第四是"联合"。

---

23 转引自段琦：《奋进的历程》，第 254-255 页。

24 转引自段琦：《奋进的历程》，第 255 页。

25 转引自段琦：《奋进的历程》，第 255 页。

26 贾玉铭：《中国教会之自立问题》，引自张西平、卓新平编：《本色之探——20 世纪中国基督教文化学术论集》，北京：中国广播电视出版社，1999 年 4 月，348 页。

27 贾玉铭：《中国教会之自立问题》，第 351 页。

28 贾玉铭：《中国教会之自立问题》，第 351 页。

五、"三自源头不浊"

对于三自爱国运动,贾玉铭不是一开始就积极响应的,他作了很长时间的观察。丁光训对此有所介绍:"我们敬爱的先辈贾玉铭老牧师对三自也有个观察的阶段。到一定的时候,当他在主前等候的一个半夜,他从主得到了'源头不浊'四个字,就决心拥护三自,接着大家选贾老牧师为全国三自副主席。"[29]

贾玉铭的观望,并不是他不主张三自,其实早在1921年,他就已经提出三自了,1926年,他又对自治、自养、自传做了详细的阐述。他认为,自治自养自传是中国教会自立"决不可或忽之三要素"。[30]

论到自养,贾玉铭主张主要靠信徒奉献,他认为教会应"实行什一之捐输"。他认为,差会的支持在开始阶段是必不可少的,但是,教会总要长大成人,一旦长大,必然要自立。因此,"吾侪牧师者,对于教会自养之前途,必宜切实讲明,捐输之本分,与捐输之幸福。"[31]除信徒奉献外,贾玉铭还提出了几项可行的办法,如建立基金,各堂的互助等。

论到自治,贾玉铭认为有两个基础,一是金钱,一是人才。他认为牧师讲道时,一定要强调作为一个教友对于教会的责任,如果每一个信徒都意识到自己的责任,并勇敢承担这责任,教会的自养有望,自治也必成。其实,自治,说到底就是信徒的主人翁意识。教会要自治,还要"栽培化导教中之有常识,有资才,有品格,而且道心纯粹,灵性高尚之士,乐于担负教会职事,以服役教会。"[32]

论到自传,贾玉铭认为,自传是自养、自治的最终目标。他说:"(教会)如果能有推广力,传布力,以传主之福音,渐迄全国遍处,而教会之自立,方可谓完全无缺矣。"[33]

1950年代,贾玉铭对三自爱国运动之所以观望了一段时间,原因可能是多方面的,但根据现有资料,有一项原因不能忽视,那就是"运动"二字。经过一段时间的观望、反思、祷告等候,他有了自己的理解。他认为,"教会

---

29 贾玉铭:《中国教会之自立问题》,第351-352页。
30 贾玉铭:《中国教会之自立问题》,第352页。
31 丁光训:《丁光训文集》,南京:译林出版社,1998年9月,第332页。
32 贾玉铭:《中国教会之自立问题》,第354页。
33 贾玉铭:《中国教会之自立问题》,第354页。

的性质和真理是永不改变的，但形式未尝不可以改变。"[34]关于"运动"，他说：

> 三自运动的"运动"两字不是单靠着人、要用人的办法来运动，乃是希望神的灵在我们里面运行。神的灵在中间运行，工作才有功效。实在的，圣灵是在我们中间工作。[35]

贾玉铭并不主张超世主义，他说："我们是要讲超世的生命，入世的生活，积极的工作，方可为好基督徒。"[36]

---

[34]贾玉铭：《中国教会之自立问题》，第356页。

[35]贾玉铭：《教会的性质和真理是不变的，但形式可以变》（"在中国基督教三自爱国运动委员会第九次常务委员会上的发言"），第9页。

[36]贾玉铭：《按圣经眼光看基督徒是超政治的么？》，《天风》，第十二卷第五期，1951年8月4日，第5页。

丁立美与中华学生立志传道团

赵晓阳

丁立美是清末民初最杰出的基督教奋兴布道家。他出生于山东胶州大辛疃村，父亲丁启堂是当地最早接受基督教并受洗的人。丁立美与弟弟丁立介（1877-1954 年）均为牧师，都是著名传教士郭显德（Hunter Corbett）的得意弟子。

丁立美 13 岁到登州（今蓬莱）进入美国基督教长老会创办的文会馆附属中学学习，1892 年毕业。先任潍县老会视学，1894 年任母校物理教师。1896 年入教士馆，为义务传道学生。1898 年毕业，并按例为牧师，四处游行布道。

1907 年在上海召开了来华传教百年纪念大会，特别决议将青年学生的传教事业委托给基督教青年会，希望在短时间内，能够赢得中国知识阶层。1909 年 3 月，山东潍县广文学堂教师、后任青年会干事的路思义（Henry Winters Luce）认为应该在学生中"发动一个奋兴运动"，请毕业于广文学堂的丁立美牧师来校主领奋兴聚会。原来每天只有 20 分钟的晨间崇拜延长为 1 小时，在 300 学生当中，竟有 116 人在丁牧师富有挑战性的布道下决志走上传道之路，占全校学生的三分之一以上，成为"中华学生立志传道团"的开始。1909 年，他辞职专任学生立志传道团干事。

丁立美四处布道，影响日渐增大，布道时也宣传共和政体和民主制度，袁世凯颇觉紧张，下令捉拿。丁立美不得已只有到上海和江南一带布道工作，这成为他与中国基督教青年会接触并为它工作的开始。1910 年，基督教青年会安排丁立美到天津、北京、河北通州等地布道，又激发了 200 学生签名参加。1910 年 6 月 23 日，在河北通州协和大学举行的华北区学生夏令会上，正式成立了"中华学生立志传道团"，丁立美为第一任游行干事。

1922 年 4 月，世界基督教学生同盟在清华大学举行第十一届会议时，正式提出了"中国基督教学生运动"。1926 年 8 月，学生立志传道团第二届全国大会和青年会第十届全国大会同时在济南召开，决定由男女青年会与立志传道团各派代表 13 人，详细讨论组织中国基督教学运的问题。

1927 年 7 月，男女青年会与学生立志传道团三个机构的代表在南京金陵女子大学集会，他们提出《中国基督教学生运动意见书》，成立了中国基督教学生运动筹备委员会，就是要建立"统一的、自主的、不分宗派性别的中国基督教学生运动"。1928 年又创办了《微音月刊》作为基督教学生运动的机关报，各地学生联合会普遍地组织起来了。

丁立美擅长口头布道，充满说服力，"周行各地，开布道会"，足迹遍及中国 18 个省，甚至远至日本。他尤其喜欢在青年和知识界里布道，吸引了不少青年学生成为基督徒。中国基督教史上的著名人物，如对作家老舍产生巨大影响的北京缸瓦市堂牧师宝广林，民国年间最著名的旧约教授李荣芳，曾经的牧师、后任新华社社长的浦化人，著名的基督教神学家、燕京神学院院长赵紫宸等都是从这里走上为教会服务的道路。著名太平天国史学家简又文、著名女教育家、曾国藩的曾孙女曾宝荪都是受了他的宣道而入教的。1921 年冬天，他在冯玉祥部队使 130 人决志慕道，还成立了 59 人组成的军人立志传道团。仅1916 年就到过 13 个地，使立志成为基督徒者达 9 千余人。他一直为中华学生立志传道团工作到 1926 年，1936 年丁立美去世时，青年会仍以他是青年会干事之名，发给他了抚恤金。

丁立美亦是中国基督教自立教会的先驱，文会馆毕业的邹立文、丁立美、王宣忱（独立汉译《新约圣经》）等人，1885 年相约毕业的几届同学 40 余人，创办了山东酬恩布道会，后演变为山东基督教自立会，宣布脱离美国基督教长老会而独立，自订会章。1901 年，青岛组织自立教会，丁立美任第一牧师。1922 年中华基督教协进会组织了"云南布道会"，派他到那里拓荒布道，在禄丰、大理、腾冲等地展开福音工作。1923 年，他决定帮助赫士共同办好华北神学院，虽然仍为学生立志传道团工作，但更多的时间在山东滕县的华北神学院培养学生，直至 1932 年他创办天津圣经学院，并任副院长。1936 年 9 月 22日下午去世。

受美国学生志愿传教运动直接影响而产生的中华学生立志传道团是中国基督教历史上唯一产生于学生界和知识分子界、面向学生和知识分子的布道团体，影响颇大。丁立美以其雄辩的口才、扣人心弦的祈祷，"感动学生献身传道最多"而成为中国基督教史上不可不提的人物。1922 年 10 月，当时影响极大的英文报纸《密勒氏评论报》（The Weekly Review of the Far East）进行的"中国当今十二位杰出人物"问卷调查中，丁立美在全国包括政治工商学术各界的 171 位被选举人中，居 142 位，影响可见一斑。

（选自《团结报》，2010 年 8 月 5 日）

怀念张学恭牧师

于力工

引论

　　美国北长老会差派宣教士到山东一带做传福音的工作时，其工作的方法与作风有特别之处。其方法乃是一面建立教会，一面办教育，办学校乃是从小学办到大学，而办大学也是以福音的性质为重，而以造就基督徒中学教员为目的，盼望这些中学教员来影响青少年学子。当时许多中学数理化的教员都是出自北长老会所办的广文大学（先创办文会馆，迁到潍县后改称广文大学，后再迁济南改称齐鲁大学）。清末民初山东青年学子参加革命的，不少是广文大学的学生，学校当局为迁就此事，在民国初创后，这些革命学子，可再回广文大学完成大学课程。先父于心清也参加了革命军，因此迟了一年才从广文大学毕业。

　　除了这一性质外，再就是同时训练传道人，造就牧会人才，所以从文会馆时代，广文大学的毕业生中产生了一大批的传道人，等到广文大学迁到济南后称为齐鲁大学，这才在大学中设立一种学院课程。大名鼎鼎的旧约专家神学家 H. H. Rowley 即是教授之一，Rowley 对旧约神学、圣经史地、宣教神学均有深邃的研究与成就，其内容常为旧约学者、宣教神学家所引用。以后由于该院神学思潮受德国神学"前进"思想所影响，以致信仰上有了偏差。教会若要选派神学生，甚少送往齐鲁神学系受造就。

　　既然提到造就教牧人才，美国南浸信会亦在山东半岛东北部黄县设立神学院。华人教授中比较闻名的是秦学诗牧师。其他宗派有无大规模的神学院不得而知。美南浸信会是福音派而且倾向保守，为了需要，特在山东滕县设立华北神学院，其院务由赫士牧师主持。他罗织了一批华人教授，如贾玉铭牧师、张学恭牧师等，西教士教授有道雅伯牧师、何赓诗牧师等，为一时之盛。大江南北，粤江流域，甚至韩国，来修读者甚众。在滕县除设置华北神学院外，亦设有"弘道中学"[1]。由于当时山东教育厅长何思源反对教会中学，因为教授《圣经》，不准立案，甚至齐鲁大学立案时也遭到为难。

家叔父于秉清因当年在山西铭贤中校任数理化教员，校长是孔祥熙，而且曾是棋友，后孔祥熙任行政院副院长，故学校差派他去南京疏通，孔祥熙这才派了主持教育部的朱经农前往任校长，做校长的目的专司办理立案事宜，可见当时问题的复杂。由于"弘道中学"[2]继续教《圣经》，故改称为"弘道院"，而由何赓诗管理该院，于秉清副之（于秉清亦广文大学毕业，也在华北神学院修读毕业，名正言顺是赫士的学生），由于成绩好，也蒙赫士垂青，甚为器重。

一、千禧年的问题

贾玉铭牧师与赫士之间，在神学的见解上发生歧见，贾牧师主张有千禧年（但不是极端的千禧年派人士），赫士院长主张无千禧一说。由于两位见解不同，先在课堂中各抒己见，以致成为正面的"冲突"。贾牧师其时，已是各传各地，其学生、著作、讲道遍及华北，不久南京金陵女子神学院聘请为院长，离开了华北神学院。在西教士中，何赓诗牧师主张有千禧年，也形成了一时的对立。何牧师主持弘道院，道雅伯牧师发展他与万联会（即是麦坚泰的路线）的关系。

二、张学恭的地位

在上述的背景下，张学恭兴起来了。张牧师是一位纯朴厚道的学者，先是在华北神学院毕业，后去美国 Princeton 学硕士学位（Th.M）。他没有继续在 Princeton 攻取博士学位，因其信仰太"新颖"（这也是梅钦一些人士离开 Princeton 而另组 Westminster Theological Seminary 的缘故）。反而去了不发学位的慕迪圣经学院进修。他回国之后，并不洋腔洋调。据说当年去美时，还是赫士教他怎样穿西装的。那时国内的传道人，都是长袍马褂，西装革履还是后来的作风，还有一时，有的传道人认为西装革履不够属灵，归在"爱世界"的传道人中。宋尚节、王明道、计志文等领会时都是长袍马褂（已开始穿皮鞋）。

1　时校名应为"新民学校"。——编者
2　时校名应为"新民学校"。——编者

张学恭牧师是赫士所选中的接棒人。由于他执掌华北神学院后，毕业生分布各地。当时在香港伯特利圣经学院的牧师中，陆璇女士是华北神学院毕业生，大力介绍张学恭牧师来主讲伯特利教会所主办的夏令会，另一讲员是金罕牧师，主堂则由张牧师主讲。他每天用诗篇二十三篇中的一节作主题经文。伯特利神学院派我做记录，因此他的每一字，每一句，我都留心的听着、记着。记下来之后，当天就要整理好。他每逢讲完一段时，好像旧式章回小说，都会说"有诗为证"，这也是因为张牧师对诗词造诣甚好。他站在台上，微风不动，字句咬的很清楚，如长者谆谆教导，而且从从容容，面带笑容，直视听众。虽然张牧师山东口音甚重，听众却易于明了。过去在港九一带，多以为只要口操国语的讲道，都是好的，似乎两广都不出个讲道家。其实不然，像黄元素、赵柳塘、杨濬哲……都是两广佼佼者。或者也是因为大陆在日军扫荡侵占之下，后变色，不少的北方传道人南来香港，如计志文、赵世光、赵君影……大家租戏院来聚会布道，轰动　时，有人一日赶几堂聚会。

所以张牧师以华北神学院院长的身份来港（初次），过去华北神学院留港校友都带着兄弟姊妹来聚会，以致每日座无虚席。这是一次难得的场面。

三、独当一面

抗战初期，日军由华北南下，先攻取济南（济南无险可守），再继续由铁路南下，滕县不战而弃守。日军残暴，人人皆知，当时不少的妇女进到华北神学院求保护。当日军要强进华北神学院、弘道院、孤儿院时，何赓诗牧师出面试图阻止日军进入，结果被日军掌掴，当时张学恭牧师挺身而出，除了以身阻止日军进入外，后负起三院院长之责，一人独掌大局。西国教士全部被禁在集中营中，战火烧遍沿海的省份之后，华北神学院被迫停办。

四、泰东神学院兴建

胜利后，华北神学院尚未复校前，赵君影牧师由重庆东下，即刻与张牧师接洽，聘他来主持新举办的泰东神学院。我先由重庆东下来南京，在南京鼓楼黄泥岗开办了基督教会，就在同一地址。张牧师率全家来南京。泰东神学院开办后，聘请了几位第一流的教员。而主要支持的团体，是中国"布道十字军"（CNEC），后赵君影牧师离开"布道十字军"，专任中国基督徒大学生总干事，而张牧师继续留任院长工作。

共军渡长江前,张院长率同学老师把神学院南迁广西,这时我的四叔于秉清和同工,执教神学院,也随院南迁。"文革"时,他遭到极大的摧残,我的叔父和张院长均死在广西,张牧师享年六十五岁。

五、《个人布道法》一书

使我终身不忘张学恭牧师的因素,除了他的风范外,特别是他从美国回来之后,把他修读及经历的《个人布道法》一书出版。由于陆璇在伯特利圣经学院及重庆灵修神学院执教,大力举荐这本书,而且当为"个人布道"一课的教科书。当时的参考书甚少,这既然是课本,我就把内容全部背下来,一方面是求得其法,一方面也是为了考试,不仅是读,而是熟读、熟背。所以这本书使我们钦佩张学恭牧师有真理知识上的认识,在他的书中曾提及伯特利教会及神学院的创办人胡遵礼的父亲胡司主教,他曾为美以美会的总监,退休后,不像以前到处在大型的聚会中讲道,而是出去找人做个人布道。后他见证说:"我退休后领人归主的数字,比我未退休前大型布道会所领的人归主还多。"这一事实,迄今我不能忘记,而书中其他的教导,均甚中肯,可供今人参考,盼此书再能出版问世。

张牧师一生守住了神给他的岗位托付,这托付就成了他的一生负担,而他尽忠到底,堪为今日传道人的模范。

(选自《导向》,1998 年第 12 期)

神所使用的人之杨绍唐牧师

边云波

　　一位内地会的宣道士赖恩融牧师曾经写过一本书叫《中国教会的三巨人》，三巨人中的一位就是杨绍唐牧师。杨绍唐牧师 1898 年出生于山西翼城。他 12 岁时进入基督教中学，25 岁时到山东滕县华北神学院读书，当时华北神学院是很被神使用的一个神学院。1925 年，他 27 岁时神学毕业回到山西传道。1930 年前后，杨绍唐牧师牧养晋南十三县的教会及多处聚会点，这些教会和聚会点起初不一定有专职的传道人，但兼职、带职的传道人逐渐就成为专职的传道人，所以就需要培训。但如果这些同工都去上神学，一方面经济力量不足，另一方面他们到神学院也许不适合要求，或者说学历不够。所以杨绍唐牧师 1934 年成立了一个"灵工团"，这个"灵工团"被很多人认为是培养同工、建立同工、彼此相爱、互相尊重、在主里交通、互帮互学的一个很好的方法。

　　"灵工团"每年有定期或不定期聚会的时间，这些专职或带职的传道人、同工聚集在一起查经，或是由杨绍唐牧师讲解一卷《圣经》。更要紧的，就是他们有彼此的交通，个人在神面前有什么亮光、看见、得着，在工作当中有哪些心得，在生活和工作当中有哪些失误，在神面前有什么软弱，在人面前有什么亏欠，彼此谈论，敞开自己的心门。实际上就是彼此帮助，在神面前有更多的长进。除了灵命上的帮助、长进以外，他们也把所带领的信徒遇见什么问题、怎么解决这些问题的心得提出来。还有的时候是提出问题，比如当地信徒之间、家庭夫妻之间、同工之间或者传扬福音的时候遇到了问题，却不知道怎样解决，那么大家就彼此帮助，提供个人经历是怎么靠主解决的，互相补充一下。

在灵里面以灵相通、以爱相系。若是问题大家都解决不了，连杨绍唐牧师也不一定有很好的解决方法，就把这些问题作为祷告的题目，散会分开之后继续祷告，到下一次聚会可能大家会有相关的体会，问题就得到了解决。

当时灵工团的做法使得很多传道人得到了帮助，以至于从英国剑桥大学毕业后到中国河南方城传道、被神重用的内地会传道人艾得理牧师（Mr.Adeney），特意去参加灵工团，看一看灵工团的做法。后来"西北灵工团"的组织形式也是受灵工团的影响。

抗日战争时期，因为山西南部已经被日军侵占，有些工作在农村很困难，所以杨绍唐牧师就住在北京，也就是那段时间和王明道先生熟悉起来。杨绍唐牧师比王明道先生大两岁，所以王明道先生在见到杨绍唐牧师的时候总是叫他"绍唐兄"。1946 年，杨绍唐牧师来到南京黄泥岗泰东神学院任教，当时神学院的院长张学恭牧师是他华北神学院的同学，他们在那里就一起同工，并且建立了黄泥岗教会。杨绍唐牧师便在那里牧会。

1948 年，杨绍唐牧师不仅在南京泰东神学院任教，也应邀在上海中华神学院任教。那时就两边跑，南京半个月，上海半个月。有些年轻的弟兄姊妹觉得杨绍唐牧师在事工上花的时间太多，在神面前安静、祷告、隐藏、领受的时间可能就相对减少了，也许会让自己的灵命受亏损，也让教会受亏损。当时有人有过这样的担心，包括我个人在内。我觉得我们应该在神的光照中看重工人自己比工作更重，有些弟兄姊妹往往把工作看得很重，要怎样开展工作，要怎样传扬福音，这当然很好，但更要紧的是工人本身在神面前要有长进，要有领受，工人本身应当有丰盛的生命，工人本身没有丰盛的生命怎么能让信徒得到丰盛的生命？没有丰盛的生命，就算人数再多，教会在神面前也不能讨神的喜悦。

后来杨绍唐牧师在南京黄泥岗教会受到了主张"三自"的人的批判，批判他的竟是他培养过的一些信徒。受到批判以后，杨绍唐牧师在南京停留的时间就很少了。他长期住在上海，后来就加入了"三自"会，这件事情大家都认为很可惜。1954 年杨牧师到北京参加"三自"会议，结束之后就到北京的史家胡同 43 号基督徒会堂看望王先生。那时我正住在王先生那里，我记得那天王先生对于杨牧师还是非常尊重、非常客气，我很少见到王先生对于参加"三自"会的人还那样尊重、有礼貌。王先生和杨牧师两个人谈话的时候我没有在场，但是我相信，对于加入"三自"会的问题，作为神的仆人、同工，比杨牧师小两岁的王先生一定会直言相劝；然而很可惜，可能没有什么果效。

1955 年王明道先生被捕，全国各地都批判王先生，杨绍唐牧师也参与了对王先生的批判。从一些文字记载看到杨牧师批判王先生时是这样说的："在教会里面也有些反革命分子，很可惜，我政治学习不够好，竟和这样一些人还来往很近，可见我政治嗅觉不够，这是我自己应该要检查的。"这件事情令人对于杨绍唐牧师就有了看法。

杨牧师虽然加入了"三自"会，甚至有一段时间是"三自"会的副秘书长，但"文化大革命"期间还是被红卫兵强迫扫街道。有一天下雪，他扫地的时候身体不适倒地，再也没有起来。有人说，如果杨绍唐牧师不走晚年的这段道路，宁肯在工作上不要做这么多，不要这么铺张，在神面前多有持守，恐怕会更好地保持自己的晚节。所以这也警诫我们，不要贪图工作，却忘记了敬畏工作的神。

（选自边云波：《残年忆史：中国教会现代史片段剪辑》，自行印刷）

往事二三

王真光

一、聆听赫士牧师布道

在华北弘道院和华北神学院两院的校园里，有两座礼拜堂，一大一小，东西向排列，小礼拜堂和神学院教学楼连在一起，大礼拜堂单独处在东边。每逢礼拜日作礼拜时，两院的师生都到大礼拜堂作礼拜。布道者大多数时间是张学恭牧师，但每月总有一次是赫士牧师或道雅伯牧师（Rev. Albert Dodd）布道。他们二位布道时，礼拜堂内除了两院的师生外，南楼的崇道堂、华北医院、西关教会，甚至王开、仓沟的都来，坐满礼拜堂。

赫士牧师和道雅伯牧师住在弘道院教学楼的东侧，比邻而居，去礼拜堂要走一段路，张学恭牧师常派其女张宝云或其子张宝文陪伴，但两位老人都不要人扶伺。在礼拜堂里要登六个台阶上讲台，赫士牧师都是自己上去，在台上站立，一站就是一两个小时，那时没有扩音设备麦克风什么的，只凭口讲，要让全礼拜堂的人都听清楚，确实还要费点力气。我看见白发苍苍的八十多岁的老人，能够做到这样，心存感动，当时就想到，那是虔诚的信仰所归，上帝赐予的力量。

赫士牧师布道，大多是《旧约》，常讲《约伯记》、《诗篇》、《以赛亚书》。赫士牧师布道前，他先宣布唱哪首赞美诗，然后由苏佐扬上台指挥打拍子领唱，台下由于鼎修同学抚大风琴伴奏。

礼拜完了，赫牧师不立即离去，依然站在台下，总有一些人围着他问这问那，他都和善地回答。

他最后从礼拜堂出来，沿着那条曲折的小路，颤巍巍地走向他的楼房……

时为 1939 至 1941 年。印象深刻，八十年前的往事仍然鲜明地记忆着。能够亲自聆听赫士牧师布道是我的福分。

二、追忆何赓诗牧师

一九四一年十二月八日，我最后一次见到何赓诗牧师。

那一天日军进驻华北弘道院和神学院，学院大门被封锁了，门口有日军持枪站岗，不准行人出入。食堂大厨要外出买菜出不去，我因会几句日语便同他到大门口，远远看见院长何赓诗牧师正和日本兵争吵，忙近前去看，只见何赓诗牧师怀抱着一个大木挂钟，那是门房里的挂钟，他大声说："这是我的……"日本兵不让，和他争夺。我看明白了，便对那日本兵说："这是我们的校长，要拿钟去修理，你应当尊重校长。"日本兵看了我一眼说："校长？"我说："是，他是我们尊重的校长。"日本兵也许对"校长"尊重，微笑了一下，摆摆手，意思是让他走。何牧师抱着钟对我说："谢谢！"又回头看了一下日本兵，愤愤然："岂有此理！"何牧师平时是和蔼可亲的，永远那样微笑着，但那天真的是气愤了。

这是我最后一次看到何赓诗牧师，之后听说他和其他美籍人士，包括神学院院长赫士博士，都被关进潍县集中营。

何赓诗牧师是华北弘道院院长，平时很忙，除了礼拜日到礼拜堂作礼拜，很少出来，所以学生见不到他，但却都对他印象深刻，只要见过一面就记住了，因为他有太多的特点。首先是一身中式长袍马褂，他很少穿西装，这在院内是独一无二的；其次是一口地道的汉语，字正腔圆，清晰悦耳，而且还会山东几个地方的方言，滕县的，潍县的，烟台的，临沂的；还有较深的中国国学基础，汉字写的也不错，写张便条都带"之乎者也"；再次是态度和蔼，和你说话总是面带微笑，轻声慢语，给人一种亲切感。

在弘道院的学生中也有常和他来往的，比如于鼎修和崔敬华，因他们二位都兼办弘道院的一些事务，还向他请教英文，自然接触多。我因找张志道和刘登云老师，有时就碰见何牧师。张志道和刘登云老师就住在何牧师楼里，何牧师的楼坐落在学院小南院（女生宿舍）里，我每周晚上给刘登云老师送全班同学的作业本（地理课的地图）。记的第一次去，刚进一楼门就看见何牧师站在书房门口，向他说明来意，他向对过喊了声："登云，你的学生找你！"刘登云老师就住在对面房间，何牧师微笑着作了一个手势让我过去。之后就常有这种情况了，有一次他把我叫进他的书房，让我把一包书稿带给于鼎修。我看了看他的一排排书橱满是精装外文书，还有一个书橱全是中国的线装书。

何赓诗牧师（Rev. Martin Hopkins）是美国田纳西州人，生于 1889 年，1964 年蒙上帝召唤去天国。早年毕业于普林斯顿大学，1917 年来中国，曾任安徽宿迁福音学校校长，1927 年被南长老会派差到山东滕县华北神学院教授《旧约》，并兼任神弘两院教职，1932-1941 年仟华北弘道院院长。何牧师到华北弘道院时，弘道院教学大楼被焚毁，他主持重建了那座大楼。此事我问过张秀夫长老，他参加过重建工作，大楼是怎么烧的，原来什么样，怎样重建的，张长老说是"电线走火"烧毁的，只留下石头墙框架，是何牧师主持重建的，他每天看施工，要求很严，原来大楼是小斜坡，重建后改成大斜坡，修到钟楼时，他请黄以元老先生写了八个大字"民国三年，狄氏遗橐"刻在钟楼的正面。

何赓诗牧师著作颇丰，已出版的有《旧约圣经神学》、《启示录讲义》、《耶稣基督的启示》、《以赛业书粹义》等。

抗战胜利后何牧师来到江苏无锡继续小华北神学院，但与我们一些学子失去联系。1948 年秋，国内战局恶化，我们在南京的几个人常相聚，有一天于鼎修和崔敬华到我处商量给何牧师写信，信的主题由于鼎修口授，信稿由崔敬华以英文书拟，我用打字机打出，最后由我们三人签名，敬华负责邮寄。这是我们最后一次同何赓诗牧师，我们的院长联系。

岁月悠悠，七十多年过去了，他们都已不在，回首往事，如烟似梦。叹人生之须臾，留情谊于永恒。凝眸之际写下这些文字，馨香一瓣，遥祭师友，祈愿他们在神的国度里安乐！

三、离别的晚会

五月的晚风轻轻飘荡在空中，阵阵歌声随风播向四方，歌声嘹亮柔和却又含着凄然而又悲怆……

God be with you till we meet again

By His counsels guide, up-hold you……God

Be with you till we meet again……

再相见，再相见，愿主同在以至再相见……

这是一九四三年五月，华北神学院预科-华北弘道院的毕业生举行的晚会。告别母校，走出校门，从此天各一方，能不悲怆？因此，这是一个"离别的晚会"。

晚会是在弘道院教学大楼的西地下室举行。全体师生欢聚一堂，这少有的场面令人欣慰，同时心情又很沉重。

晚会开始，由仇有基同学致简短的开幕词。他述说了晚会的缘起和意义，最后他深情地说：老师们，同学们，五年的接受教育，五年的同窗情谊，我们永远不会忘记，当多年以后再回首往事的时候，请记住，一九四三年的五月这一天，在我们的母校——华北弘道院大楼的地下室里举行的这个晚会……

晚会的节目丰富多彩，全部由同学们创作演出。

第一个节目是大合唱。大合唱在弘道院里是拿手好戏，因为平时在礼拜堂里唱赞美诗时就练就了功底，不过这次是男女生混声四部合唱，演唱了 *God's Love Wonderful*、*Jesus is Tenderly Calling*、*You can Tell Out the Story* 等节目，依次有苏佐扬提琴独奏，于鼎修大风琴演奏。张宝云的女声独唱，唱的是柳永的词《雨霖铃》，曲谱是于鼎修同学画的五线谱并由他晒出蓝图。因为张宝云被誉为"校花"，所以她的演唱格外令人注目。她的确唱得好，声如黄莺，婉转绕梁，凄凄切切，催人泪下。还有一个节目给人深刻印象，就是孙恩菊和武心明的女声二重唱，用的《何日君再来》的曲子，词改了，但末尾两句"今宵离别后，何日君再来"仍保留，由黄锦和同学口琴伴奏。她们二人一遍遍演唱，唱着唱着竟走下舞台，到观众席一边唱一边握手，重复那句："今宵离别后，何日君再来"，像是对每个人倾诉衷情，声声下问，让人感动至极。还有哑剧《擦镜子》、双簧《切字语》等等。

星移斗转，时光过隙，晚会在不知不觉中进行，直到午夜。

曲终人散，仰望长空，一种怅然若失的情绪在余欢中浮上心头：明天，明天将要离开这所温馨仁爱的校园。何日君再来？不知，不知。也许是永远没有重逢的机会。

四、神弘两院毁灭之谜

一九五一年五月，我偕妻张美光由济南回滕县。她家住在滕县北关外大街11号。到后次日，我们提出到北楼看看。那次回滕，一是看望老人，二是看看神弘两院，两院是我们的母校。神弘两院习惯称"北楼"，这在当地和神弘两院的学生中也如此叫法，所以一说"北楼"，就是指华北神学院与华北弘道院，这是与另一组"南楼"对称的区别。

岳母说："看什么？北楼没有了！"

我很诧异："怎么没有了？"

"打仗给毁了。"

这我没想到。打仗，就是那次内战了，因为抗日战争中神弘两院没有受损。我想，即便毁了，总还有断垣残壁吧？所以还是决定去看一看。

我们沿着原先不知走过多少次的路向北楼进发，一直走到北楼大门外那条东西横贯的路。站在那里举目四顾，果然，神弘两院没有了。回头看，"南楼"区域申牧师等人的住宅楼还在，好像很完整。

美光说："娘说对了，是没有了。"声音里带着无限惋惜。

原先的神弘两院那么一大片建筑物居然没有了，眼前是一望无际的草地，只是在远处有几间新盖的平房。

"再往前看看吧！"我想，弘道院大楼有地下室，总该存在吧。原先弘道院大楼的地方，也是一片草地，怎么也找不到地下室。如果是炮轰大楼，地下室怎会没了呢？不消说断垣残壁，就是一砖一瓦也没有，没有任何痕迹。怎么破坏的那么厉害？站在那里，我的脑海中浮现出弘道院教学大楼，浮现出赫牧师楼、道牧师楼、大礼拜堂、神学院教学楼、何牧师楼，还有西北角那一大片学生宿舍……我感到茫然不解，悲愤难忍。

带着深深的遗憾，我在思考。

神弘两院没有毁灭在日军的炮火中，却毁灭于内战的炮火。我看到过日军作战档案，当年日军攻打滕县的矶谷廉介部队的攻城计划，对滕县的四个城门都有考虑，西门靠近火车站，不能攻，火车站在占领后立即开通；北门，有美国资产，不能动；只能从东门和南门攻打。所以，神弘两院免于炮火。当时神弘两院也真的挂起美国国旗，成立了救护区，收容了很多避难的人。这好理解。

但是到了内战时，神弘两院怎么成了战场呢？从军事角度考虑，神弘两院没有可攻可守之处，不具备作战场地的条件，院内只有弘道院大楼是大建筑物，但也不能构筑工事，钟楼用不上，只有一、二层的教室勉强可以，也只能使用轻武器。如是，攻击者用不着火炮，以其作战能力完全可以攻下。然而事实上用了炮。能用上炮至少是一个营，营长下令开炮。我想，那位营长是不该下令的，当然，他不知道这片建筑物的历史价值。

神弘两院没有毁于日军而毁于内战炮火，是令人痛心的；毁灭的不只是两院的建筑物，还毁灭了赫士牧师、张学恭牧师和何赓诗牧师心血的结晶，毁灭了基督教在滕县的业迹。

　　滕县是一座古城，但城内古迹并不多，除了蜿蜒的城墙和矗立的龙泉寺塔以外，就算北关外的北楼、南楼和南门里的天主教堂了。如果这些都保存下来，那将是什么样子？神弘两院具有基督教国际元素，滕县必将会因此吸引世人的目光。当然，历史没有如果。

　　从网上看到近些时有不少人到滕州看华北神学院遗址，也只是在申牧师楼前照个相，但那是"南楼"，并不是华北神学院的"北楼"。"北楼"再也没有了！蒙神的恩典，滕州一中接续了神弘两院的历史，这终究是可喜的。祈愿神弘两院的文脉精神延续绵长！

胡茂发先生传略

胡承斌

胡茂发（1898-1997 年），字敬武，山东临沂人。自幼家境贫寒，父辈逃荒到临沂。父亲给美国宣教士司教士看大门，母亲洗衣卖前饼，全家赖此度日。司教士下乡传福音时，常带母亲当助手。久而久之，不但父母都接受了救恩，母亲还成了当地最早的华人传道。

胡茂发兄弟四人，皆受惠于宣教士，得以入学读书。大哥二哥中学毕业后学厨，终生以此为职业；三哥中学毕业后进入广文大学（齐鲁大学前身）学习；胡茂发在景文中学（教会学校）毕业后，应学校要求留校任教。某次去济南办事，偶遇齐鲁大学招生考试，他和同行学友张华甫（后就读华北神学，32 年毕业）等人出于好奇，参加了考试，未曾料到居然录取了。

当时读大学每年需大洋 150 元，一般家庭无力承担。但景文中学有意栽培胡茂发，便协议以贷款的方式资助他上大学：大学四年期间，学校每年借给他150 元；毕业后回母校效力，分四年以工资偿还。这样，他便于民国十一年（1922年）进入齐鲁大学政史系学习。至 1926 年，以全校第一名的成绩获学士学位毕业，并代表毕业生作辞别演讲。

如此毕业生，社会许多单位争相聘用。当时私人单位开出月薪 120 元，政府部门工资 80 元。回母校任教月薪仅 40 元，头四年还要每月扣除 12.5 元还贷款，实际到手才 27.5 元。许多人劝他不必回校践约，只要按时还贷款就行了。其实当时贷款上大学的，鲜有守信回校者。但他仍义无反顾，按协议回校任教。一生重义轻利，一诺千金。此事可见一斑。他常教导子女："人说出的话的分量就是人格的分量！""绝不要做金钱的奴隶！"

他回校后任校长。适逢南军北伐，所到之处，要求学校悬挂国旗。作为教会学校，此举是否违背信仰，是否合乎《圣经》，他不甚明白，也不敢做主，便去问教会的牧师长老，期望得到明确答案。对他来说，只要明白了真理，行动是毫无疑义的事。"只问是非，不问利害"是他一生做人处事的原则。

没想到求教多处，所得回答皆含糊其词，令人不明所以。但有一点他很清楚："他们知道，只是不（敢，想）说。"当时他就有了一个简单明确的想法："有机会我自己去读神学，亲自弄懂神的话，不在人生大事上求助于人。"晚年他回顾自己一生，多次对子女说："我一生的几个转折，几件大事，如：上大学，出国留学，到上海……没有一件是我自己打算的，都是神在前开路，我身不由己走上去的。唯有读神学，却是出自己愿。"

主意既定，他就辞去教席，到华北神学学习。同时在与华北神学比邻的华北弘道院兼课（后任训育主任多年），以解决生活问题。及至神学毕业，仍留校在"两院"任教。从三十年代初到五十年代初，经历了两院的兴衰沧桑。他教音乐课期间，培育出许多音乐人才：秦凌云、秦凌阁（赴美后曾在白宫演出）、苏佐扬（著有《天人圣歌》）、于鼎修等。

抗战胜利后，因政局变化，华北神学师生仓促转移到徐州，在联合国救济总署支持下继续开课。后又因战争形势，迁往无锡梅园前重新建校。

此时董事会看明外籍教职员不可能久留，学院工作的交接势在必行。按地气人缘，胡茂发任校长最合宜，美中不足的是缺少"洋学历"，在教职员中难以"摆平"。于是一方面送胡去美国福勒神学院（Fuller Theological Seminary）"镀金"，待回国之后可顺理成章接任；同时作为过渡措施，聘请灵修院院长贾玉铭"客串"院长（每年开学结业来两次）。实际是何赓诗委托好友"看守"院长职位。聘任期就是胡的学习期。

由于政局变化超人所料，外籍人员提前撤离，胡学业未就便回国。贾玉铭仍在聘任期内，胡便任教务长（兼司库和音乐系主任）。

何赓诗回国后，学院经济拮据，一度发不出工资。上海的华北同学会闻讯，派谢模善会长等人前往慰问，并将了解的情况公诸于众，呼吁支持。当时"桐油大王"李锐准备重新翻译《圣经》代替和合本，听闻此讯，便诚邀胡参加他的翻译小组。胡便于1951年去了上海。

译经工作中途停止，胡又应邀参加了中华基督徒布道会文字部的工作，作品有《创世记讲要》、《出埃及记讲要》、《利未记讲要》、《十字架下的忠仆》等，

并翻译了一些圣诗。1956 年文字部工作停止。胡在家中倾力写作，十年完成
了全部《圣经讲要》及其它作品。1997 年安息家中。

　　胡茂发妻胡韩淑方（1904-1984 年），字静宜。山东即墨人。胡茂发共生二
女三子。第三代三男五女。第四代四男六女。

我的父亲张崇道牧师

张恩如

我的老家在滕县县城西北约十七公里的大坞村。祖父张广敬，是大坞村西村人。其实，祖父并没有自己的家，他长年在一家字号为"信诚"的地主家做长工，就和祖母住在这家地主大门旁的过道里，这就是那时的家了。听母亲说，祖母一生生了八个孩子，那时女人生孩子只能请接生婆来家接生，象祖母这样的穷人请不起接生婆，孩子生下来自己处理一下就完事了，婴幼儿存活率很低。祖母生下的八个孩子中只三个存活下来，我父亲是长子，还有我的两个叔父。按祖谱，父亲为崇字辈，兄弟仨依次取名叫：张崇道、张崇理、张崇学。

父亲是属鸡的，听母亲说，父亲最得岁，生下两天就长了两岁，由此我推知父亲是除夕那天出生，也就从年历上查到了父亲的生日是：1898 年 1 月 21日。

祖父长年劳累，在五十岁上，因病无钱医治就去世了，祖母只能带三个孩子讨饭为生。那时的三叔父刚出生不久，二叔父七、八岁，十五岁的父亲开始担当家里的重任。大坞村是个大集镇，每五天有两个集市，那时粮食的交易是用升来量，升是一种四棱台状的木制容器，大底向上，是敞开的，交易时把粮食装满而且高出一些，然后用一刮板刮平，溢出的粮食则撒落在地上，让穷人家讨饭的孩子拣这些粮食，这其实也是当时富人们施舍的一种方式。父亲每到集市都要拣这些粮食，这是一家母子四人生命的依靠。冬天的夜很是难熬，父亲常说起一家人睡觉的景况：高粱秸排放在地上，上面再铺上一层麦秸草，四口人睡在上面，一床破被你拉我拽的。到了下半夜，实在冻的抗不过，就抽出几根高粱秸生火烤一烤，这样又慢慢把高粱秸抽光了。父亲是瞎了一只眼的，母亲曾问祖母是怎么瞎的，说是父亲在十岁的时候害眼病无钱治，请人针灸而针瞎了。这孤儿寡母一家四口人，再加上父亲的一只瞎眼，在当时的大坞街上，真是没了活路，悲惨到了极处。

父亲刚十七岁时，有一个称为罗牧师的美国人（美国北美长老会传教士罗密阁牧师），来大坞传道，他招收父亲并把父亲送到当时的峄县教会学校读书。当时，有人告诉祖母，说外国人把父亲抓去了，要把这些人炼了油膏，害的祖母多日痛哭不止。父亲到峄县上学，身在峄县，可作为长子，内心仍挂念着家中的母亲和两个年幼的弟弟。三年后回大坞，送二弟（我的二叔父）到滕县教会学校上学，送三弟（我的三叔父）到泰安教会孤儿院，接母亲（我的祖母）到峄县，在父亲上学的教会学校食堂做一些洗菜刷碗的活。自此，母子四人离开了大坞，并且也都信了主，成为一个信奉基督的家庭。

父亲先在峄县上学，然后进入滕县华北神学院。在十几年学习经历中，满怀感恩的心，读经、敬拜，决志一生为神做工，深得学校的赏识。神学院的老师们也特喜欢父亲这名学生，院长赫士在离开滕县去潍县时还来大坞看望父亲，留下一张照片，在"文革"时被红卫兵搜出来烧了。英国毛克礼牧师回国后，1950 年写了一本书《基督登山宝训》，特寄一本来给父亲。父亲在学业上非常刻苦，也有很好的悟性。记得我上初中时学几何学，父亲还拿出他当时学习的书给我看，那时的几何学叫"形学"，图形上点的序号不是用 A、B、C、D，而是用甲、乙、丙、丁标出。声乐是神学院的必修课，拿一首新歌来，不管是五线谱还是简谱，父亲都能放声地唱出来。父亲在峄县时还学习了木工技能，后来修理农具或做个桌子板凳时也都能用上。1972 年我学木工时，他还给我指导。

1930 年，父亲从华北神学院毕业。先到滕县城东的城头一带做传道，一年后按立为滕西教区牧师。以大坞为中心，在滕西、邹县、微山县一带建立和牧养教会。作为牧师，父亲按月从滕县教会（北美长老会差会）领薪水，听母亲说每月发十二块大洋，这是很高的薪水了。父亲是生在农村的苦孩子，对土地有特殊的感情，他用这些薪水买下近二十亩地，又在大坞西村买下一处房产，这时祖母和两个叔父也相继回到大坞，有了自己的家。

我的外祖父是滕县城头镇李家长乡人，叫李宏山，是村里一家富裕的农户。膝下二男一女，女儿最小，特为父母疼爱，这女儿叫李秀荣，就是我的母亲。那时代女孩子从小要缠足，外祖父心疼女儿，迟迟不给女儿缠足，后来缠了两天，因女儿哭闹，又放开了。再后来外祖父信了耶稣，不再给女儿缠足，又把女儿送到滕县的教会学校读书。母亲在滕县的教会学校读完小学，然后，美国传教士道女士（道德贞女士），送母亲到上海的一所教会女子学校读中学。听母亲说，学生一面学习课本的功课，还做一些手工活，织花边、织毛衣等，也要排值日到食堂打扫卫生。为此，有人闹学潮，反对洋人虐待山东的女儿。道女士很生气，就把母亲这一批山东的女学生乘轮船经青岛送回来了。父亲传道到外祖父那儿，外祖父热心信主，就把女儿许配给了父亲。母亲比父亲小十二岁，是父母身边的娇闺女，也是到上海读了中学的洋学生，那时父亲已三十四岁，又是瞎了一只眼的，真不知当时母亲怎能应了这门亲事，我们做儿子的，也从未听母亲有过抱怨的话。结婚时，是罗牧师用他的洋轿车把母亲接来大坞，在教堂举行婚礼，并为父亲母亲证婚。

大约从1930年到1940年，是大坞教区的教会建立、发展和兴盛的时期。一方面因为北美长老会罗密阁牧师扶持及财力的支持，再者父亲的牧养事工也特别得力。父亲先在大坞村前街路北买下十一间房，前后院一亩多地，和路南九间房合成一较大的院落，建立教会，设立教堂。以大坞为中心，到周围各乡布道，主要在滕县城西的乡村，并且北至邹县的南屯，西至微山县的辛家庄一带。父亲布道的对象多为乡村的穷苦农民，而父亲也是农村的苦孩子出身，和信徒很是亲近。父亲生活简朴，为人谦和，每到各乡教会和信徒家中，讲道、敬拜、交通，总像一家人那样相交合一。父亲由一个讨饭的苦孩子蒙召成为牧师，自身的经历，本就是实实在在的美好见证。父亲传道还总是和教信徒识字学文化一起进行。信徒读《圣经》要识字才行，父亲就带识字课本送给他们，并且教他们学习，许多信徒由文盲变成了识字的文化人。为此，父亲在大坞村开办了滕西第一所现代意义的学校——"大坞教会学校"。关于父亲开办大坞教会学校的情况，在《大坞镇志》上有记述。

这期间，两个叔父也相继结婚，原来的孤儿寡母四口人变成了十几口人的大家庭。靠着父亲的薪水和农业收入，又在大坞村西街路东买了几间邻街房和内院，还在西街北端买了一座楼房。父亲专职教会的侍奉，二叔父有经济头脑，善于管理，三叔父勤奋聪明，多才多艺。

两个叔父都从教会的学校学习、长大，他俩也都信了耶稣，二叔父还做了教会的长老。他们应用在教会学校学习的西医、西药和护理知识，在教会扶持下开办了大坞第一所西药房和诊所。后来二叔父又到滕县城开办"惠安药房"，成为小有名气的企业家。三叔父不光开办了西医诊所，后来还开办缝纫店，做服装，能剪裁会缝制，做工考究，还招收一两个徒弟。母亲和两个婶子操理家中的内务，也雇用两三个长工和临时短工料理农活，大家庭渐渐兴旺发达起来。

1941年到1948年的七、八年间，父亲在教会和家庭上都经历困难。一方面教会没有了美国长老会的财力扶持，要靠信徒捐献来维持。由于众信徒热心，父亲和信徒间团结合一，教会信仰活动一直坚持下来。另一方面，1946年大家庭分了家，父亲全力用在传道上，四个哥哥还小，整个生活的重担压在母亲一人身上。分家后家中四壁空空，只能把分得的楼房典当出去，换了些粮食，先解决吃饭的大事，一家人搬到大坞村前街的礼拜堂住下。因着这各样的压力，1946年的下半年母亲病倒了，发热不止，全身无力，卧床不能起来。那时只能看中医，吃中药，三四个月过去了，总不见效，母亲身体虚弱到了极处，一点好转的希望也没有。那时大哥十四岁，已送到滕县教会会学校上学，家里二哥十一岁，三哥八岁，四哥才五岁，眼看着要撇下四个还未长大孩子离去，难以想象母亲内心的苦处。这时，父亲以坚定的信心支撑着全家，放下各样的事情，守护在母亲身边，早晚两次熬药、喂药，带着母亲和孩子们恒切地祷告。有的邻居劝父亲说："崇道啊，人都这样了，别再枉费力了。"可父亲总是坚持着，他心中有完全的信心，一刻也没有放弃。整整十个月，母亲战胜了死神，奇迹般地活过来了。母亲常回忆说，身子只剩一把骨头了，要两个人架着才能站起来，慢慢地学着走路。头发粘在一起成了毡饼子，祖母帮着也梳不开，只能剪了去。1948年，母亲又生下我这最小的儿子。我后来信主了，也常思想母亲的内心，她跟随父亲，是因着信仰抉择，她是跟随了神的仆人。在几十年的生命中，母亲养育了我们兄弟五个，全力担起了家庭的重任，让父亲无挂碍地去做牧养的事工。在大坞村，我们的家就是教会的家，教堂就是我们的家。父亲做牧师，众信徒都称母亲为师母，这个家的里里外外、时时处处、点点滴滴，都是母亲来担当，她是一生在为主做工。

建国以后，父亲遵照政府宗教信仰自由的法令，继续履行牧养教会工作，滕西教会有较大的复兴和发展。父亲骑一辆破旧的自行车，不管寒冬酷暑，常年在外布道，走遍滕县城西的级索、岗头、姜庄、和福、王晁、赵坡、田桥、西盖村等等村庄，还传道到邹县南屯山后、沛县龙崮集、微山县的辛家庄。带领信徒在各乡建立教会，培训神职人员，礼拜、证道、为信徒施洗、为结婚的信徒证婚，等等。教会的各样事工，父亲无不尽心尽力，与众信徒相爱如兄弟姐妹，是倍得称赞的好牧人。每年 12 月 25 日过圣诞节，各乡教会汇集到大坞教堂来，教会大门搭松枝牌坊，院子搭台子，有圣诞老人演剧，信徒子女们登台唱赞美诗，诵读《圣经》精段，牧师证道，全体聚餐，分散花生、糖果等等，促进了福音和文化的传播。1958 年，滕县基督教三自爱国运动委员会成立时，父亲为大坞教区负责人和滕县基督教会两名负责人之一（另一负责人为赵德修牧师）。父亲还作为滕县县人大代表和县政协常委，做一些向上反映教会和信徒诉求，向下贯彻政府法令政策的工作。

从 1959 年开始的三年饥荒，父亲几次饿倒，全身浮肿，气力衰竭。那时二叔父在大坞的医药公司门市部，送来鱼肝油补充营养，再后来又送来乳白鱼肝油，每天喝一小勺，几次临到死亡线上又挽救过来了。在 1966 年开始的"文化大革命"和后来的系列政治运动中，父亲均受到了牵连和迫害。

父亲 1988 年 3 月在邹县逝世，享年 90 岁，骨灰安葬于大坞村东张氏家族的祖坟地上。2009 年我们为父亲立碑，石碑上只刻有十字架和父亲母亲的名字。父亲的名字张崇道，按着《圣经》是"高举耶稣基督"的意思，这正是父亲一生生命的总括，也是我们家子孙后代当遵循的生命之路。

先知不在本地——高建国牧师生平综述

陈丰盛

引言

　　高建国牧师，一位来自河南的牧者，自解放初期来到温州，在被称为"中国的耶路撒冷"的教会中成为佼佼者，肩负起温州历史最悠久的自治内地会主任一职。难道这仅仅突显了耶稣曾经所说："大凡先知，除了本地本家之外，没有不被人尊敬的。"（《马太福音》13：57）这位在温州生活超过半个世纪而未学会说温州话的"笨"牧师[1]，到底有什么独特之处，而被温州所接纳、认同，且成为整个温州的祝福？

一、丰富经历的年轻人

　　高建国于 1921 年出生在河南开封市的陈留县。父亲是当地政府的一位职员。早在 8 岁时，他就随祖母到教堂里守礼拜，参加主日学。1936 年，年仅 16 岁的高建国从陈留县的简易师范学校毕业，于 1937 年入开封市基督教循道会所创办的圣书工读学院升学。1941 年在圣书工读学院毕业之后就到山东滕县，在全国著名的华北神学院深造。1942 年，因太平洋战争的爆发而转学至上海伯特利神学院[2]，该院也因战争而内迁，高建国就在上海伯特利中小学教书。

1　有一则相关的逸事：听闻有一位基督徒曾调侃高建国牧师说："高牧师，我认为你很笨，因为你在温州生活了几十年，还不会讲温州话。"高牧师回应说："我觉得你也不聪明。因为你听我讲道这么多年，还是听不懂普通话。"

2　他于 1942 年 9 月转入伯特利神学院（上海）。伯特利神学院于 1925 年创办，第一任院长为计志文牧师，时称"伯特利圣书学院"。自 1930 年开始，由美国学成回国在云南任宣教士的蓝如溪女士受聘为新任院长。后改称为伯特利圣经学院。1941

1943 年，高建国带着几位同学到家乡陈留县初级中学暨附属师范学校教书，高建国出任校长。高建国回忆说："1943 年，我的家乡陈留县有一所初级中学，想聘请我去负责办学，我就和几位同学前往那里，我担任校长，他们担任教务主任和老师。"[3]在高建国校长的带领下，该校篮球队于 1943 年 9 月得陈留县秋季运动大会锦旗"育英建国"。之后又在道许县师范学校、开封浸礼教会的真光中学任过教。

在我们仅有与真光中学相关的资料中，看到《浸会通讯》在 1946 年报道该中学的历史，其中特别叙述在抗战期间的艰难维持，从中可以得见高建国在这种艰难环境中的经历。文称："真光中学原系豫皖浸会，最先于民廿七年秋季所创办之学校，又于民卅年六月，在亳州及民卅三年在商邱举行代表大会时，均经全体一再决议通过，积极筹划经费分配预算继续真光工作，且有记录可考。不料十四年抗战，地处沦陷，人财兼缺，环境险恶，工作范围，不得不再三缩小。同工等因主爱激励始终如一，并未敢稍离岗位，是以靠主奋力维持，至今尚未中止者，实乃父神之大恩也。……去秋及今春两季中，有职教员十七八人，男女学生中学及小学共有四百二十余人。"[4]

高建国成长及求学的年代，正值抗日战争、解放战争时期，战火纷飞、饥寒交迫，国民教育无法正常进行，因此顺利毕业难上加难。高建国在自身求学与辍学中挣扎，在办学与复学中艰难生存，辗转于山东、上海、河南，其特殊的经历塑造他坚强的意志，以预备为主受苦的心志。

二、品学兼优的神学生

高建国曾两度入华北神学院深造，第一次于 1941 年入位于山东滕县的华北神学院，后因太平洋战争而辍学，第二次于 1948 年，华北神学院在江苏无锡梅园复校[5]，高建国得此消息就回到母校继续学业，于 1950 年毕业，获神学士学位。在他写的《一九五〇级级史》中提到该班 15 位毕业生，有 1945

　　年，计志文与林道亮在创办伯特利在上海的伯特利神学院，为与香港的伯特利神学院作为区别，称为上海神学院。参《圣洁指南》，第 12 卷第 8-9 期，1941 年，第 9 页。高建国：《得胜之歌》，香港：国际福音证主协会，2009 年 6 月，第 5 页。

3　高建国：《得胜之歌》，第 5 页。

4　《浸会通讯》，1946 年第 2 期，第 5 页。

5　《通问报》报道："该院原在山东滕县。后因战事而迁徐州。现更南迁无锡。并购就抚园对面基地及房屋数幢。下学期即拟于九月十六日。在该处开课云。"《通问报》，1948 年 5、6 月第 1814 期，第 6 页。

年入校的 12 位同学，因战乱于第二年部分离去。同年有十几位插班，但陆续有人离去。1948 年秋无锡新址修缮完成，高建国插入该班，才得艰难完成学业。[6]

华北神学院于 1919 年秋创办，第一任院长为美籍传教士赫士博士。1934年，该院院务交由中国人主持办理，举张学恭牧师为院长，丁玉璋牧师为副院长。1945 年冬，滕县神学院院舍因战争损毁严重，次年 4 月，张学恭辞去院长职务，转由该院创办人之一贾玉铭牧师继任院长。[7]

华北神学院被称为当时中国神学院中的基要派大本营。贾玉铭院长被称为中国基督教神学泰斗，是基要神学的代表人物，在神学教育方面给予中国教会打下坚实的基础。高建国第一次入华北神学院时，由张学恭任院长，第二次入学时则是贾玉铭担任院长。[8]

高建国把握再次入学的机会，在校期间品德与学养得到老师与同学的认可。在毕业之际，担任毕业班主席及《华北神学院 1950 级毕业刊》的主编[9]。在该《毕业刊》中，发表不同体裁的文章，包括为《一九五〇级级歌》作词、一篇《一九五〇级级史》、一首散文诗《起来吧！我的弟兄》、一篇讲章《从我活着就是基督说起》等。可以突显其在学业方面的出众。当然，这跟他曾有几年担任学校教师与校长的经历有关。

我们相信，高建国带着最单纯心志进入教会服侍。他在《毕业刊》中说："我愿意圣灵的恩膏时常滋润我，使我生命之花朵永无枯萎之日，长久的放在神面前，使祂闻到馨香之气。"[10]

在高建国所作的《一九五〇级级歌》，充分表达他与毕业同学以"精兵"的心态步入校园，立志高擎十架，为主奔跑，抢救灵魂，靠主得胜。全诗如下：

> 我们起来跟主而行，时时前进日日不停，挺胸昂首十架高擎，
> 前途多光明。我们起来跟主而行，矢勤矢勇作主精兵，同心合一兴
> 旺福音，得胜靠主名。

6　高建国主编：《华北神学院 1950 级毕业刊》，无锡：华北神学院一九五〇级毕业刊编辑委员会，1950 年 5 月，第 19 页。

7　高建国主编：《华北神学院 1950 级毕业刊》，第 3 页。

8　高建国主编：《华北神学院 1950 级毕业刊》，第 3 页。

9　高建国主编：《华北神学院 1950 级毕业刊》，第 10 页。

10　高建国主编：《华北神学院 1950 级毕业刊》，第 7 页。

我们起来莫再徘徊，信靠耶稣终身依赖，越过高山跨过大海，福音必传开。我们起来莫再徘徊，速赴战场不要等待，遍地呼声相继而来，我们被差派。

我们举目观向四方，漂泊流离尽是亡羊，遍地冷落多么凄凉，不能再彷徨。我们举目观向四方，庄稼成熟业已变黄，大家奋起努力向前，福音快传扬。

（副歌）我们是主精兵，吹起福音角声，不怕艰难，不怕危险，通往直前不停，一心一意，跟随救主，靠祂能力，奔向前程协力，奋进不怯不惊，我们必得胜。

该诗歌的曲子采用进行曲式，歌唱时朗朗上口，附点音符与四分音符相互交错，感觉步履坚定，奋勇前行。

温州自治内地会虽已有超过 80 年的历史，但因许多传道人本身未接受高等神学训练，虽分布在各地，却鲜有能够带领全地区教会的领袖。虽然早在 1927 年，温州内地会实行自治，但还离不开外国传教士的帮助。高建国，这位品学兼优的神学毕业生，先后在圣书工读学院、伯特利神学院、华北神学院就读，得戴永冕、张学恭、贾玉铭等多位中西教会领袖的训练，又曾任学校教师及校长，在文字事工上有专长，正是温州内地会要寻找的教会接班人。

三、谦卑侍主的传道人

高建国编辑好《华北神学院 1950 级毕业刊》后，拿到上海印刷出版[11]。在沪期间，得同学李汉文牧师的介绍，受温州自治内地会之聘，赴温州准备接王春亭牧师的班。高建国回忆："真是上帝的旨意，我的同学李汉文牧师给我介绍说：浙江省温州市是我国教会最集中的地方，现在那里的自治内地会正急聘一位神学院毕业的同学去接任一位老牧师的班，因原来负责的牧师年纪太老了，无力胜任下去，问我肯否前往接任，我经过几天的祷告，知道是上帝的美意，我就答应了。"[12]

1950 年 7 月 23 日，高建国一家抵达温州花园巷，开始近 65 年的服侍历程。抵温后，先用几个月时间，在温属内地会各教会巡回主领培灵聚会。据《布道会刊》第 12 期（1950 年 9 月）登载"工人脚踪"，其中提到高建国的消息：

---

11 高建国主编：《华北神学院 1950 级毕业刊》，第 10 页。

12 高建国：《得胜之歌》，第 5 页。

"高建国同工奉差遣于七月二十三日抵温州协助花园巷内地会工作。茈温后即领培灵会八日，每日下午约有四百人，晚间平均七八百人，结果有八十余人认罪悔改。又于八月二十日开始在油车巷教会主领培灵。三十日开始在南门教会领培灵会。"[13]

随即，年逾七旬的王春亭牧师辞去温州自治内地会主任之职，由高建国接任。这在 1951 年 8 月 3 日温州《社会团体成立登记申请书》上记载《中华基督教自治内地会历史沿革》一文中提及"自治内地会独立后是王春亭牧师负责约二十多年，今王牧师年逾七旬，接其负责的是高建国主任教师"。[14]时值三自革新运动发起、签名运动及一系列政治运动的高潮时期，高建国在此时期一方面着重教会牧养，另一方面投入三自革新运动。1954 年 11 月 26 日，浙江省基督教内地会成立联合会筹备委员会，高建国担任副主席。[15]

1957 年 4 月 14 日，高建国与陈公权、周景尧等在内地会花园巷堂被按立为牧师，上海杨绍唐牧师主礼。详情如下："浙江省温区内地会于 4 月 12 至 14 日举行了同工扩大会议，及按立牧师典礼。全区三百个教会非常重视这次大会，因为温区内地会 34 年来没有按立过牧师，在本年度年会代表人会时，通过了选立高建国、陈公权一人为牧师，并追认付牧周景尧为牧师，特邀请杨绍唐牧师来温执行和协助这一圣工。参加这次大会的有 1300 多人，扩大同工聚会变成了培灵大会，各地信徒蜂拥而至，平均晚上有 1500 人之多。有人说，这是温州内地会 90 年来的第一次大会。14 日下午是立牧典礼。大会开始了，有唱诗、讲道，新牧介绍，按立礼，读贺函等。杨绍唐牧师勉励新牧师：'要努力圣工，忠心事奉神，为实现三大见证而努力。'"[16]从此，高建国牧师成为温属自治内地会实至名归的领袖。

十一届三中全会之后，宗教信仰自由政策重新得到落实。尚在工厂工作的高建国牧师收到市宗教部门的通知，要求提早退休，到温州市基督教三自爱国运动委员会工作，投入回收教堂、恢复礼拜的工作。高建国牧师先后担任新组

---

13 温州分会众同工：《趁时兴起的温州分会》，刊于《布道会刊》，1950 年 9 月第 12 期，第 8 页。

14 该资料现存于温州基督教两会档案室。

15 蔡文浩主编：《浙江三自》，第 1 期，杭州：浙江省基督教工作人员三自爱国学习委员会，1955 年 1 月 31 日，第 17 页。

16 《天风》，1957 年第 9 期（总 528 号），中国基督教三自爱国运动委员会，1957 年 5 月 13 日，第 31 页。

建的温州市基督教协会副会长、会长等职，在全省及全国各地主领培灵会，并且担任中国基督教协会常委、浙江基督教协会副会长、浙江神学院及金陵协和神学院兼课老师。

高建国就其在基督教"两会"所担任的行政岗位和其在文字事工上的贡献来说，在温州基本上无人能出其右，但翻遍其八本著作，我们基本上无法在正文中找到他个人生平资料的蛛丝马迹[17]，无不体现他谦卑侍主的精神。

四、为信仰受逼迫的忠仆

1957 年 9 月 1 日，在温州市基督教大会上，高建国牧师与宗教局的吴处长一同"传达祖国社会主义的伟大成就及市人代反右派的伟大胜利，并号召全市信徒投入反右派斗争。"[18]在随后的大鸣大放期间，高建国牧师为教会利益而提出"3 章 9 节 27 个小意思"的建议，从而于 1958 年 2 月 27 日至 3 月 18 日的温州基督教三自爱国运动委员会扩大会议中被划为右派份子，报道称："会议通过了大鸣大放，对许多根本性问题进行了大辩论，代表们共贴出了900 多张大字报，进一步揭发了右派分子高建国的罪行。右派分子高建国一贯是采取"为了教会""爱主属灵"等帽子，对党进行了恶毒的进攻，在去年鸣放期间，他准备了 3 章 9 节 27 个小意思向党进攻，并宣扬美国"是道义国家，基督教国家"，甚至在杭州召开的浙江省基督教代表会议上还说："美国宗教好，有前途。神学博士坐头位。"高建国一贯污蔑宗教政策，说"政府对宗教采取利用、限制、改造，以此消灭教会"等等。高的谬论，激起了代表们的无比忿怒，大家用摆事实、讲道理的方法驳得他哑口无言，不得不低头认罪。"[19]从此，高建国牧师于 3 月 21 日，被撤销了温州市三自爱国运动委员会的副主席职务。[20]

原本积极投入三自运动的高建国很诚实地指出自己的遭遇是"很难想到"的。他回忆："首先是当时上级领导的号召，要各界人士大放大鸣，把政策方面、行政工作方面、作风方面等有何偏差之处，大胆的提出来，以便改正。在宗教界中也是如此，既有如此的号召，我们作为教会负责人员，也就照样行了，

---

17 只是在遗著《得胜之歌》中，他应出版方的要求，追溯个人的简史，这也成为仅有的一份"自传"。

18 《天风》，1957 年第 18 期（总 537 号），1957 年 9 月 23 日，第 13 页。

19 《天风》，1958 年第 6 期（总 549 号），1958 年 3 月 31 日，第 13 页。

20 《天风》，1958 年第 6 期（总 549 号），第 13 页。

提出几处农村教会中干部在政策中的不当之处，但难以想到却成为反党反政府的言论，于是我就被划入右派。"[21]

打成右派之后，高建国牧师先于 1958 年底在温州市华侨化工厂工作了几个月，之后又于 1959 年初被下放到潘桥镇仙门村看牛。三年后（1961 年），右派的帽子摘掉，回到温州市区学习半年。于 1962 年调到统战部办的一个小工厂的厨房里工作，后又被分配到温州市华侨针织厂做车间管理员。

直到 1980 年提前退休回到温州市基督教"两会"工作。作为经历过不公平待遇的高建国，能够再次回到教会服侍岗位，是源于他继续实践起初蒙召使命的承诺。他在《教牧书信的教导》一书中曾经提到："有些过去的老工人，因早些年间他们在真道上、在工作上遭到了各种的冲击，受到了各种的逼迫，经历了许多的患难，虽然现在中国教会已经早已恢复自由的活动，但是他们还是不愿再出来工作了。"[22]

五、潜心文字耕耘的作家

从年轻开始，高建国牧师就是一位注重文字工作的牧者。几十年如一日，高牧师勤于笔耕，在《天风》、《教材》、《讲道集》等杂志发表文章，并先后出版八本著作，分别是《溪水旁》、《灵筵》（浙江基督教协会，1996 年 9 月）、《教牧人员的素质与工作》（金陵协和神学院，1996 年）、《教牧书信的教导》、《读经心得》（中国基督教协会，1999 年 4 月）、《生命信息集》（中国基督教两会，2004 年）、《生命的凯歌》（中国基督教两会，2006 年）及《得胜之歌》（香港福音证主协会，2009 年）等。

高牧师所出版的书籍均以讲章为主，均为后期编辑而成，其中大部分均在《天风》、《教材》、《讲道集》等发表，最早可追溯至 1950 年代，以改革开放之后为最多。在此，我们特别要强调的是在改革开放之初，中国基督教百废待兴，文字事工刚刚恢复，高建国是温州鲜有积极参与文字事工，并在全国影响力的刊物中发表文章的牧者，因此其对中国教会所带来文字牧养作用可谓举足轻重的。

1996 年，由浙江基督教协会出版的《灵筵》一书的"序言"中，时任浙江省基督教协会会长孙锡培牧师评价："高建国牧师是一位勤于教导、善于笔耕

---

21 高建国：《得胜之歌》，第 8 页。
22 高建国：《教牧书信的教导》，上海：中国基督教协会，2000 年 6 月，第 6 页。

并身体力行的一位深得信徒爱戴、同工尊敬的好牧师。近半个世纪来，他在培灵会、义工培训众多的浙江省温州地区教会工作，他一个月讲的道可能比一般同工一年讲道的次数还要多。现在先发表他的二十四篇讲章作为他个人的讲道专辑，让大家有机会分享；这实在是神的恩典，也是高牧师在文字工作上的一大贡献。"[23]

高建国在文字牧养方面的贡献，是他同时期在温州的牧者无法相提并论的，在超过150年的温州教会历史中，却无法找到一位温州籍牧者在文字牧养方面与这位来自河南的高建国齐名的人。就算在他年过耄耋，依然将文字牧养作为自己见主面之前为主做的最后服侍。这在《生命信息集》和《生命的凯歌》中表露无遗。在《生命信息集》的"自序"中说："最近两年，我常想自己的年龄已经早就进入老年人的阶段，现在已经是八十多岁的人了。我曾想抓紧时间将过去一些未曾出版过的讲章加以整理，投向全国基督教两会出版部门，争取再出一本书，我想这也是我晚年向主的一个小小贡献。过去，虽然已经出版过几本书了，可是我觉得若是神赐恩，最好能在老年的时候再出一本书，目的是使主内的弟兄姊妹能在灵命的道路上得着一点奔跑的力量，这可以说也是众人以为美的事，若留心去作也是应该的。"[24]在《生命的凯歌》的"前言"中写道："虽然年纪老迈，但是我还是想继续写下去，因为这是神给我的工作和托付，我只要在世一天，工作就不能停止。我自己虽然是无用，但神的恩典是够我用的，神的慈爱、神的怜悯和神的帮助、神的同在都是不会离开我的，我既肯仰望神又肯倚靠神，神必不会使我失望。"[25]

六、注重讲坛事奉的牧师

高建国牧师在《得胜之歌》的"作者简介"中，编辑者写道："本书作者高建国牧师1950年毕业于华北神学院，牧养浙江温州教会50多年。在这半个多世纪以来，高牧师最看重的是讲坛事奉。他集丰富的牧养经验，讲解《圣经》生动浅显，结合信徒生活，常常从不同角度阐释经文，引发丰富的属灵亮光。"[26]

---

23 高建国：《灵筵》，杭州：浙江省基督教协会，1996年，第1页。
24 高建国：《生命信息集》，上海：中国基督教两会，2004年，第1页。
25 高建国：《生命的凯歌》，上海：中国基督教两会，2006年，前言。
26 高建国：《得胜之歌》，第III页。

　　该段"简介"可以说是对高牧师一生简要的评价，突出其工作的重点，"最看重的是讲坛事奉"。循此思路，我们查找高牧师的相关文章，得其于 1989 年在《函授教材》第 4 期中登载一篇文章，题为《最完美的讲篇》。他以耶稣的讲道作为范例，认为"主耶稣是我们亲爱的救主，主耶稣是我们群羊的好牧人，主耶稣也是我们教会的元首，但在讲道方面他更是我们应当学习和效法的好导师。"[27]他概括耶稣的讲道有六个特点，即：简单扼要、通俗易懂；亮光丰富、分段清楚；抓住中心、感力至深；内容新鲜、主题明确；比喻恰当、用词合宜；陪衬完善、深浅适度。[28]

　　阅读高牧师的讲章，可以窥见其讲章的风格与他自己所概括耶稣讲章的特点有雷同之处。单单从《得胜之歌》一书的 25 篇讲章来看，每篇均在 2000 字左右。每篇主题明确，从题目就能看出他所要讲的信息重点；讲章没有任何艰深的语句，均是"简单扼要、通俗易懂"的；阅读讲章就会被他从《圣经》所得的亮光所折服；其分段清楚，且突出重点；每篇讲章均为深入浅出，童叟皆宜。

　　孙锡培对于高建国的讲章有如下的评价："由于高牧师有较高的神学造诣，丰富的灵性和教牧经验，因此他讲章的特点是深入浅出，把高深的真理用十分简朴、通俗的话语表达出来。由于他的讲章概括性强，往往用对句甚至几个精炼的词就把整个意义予以归纳，起到了提纲挈领的作用，使信徒易懂易记。他讲章的文笔既严谨又很美，读起来好像读格言一般，这种独特的文笔、文风也正是我们所应该学习的。"[29]

总结

　　就因为高建国将自己的一生献给温州，60 多年耕耘教会，因此他在教会牧养方面成为在浙江省基督教"两会"系统中德高望重、举足轻重的四位牧者之一，与杭州的徐思学、宁波盛足风、范爱侍齐名[30]。

---

27 高建国：《最完美的讲篇》，《函授教材》1989 年第 4 期，南京：金陵协和神学院函授教材编辑室，第 76 页。
28 高建国：《最完美的讲篇》，第 76-81 页。
29 高建国：《灵筵》，第 1 页。
30 笔者在此提的四位，所着重的就是他们在牧养方面的影响力。特别需要注明的是，与他们同时期的牧者中，当然不能忽略的是蔡文浩的影响力，但之所以不把他列入牧养方面的名牧，原因是他身为中国基督教协会副会长、浙江省基督教三自爱国运动委员会主席、浙江省基督教协会会长，其行政身份原因，使得他无暇更多投入牧养工作。笔者就读神学硕士学位时专门研究蔡文浩牧师生平，得知他对浙江教会及至中国教会的影响巨大，是上列四位牧者无所及。

　　温州基督教历史上有六大宗派，以循道公会为最大影响，因该宗派的牧者均受过较高的神学训练，较优胜于内地会教牧。同时，内地会教牧比循道公会教牧在信仰上更加基要。高建国在神学造诣方面不一定胜过循道公会的牧者，但在内地会中却占据优势的地位。不仅如此，高建国对信仰的忠贞，对教会的关爱，对讲道的热忱，对文宣的负担，逐渐提升他在温州教会中属灵地位，以致晚年成为温州基督教两会中最受尊敬的牧者之一，也成为浙江及至中国教会中最具影响力的牧者之一。

我的恩师吴慕迦先生

张子兰　闫顺利

提笔之时，内心由衷地感谢父神给我安排了去北京燕京神学院学习的机会，在那里，我认识了我们神学院的老师——那一代神的忠仆们，他们中间有至少七位是从上世纪著名的华北神学院毕业的，看到他们就能看到当年华北神学院的校风和影子。他们都是极其敬虔、温柔、良善、笑容可掬、和蔼可亲、平易近人的样子，个个犹如天使一般！当时他们虽然都已过了古稀之年，但看上去他们每个人都是精神矍铄、喜乐充盈，每位老师都如同整装待发的老将准备随时奔赴战场一样。

在校五年期间，我与这些老牧长们，有的接触并不多，有的接触很频繁。吴慕迦老师家住北京安定门外东河沿附近，离神学院有很远的一段距离，由于老师们年龄都太大了，行动不太方便，来回需要有人接送，尤其是过马路的时候，特别需要一个人在身边陪伴，以确保老师的安全。神给我这个看见，每次吴老师给我们上完课后，我就牺牲午休的时间经常去送吴老师回家，这样一来，我们接触的机会就多了，自然就对他老人家多了一些了解。下面就我对吴老师的点滴认识，简单地叙述如下。

一、干净整洁、井井有条

吴老师特别喜欢干净，一年四季都是穿着白衬衣或白短袖，系着领带，浑身上下收拾地干净利落。不仅如此，老师经常对我说："我们的神是圣洁的，作为神的儿女，我们不仅要保持心灵的圣洁，外面也理当干净整洁，每个神的儿女都要讲究个人卫生，尤其是每个主日去敬拜神，头一天就应当做准备，洗澡、更衣是必须的，我们要用最好的状态去朝见我们的神。"老师不仅是这样说的，也是这样做的。无论多么忙碌，多么辛苦，老师都会定期去理发、修脚。老师不仅衣着整洁，就连屋里的每个角落都是干干净净的、一尘不染，尤其是书柜里的那些书，都是整整齐齐地分类排放着，想找什么书只要一打开书柜，里面都是一目了然。

二、治学严谨、一丝不苟

在学校中，吴老师除了给我们讲《圣经》课程外，还给我们讲希伯来文、希腊文，每次上他的课，我们的心里都特别紧张，因为他是个非常严谨的人，而希伯来文这种文字又很特别，是从右向左写的，而且有很多小点儿，只要点错一下，意思就全变了，正如《马太福音》五章十八节所说："我实在告诉你们，就是天地都废去了，律法的一点一画也不能废去，都要成全。"主耶稣在这里讲的"一点一画"，指的就是《旧约》的希伯来文说的。

记得 1994 年暑假，吴老师让我留下来帮他重新编印希伯来文讲义。当时我心里好害怕，因为我并不是个特别心细的人，担心达不到老师的要求。几经推辞，老师不答应，并且给予多次鼓励，我只好留下来帮忙。在编印讲义时，我每天都要好好祷告，然后小心翼翼地把每一点每一画抄写下来。每写完一章，都要请老师过目检查，只见老师戴着老花镜，认认真真地对每一个小点都要仔细地检查，绝不含糊，绝不会放过任何的一点一画。

三、知识渊博、出类拔萃

吴老师是一位学富五车、才高八斗的人。他精通英文、希腊文、希伯来文，中文更不用说。在那个年代，这样的人才并不多见，无疑他是教会里的财富。

我们在校期间，经常有外国友人来访问，吴老师接见他们的时候，无论是谈论神学还是生活方面的问题，他都可以用极为流畅的英语来交流。

他曾长期和美国的世界著名布道家葛培理博士保持英文通信，一起探讨《圣经》和神学上的问题。他的二女儿吴静在美国，就曾住在葛培理博士的家里。他也常和二十世纪福音派最重要的新约学者之一、曾任澳洲墨尔本黎德利学院院长、《丁道尔新约圣经注释》总编辑的 Leon Morris 博士用英文信件探讨、交流。

不仅如此，他还编写了希伯来文、希腊文教材。吴老师认为，神学院里应该将《圣经》原文传递下去，让神学生们注重追溯原文，不至于偏离《圣经》。所以，神学院就开设了希伯来文、希腊文课程。可惜，由于难度较大，选修这两门课的学生实在是太少了。有的学生刚开始时充满热忱，后来就半途而废了，能够坚持到底的寥寥无几。然而，不管有几个学生，只要愿意学习，吴老师都是认真备课，认真教学，从不马虎。

四、爱惜光阴、分秒必争

在"文革"期间，吴老师因为信仰的缘故，在监狱里一待就是 25 年。平反出狱后，老师已是七旬老人。考虑到自己年事已高，担心回去后给儿女们添麻烦，他考虑再三也不愿意回家，打算死在监狱也就算了。后来得到神的引导回到家中，和孤独在家的小女儿吴静一起生活（吴老师在劳改期间，父亲和师母都相继去世，临死都未能见上一面）。

再后来老师蒙神呼召，到神学院给学生授课。老人家自知夕阳西下，真如同"老牛自知夕阳晚，不用扬鞭自奋蹄。"他每天是争分夺秒地赶时间，老师经常跟我讲的一句话是："姑娘，我一定要把失去的时间再补回来。"所以，他白天潜心研究，读书、学习、翻译，晚上依然孜孜不倦，在他的讲义上，时间落款经常是凌晨四点，有时甚至是凌晨五点钟，很显然，老师是整整一夜未眠，在为我们准备讲义，着实让人心疼不已！

五、态度乐观、充满感恩

在监狱中，老师们受到的都是非人待遇，受尽侮辱与欺凌。但是从未听到老师说过一句怨天尤人的话，反而他的内心充满感恩。吴老师常常对我讲："姑娘，主不做错事，是主把我放在监狱里，是主把我放在保险柜里，这是主给我的恩典，如若在外面，我早被人活活打死了。"我想这是真的，一首歌唱道："苦难是祝福、患难是恩典。"这句话在吴老师的生命中是最贴切不过了。

六、关爱学生、慷慨奉献

除了备课、教学外，吴老师特别喜欢学生，经常邀学生们到他家里吃饭。对每一个被邀的学生，他都是嘘寒问暖，详细询问学生们的种种情况。更重要的是，每个到他面前的学生，他都会详细询问当地教会的情况，看得出来，吴老师实在是一个心系教会的人。

由于老师喜欢学生，也就无微不至地关心到学生们的方方面面。他经常通过周围的学生们了解情况，当他得知哪些学生有困难、需要帮助后，老师都会慷慨解囊，热心奉献给予帮助。我就是其中受益的一位，不知老师从何处得知我的实情后，每月都将他工资的一部分装在信封里传递到我手中，帮助我度过了那段艰苦的岁月。

他儿子吴大卫哥哥经常和我说："老师爱学生超过爱儿女，他的钱每月除了留点儿做生活费以外，都给了他的学生，他的钱从不给儿女，银行里也从没有存款。"老师就是这样，将全部的心血喷洒在中国的教会里，将全部的爱给了他的学生们。

七、注重祷告、灵命丰盛

与吴老师接触的时日里，给我留下了特别深刻的印象。那就是老师要么上午给学生讲课，要么就在家里备课、读书、学习。当午休之后，他每天下午用很长的时间来祷告、默想、思考，至少需要 3-4 个小时，吴老师对《圣经》有独到的见解，与他在主前的祷告与默想是分不开的。而这看似简单的一个动作，绝不是一个生命浮躁的人能做到的。尤为关键的是，这绝不是一朝一夕的操练，而是多年才能养成的好习惯，能坚持下来的人真的是需要毅力的。通过这些属灵的操练，足以看见吴老师的生命丰盛、灵性美好，实在是我们效法的好榜样！

八、性情耿直、刚正不阿

吴老师的性情非常直爽，对于看不惯的事情绝对不会置之不理。他不是那种"事不关己、高高挂起"的人，对学生们的要求更是严格。如果哪个学生敢在他面前出出风头，显摆显摆自己，那可是要自找苦吃了。他一定会严厉的指责，丝毫不留任何的情面，有时候会让人感觉下不来台。

想当年燕京神学院请外教、留老师都是老师们在一起开会商议，吴老师属于一个把关定向的人，如果对方的信仰稍有偏差，根本别想进来。无论对方能给学校带来多大的福利，都休想进来。当然自由主义神学更是如此，只能在外面望洋兴叹却插不进脚来。

我认为吴老师这些方面是受宋尚节博士的影响，宋博士当年就是因为特别耿直，常常敢于指责别人的罪，因此得罪了不少人。但他一心只为讨神的喜悦，根本不怕人会如何。吴老师早年在香山和宋博士一起过信心生活，一起祷告，一起在香山灵修院任教，作为宋尚节博士的同工，他肯定深受宋博士的影响！

九、生活自律、追求圣洁

吴老师的一生有两大特点：做人认真、做事认真。他的个人生活非常自律、严谨，他对自己有极其严格的要求，是一般人根本达不到的。老师曾经给自己定下四条诫命：绝对清洁、绝对公义、绝对诚实、绝对爱人！

老师严于律己的态度有时让我感到难以理解。记得有一次老师让我去帮他买点东西，一共几块钱我已经记不清了，进门后老师非要给我钱，我坚决不要，老师就很不高兴，命令我必须收下。看到老师那么严肃认真的态度，我只好收下。当时我想，这不过是一件小事而已，何必那么认真呢？老师见我不能理解，就耐心地告诉我："姑娘，传道人必须在金钱、权利、感情上认真对付自己，绝不能有一丝马虎，否则，只要一时不慎，就会酿成大错。你千万要记住，莫因善小而不为，莫因恶小而为之。"我把老师的谆谆教导牢牢地存记在心，现在回想起来，依然感动不已！

十、潜心研究、挖掘真理

由于吴老师思想深邃、善于思考，看到了别人看不到的亮光，挖掘了不少《圣经》中的宝贵真理。那些真理都是难解难懂困扰人的问题，一般人讲都不敢讲。他把这些极宝贵的真理都编写出来，有的打印成小册子，在学校给学生上课讲解，在教堂和信徒分享。吴老师编写的内容包括"圣灵的洗""老旧人之死""老旧人死了之后""成圣的真理""基督徒与黄金律"等，这些基本上都发表在北京燕京神学院出版的《燕京神学院院刊》上，后被收录于他的福音证道集《大喜的信息》中。

他编著的教材和书籍有《圣经希伯来文》、《圣经希腊文》、《信心的赞歌——来11章注解》、《无愧的工人》、《希伯来书》注解、《帖撒罗尼迦前书》注解、《启示录》注解等，这些都是燕京神学院的讲义。

他翻译的有《死海古卷》、《希腊语和希腊语种》、《闪族语言简介》、《新约历史的考证》、《第四福音》、《跟基督学》（另译《效法基督》）、《基督教神学史》、《旧约神学》、《敬虔的操练》序言、《诗篇释义》三篇等。

他写的诗歌有《路旁一池水》、《征途感恩并序》（七律）、《定风波》、《蒙主大爱心被恩感》等。

后来，他的《启示录注释》，被中国基督教两会神学教育委员会，定为中国神学教育讲义，由金陵协和神学院出版。另外中国基督教两会还把他的证道集命名为《大喜的信息》出版了。

  吴老师离开我们22年了，但他的音容笑貌依然留在我们的心里。每每想起，就倍感激励。愿我们不仅纪念他，也效法他的榜样！深盼有更多像他这样的好老师出现！

百年家族故事　代代传承福音
——孙岐峰牧师的家族故事

吴津　孙秋菊

在山东有着这样一个家族，从清朝光绪年间至今，五代人信仰基督，其中四代人在教会中工作。家族成员中第一代为主工作的是王守礼、王守智，第二代为主工作的是王素贞、王素清、孙恩二，第二代为主工作的是孙岐峰，第四代为主工作的是孙秋菊。第三代孙岐峰牧师于 1940 年至 1944 年就读于华北神学院。这段求学经历深刻影响着孙岐峰牧师的道路选择，1948 年踏上了前往新疆传教的道路。从新疆回到山东后，孙岐峰牧师在教会为主工作直到去世。

孙岐峰牧师于 1920 年 4 月 24 日在山东博山出生，2007 年 12 月 24 日在小女儿孙秋菊的博山家中去世，享年 87 岁。孙岐峰的父亲孙新光的家乡是博兴县东王文村（今山东省滨州市博兴县纯化镇东王文村），母亲王素贞的家乡是距离东王文村西北方向大约 6 公里的博兴县王家村（今山东省滨州市博兴县纯化镇王家村）。母亲王素贞长期在博山基督教会（今位于山东省淄博市博山区）担任传道人，外祖父王守礼牧师，即王素贞的父亲，长期在北镇基督教会（今位于山东省滨州市滨城区）担任负责人。这样的家庭背景深刻地影响着孙岐峰，促使其做出了为主奉献终生的人生选择。

在讲述孙岐峰牧师的故事之前，有必要先讲述英国浸礼会的传教历史以及家族中第一代、第二代基督徒为主做工的故事。

一、家族中第一代基督徒：王守礼牧师

1845 年，英国浸礼会派遣传教士前往浙江宁波传教，传教十余年发展不

大。于是第二次鸦片战争后转向中国北方传教。1861 年，英国浸礼会派遣传教士到山东烟台传教，传教十余年也成效不大。1875 年，英国浸礼会传教士李提摩太将传教的中心由沿海的烟台转到了位于山东内地的青州。李提摩太注意与政府官员以及秘密会社领袖结交，以及利用赈灾活动进行传教，这吸引了不少中国百姓信教。青州教区的英国浸礼会传教士以及培养的中国传道人不断进行外出布道，在山东的其他地方开辟教区。英国浸礼会在 1888 年开辟邹平教区，1903 年开辟北镇教区，1904 年开辟周村教区。每个教区的传教区域都包括几个县，如北镇区会的传教区域包括滨县、博兴、蒲台、高苑、青城、利津等。

王守礼牧师，出生于同治十三年（公元 1874 年），[1]博兴县王家村人（今山东省滨州市博兴县纯化镇王家村）。王守礼是家族中的第一位基督徒，其在 14 岁的时候，即 1888 年，在家乡遇到了英国浸礼会的传教士进行布道。这一次的接触，影响了王守礼的一生，他将传播基督教作为了终生的事业，这也影响到了家族中几代人的人生选择。王守礼于 1902 年在青州培真书院神科毕业，[2]是博兴县的第一位中国牧师。早期在博兴教会工作，也曾在北镇教会的滨东堂工作[3]，后来长期担任北镇教会的负责人。

关于王守礼牧师的信主以及工作经历，在 1939 年出版的英文图书《六十年之后——英国浸礼会在中国北方所建立教会的故事》中，有较为完整的介绍。

王守礼是目前最资深的牧师之一，他出生在山东最贫穷的地方的一个贫苦农民家庭。王守礼为所有认识他的人所热爱。当还是少年的时候，他就具有探索性的思维。在他只有 14 岁时，听说一位传教士在距离他家 5 英里的一个村庄布道，于是他走到那个村庄，对于他所听到的福音产生了兴趣。他买了一本马太福音，对于他所读到的内容特别的敬仰。他期待进一步得到更多的信息，于是加入了当地的一个基督徒团契，传教士曾经在那儿布道过。之后，他去青州府参加了一个慕道友的学习班。在青州府，他见到了许多传教士和基督徒，听到了耶稣基督是救世主。他决定自己也要成为一名基督徒，于是，他受

1　华北中华基督教团本部编：《华北中华基督教团成立周年纪念册》，1944 年 1 月，第 104 页。

2　《山东济南齐鲁大学章程》，1926 年，第 117 页。

3　刘龄九：《基督教会在滨县的发展》，收录于《滨州文史》，第四辑，北京：中国文史出版社，2004 年，第 458 页。

了洗礼。因为拥有传道的特别恩赐，王守礼成为一名地方布道员。之后，他被接纳为神学院的学生，接受了六年的培训课程。（译者注：王守礼 1902 年青州培真书院神科毕业[4]）。在神学院课程即将结束的时候，他得了非常严重的肺病，看起来没有希望了。但是通过最真诚的祷告以及充满爱心的治疗，他恢复了健康，这个病一直没有复发过。他相信自己是被从鬼门关救了出来，决定在按照《圣经》的话语来传教，将自己的一生献给上帝的各类事业。他成为家乡博兴县的第一位牧师。博兴县有 700 个村庄，他牧养的区域包括 20 个村庄，每个村庄中都有少量的基督徒。他的工作包括不停地徒步去各个村庄，寝具就背在背后。除了带领信徒这一事工，他还有其他一些的负责事项，比如解决基督徒之间的纠纷，基督徒与非基督徒之间的纠纷。但是他具有的和善的脾气、同情心以及脸上总是带着快乐的微笑，这些给他自己带来了帮助，使得他成为了整个区域的调解人。

他看到了在基督教的影响下教育儿童的重要性，为男孩和女孩都开办了许多学校。他学过一些基本药品的使用方法，如同英国神学家卫斯理，他经常帮助生病的人。总之，他做了确实的、艰难的、有耐心的工作，通过在家乡所在县（博兴县）的是 13 年的传教工作，成为了主内真正的父亲，来牧养信徒。之后，当差会（指英国浸礼会）决定组织帐篷布道运动时，王守礼与其他两位牧师因为这项新的重要的工作而分开了。王守礼证明了他是这项事业的中流砥柱，他布道非常好，人们喜欢听他讲道。不但包括讲道，他接下来会与乡村中的老者以及教师进行个人谈话，这样的谈话往往持续到非常晚甚至到了早上。一天，他正在布道，主题是基督耶稣在任何时间、任何情况下都给与我们内心以平静。恰好在这时候，他被告知强盗闯入了几英里外他的家中，杀害了他的妻子。他被问到："现在你的平静哪？"即使在这样的情况下，他表现出信任与依靠，那就是上帝在他心中带来的平静。

当英国浸礼会撤出了在北镇工作的传教士，王牧师被安排负责山东区域的整个北大段的工作。北大段包括 6 个县，大约 150 万人口。因为洪水、饥荒、土匪以及反基督教运动，北大段经常出现危机。经历这些时，王守礼表现出的都是勇气、才智、老练以及耐心，因为他的强大的精神以及智慧，英国浸礼会的财产从来没有被损坏过。王守礼两次被选担任山东浸会联合会主席，这是他的荣耀。他是一个上帝所拣选的给教会的礼物，现在已经 65 岁了，依然

---

4 《山东济南齐鲁大学章程》，1926 年，第 117 页。

非常努力地工作，慷慨的献出了他自己。他的女儿都有很好的事业，其中一名女儿担任护士，另一位是传道人。同时，他的女婿孙天锡，是一份为农民办的基督教报纸（译者注：指《田家半月刊》）的编辑。孙天锡是一位被证明起到了大作用、具有很大潜力的基督教会的领袖。[5]

在 1936 年出版的《浸会在华布道百年略史》中，专门有一个章节《现时的景况——王守礼》，结合当时的情况介绍了王守礼牧师。

> 反基督教运动给了我们在山东的传教士事业一下严重的击打，就是我们在青州的守善中学——以从前神学的房舍为校址，乃是齐鲁大学重要的供给者之一——因受官校学生剧烈的攻击而停办了。虽然，停办以后便移力训练教会的工员。这反倒是传道工作的一个最大的进展。训练的宗旨是以《圣经》的知识造就教友们以备作当地教会的领袖，不在预备差会聘用的工具。

> 这项退休的工作大大促进了，乃成了帮助当地教会自己担任教务的工具。提到这个意思，就不能不想到那毕生为福音劳作的牧师之一，就是王守礼。这位神人多年在黄河岸北镇为福音劳作，从无懈怠的时候。从前他在青州府为学生的时候，曾有一次患了肺病，被送到城南山中的庙里等死。但他不要死。他信他还有工作须待完成。这个'信'成就了事实，人人惊奇它的肺病好了。自从那时，他便成了山东教会最有力量的干员。[6]

王守礼牧师在二十世纪初期就因为工作出色，在山东各个教会共同举办的会议上担任讲员。《通问报》在 1907 年曾刊登过会议通知，山东基督合会于 8 月份在济南召开，会议是由山东的浸礼会、北长老会等宗派合办。来自博兴的王守礼牧师担任讲员，所讲的主题是"传道有何妙法"。[7]

1929 年 4 月，中华基督教会山东大会在济南成立，原英国浸礼会的传教区域分为四个区会（青州区会、周村区会、邹平区会、北镇区会）。王守礼担任北镇区会的区长，也是中四区区联会的领袖之一。因着出色的工作，王守礼

5　E. B. Burt: *After Sixty Years: The Story of the Church Founded by the Baptist Missionary Society in North China*, London. Carey Press，1937 年，第 131-134 页。

6　《现时的景况——王守礼》，收录于吴立乐编：《浸会在华布道百年略史》，1936 年，第 169 页。

7　《会期先声（济南）——山东基督合会》，刊于《通问报》，丁未年（1907 年）8 月第 266 回。

牧师多次在各种会议上担任讲员。1932 年 12 月 11 日至 14 日，在邹平大礼拜堂召开了山东中四区区联会。当时中四区面临来自英国浸礼会的资金减少的状况，为此王守礼牧师做了题为《老会减款后本教会补救之方法》的演讲。在此次会议上，王守礼牧师被选为中四区会副，张思敬为会正。[8]作为中华基督教会山东大会的重要领袖，王守礼牧师作为山东代表连续参加了三次全国会议（称为常会或者总议会）。三次会议分别是 1930 年在广州召开的第二届常会、1933 年在厦门召开的第三届常会以及 1937 年在青岛召开的第四届总议会。[9]

1930 年代，传教士撤出了北镇区会，只是有时来北镇区会作短期的宣教，北镇区会就完全由王守礼牧师负责了。北镇区会的工作可以分为两部分，宗教活动和社会服务。宗教活动主要面向信徒和慕道友，具体的形式包括主日礼拜、拜访信徒、祷告会、奋兴布道会等。社会服务包括教育、医疗、救济等方面。

英国浸礼会在北镇区会地域范围的传教活动始于 19 世纪末。1888 年，传教士仲均安的等人到博兴县城传教，后转至蒲台县鲍王村（今山东省滨州市博兴县乔庄镇鲍王村）和朱全镇（山东省滨州市滨城区小营镇朱全镇村）一带活动。1898 年，传教士聂德华、赵诚到范家集（今山东省滨州市滨城区沙河街道小事处范家集村）传教，同时在范家集开办的鸿文学堂[10]，办学层次为小学。1903 年增设中学址，校名为鸿文中学，有教员三名，学生三十余人。学校的办学宗旨是"依照福音真理为牧师和福音传道士提供培训教育"。1904 年，学校随基督教会迁至北镇东南柳堤。1914 年，因为办学经费不足，鸿文中学停办，仅保留小学部。1922 年，鸿文中学复校。[11]1930 年，因为立案问题，鸿文中学停办，在原址上办起了半工半读的鸿文工读学园。[12]1938 年，鸿文中学复校，教会迎来了表面上的"兴旺"。鸿文中学的学生人数持续增加，到 1945

8　张乐道：《山东中四区区联会概况》，刊于《中华基督教会全国总会公报》，1933 年第五卷第一期。

9　《中华基督教会全国总会第二届常会议录》、《中华基督教会全国总会第三届常会议录》、《中华基督教会全国总会第四届总议会议录》。

10　山东省滨州地区地方史志编纂委员会编：《滨州地区志》，北京：中华书局，1996 年，第 704 页。

11　张国梁：《鲁北最早的一处教会学校——鸿文中学》，收录于《滨县文史资料》，第 2 辑，内部资料，1985 年，第 118-126 页。

12　刘龄九：《基督教会在滨县》，收录于《滨县文史资料》，第 2 辑，内部资料，1985 年，第 109 页。

年，共有大约 800 多名学生。每个礼拜日，学生们在老师的带领下，沿着黄河大坝步行前往鸿文教堂进行礼拜。1938 年复校之初，张玖山担任校长时，只招收信徒的子女入学，严格治校。后来，张玖山称病辞职，由张思敬担任校长，对于学生来源不限制是基督徒家庭，加之张思敬经常不在学校，学校管理松懈。汪伪、国民党、共产党等各派政治势力都有进入鸿文中学活动。学校中教师、学生的思想状况变得非常复杂。鸿文中学成为敌伪、国民党和共产党争夺的阵地。直到 1945 年解散，鸿文中学断断续续办学长达 40 多年，培养了大量的人才，其中就包括天文学家程庭芳、耳鼻喉学科奠基人孙鸿泉、《田家半月刊》主编刘龄九、济南基督教会韩德清牧师、滨城区基督教会苏德英长老等。

北镇区会的范围跨黄河两岸，经常有水灾发生，这时教会就组织赈灾。1921 年夏，利津县宫家黄河北堤决口，水灾殃及滨县、蒲台、利津、沾化等县。浸礼会山东教区将此灾害报告了国际赈灾组织—华洋义赈会，申请救济。该会立即派人视察灾情，随即发给了一笔可观的赈款和救济粮。当时北镇教会的所有工作人员以及一些精干信徒都参加了救灾工作，直到堵住决口，水患平息。[13]教会利用堵口所余砖石、木料建起了鸿文大礼拜堂。[14]

1937 年 8 月 31 日，黄河在蒲台县正觉寺决口，几十万人受灾，蒲台和博兴两县的灾情最为严重。中四区的基督教会主要采取了四项措施：（一）施赈（二）堵口（三）灾童拖养所（四）灾民收容所。施赈包括赈饭和赈银两个部分，负责募捐的是王守礼牧师、张思敬牧师和英国浸礼会传教士胡维斯。灾民收容所最初是在周村办的，"教会大院里住满了来自各地的难民。有一位英国传教士胡维斯牧师主持教会全局，一位张牧师主管西教堂事务。难民来自各地，邹县、淄博、齐东、北镇一带居多。都是教友，取得主管牧师同意即可入住，不要任何代价。门卫很严，出入需佩戴教会发给的袖章，否则不得进入；外人来访，在传达室晤面。众人在西教堂的名义是学道，人手一册《圣经》，自觉诵读，勿需他人组织；逢星期天，到西头礼拜堂作礼拜，唱赞美诗，诵经，听牧师讲道，受过洗礼的教友还享用圣餐。"[15]因为周村的收容的房子不够用，

---

13 刘龄九：《基督教会在滨县》，第 111 页。

14 山东省滨州市地方史志编纂委员会：《滨州市志》，济南：齐鲁书社，1993 年，第731 页。

15 鞠恒尧：《忆当年母校》，淄博六中校庆办公室编：《山东省淄博第六中学百年历程》，2005 年，第 45 页。

就迁到了蒲台北镇。在蒲台北镇办了两次，收容了一千一百多人。在王守礼牧师的带领下，北镇区会全体职员以及热心信徒都参加了这次救灾，其中包括王守荣女士（王师娘）、王素兰女士、王玉真女士等。北镇区会在收容所内开办课程，向灾民传福音。等收容所解散之后，蒲台县和博兴县增加了五十个礼拜堂，灾区的村庄差不多都有礼拜堂。[16]

1904 年，随着建筑落成，鸿文中学迁至北镇，基督教会在北镇开设一处小的诊所。[17]1925 年，西医在社会上已被人们认识和接受，门诊不能满足社会的需要，遂将诊所扩建为正式的医院。王守礼兼任院长，霍秉三任医师，孙贯一担任医生，另有几名勤工人员。资金来源主要是英国浸礼会的拨给和募捐。1937 年，黄河在蒲台县决口。1938 年春天，鸿济医院向蒲台县四区麻湾一带派出了以彭方勤为主的医疗组，给灾民和治黄民工看病。医疗组住在陈家荒村，在五个多月的时间内，诊治疾病数千人次，深受欢迎。[18]

在中四区的四个区会中，北镇区会所经历的磨难是最多的。1945 年 6 月份蒲滨战役之后，共产党控制了蒲台和滨县，位于滨县北镇的北镇区会、鸿文中学、鸿济医院都陷入了停滞。1947 年的《总会公报》刊登了中华基督教会山东大会中四区三所学校、三所医院的情况，其中涉及到鸿文中学和鸿济医院关闭的过程。

　　鸿文中学自七七事变，为救济一般失学青年计，于民国二十七年秋即行复课。民国三十四年，递增学生至七百三十余名，自初中一至高中二共十二班。是年四月二十号晚，被共军包围，衣物图书仪器钱财，完全以大车运走，并师生男女掳去过十余天，除二位教员禁闭一百天外，其他放回。五月又在北镇街里复课，旋为共军后防医院迁入，以致今日。学校恢复无望，房舍破坏与否不明。

　　鸿济医院在北镇街里，病床二十张。三十四年六月二日深夜，共军围攻北镇，至于三日下午进入，当时鸿文学生疏散，无大损失，惟教员移居鸿济医院内，将衣物损失一空，是日下午五点，即着人将药品登记，声言："医院在此，常为敌人利用，可移往根据地，仍由教会办理，不加干涉。"四日早，即派大车八九辆将药品木器完全

16 张荣志：《山东浸礼会对于灾区之工作》，刊于《真光》，第 39 卷第 1 号。
17 滨州市地方史志编纂委员会编：《滨州地区志》，第 663 页。
18 史琴芝，汤耀原：《北镇鸿济医院》，《滨州文史资料》，第 2 辑，内部资料，1985 年。

运走，并请于大夫同去，即行开设。但于大夫早已脱险回家，从此无形解散。至八月间，复将医院连同礼拜堂改被服厂，以至今日。

现在传闻鸿文鸿济尚有几人在内居住，音信不通，情况不明。[19]

对于北镇的 1945 年北镇区会的情况，《滨州市志》中这样记述："1945 年春，鸿文中学被蒲台县抗日民主政府宣布解散。北镇区会会长王守礼牧师仍留在鸿文。此后，基督教在滨境的活动衰落下来。"[20]

在《鲁北最早的一处教会学校——鸿文中学》一文中，关于鸿文中学的结局，记述如下："鸿文，系教会主办的私立学校，其经费之初中和小学部分由教会支付，高中部分由县教育经费拨给。1945 年夏，滨县、蒲台等县解放，鸿文中学也随之解体。其学生中一部分返籍参加了革命工作，一部分随校长张思敬南迁张店，复校为'张店临时中学'，后迁济南。济南解放后，师生各自走散，鸿文便告结束"。[21]

在《淄博市志》，介绍了鸿文中学的迁校情况："1945 年 10 月，由原北镇鸿文中学校长张思敬在张店镇立小学组建张店临时中学。归国民党保安十区专员公署领导。学校有初、高中 12 个班 600 余人，教员 36 名。学生多是富家官僚子女。1947 年 2 月，张店二次解放时，师生大部分逃亡济南，1948 年济南解放，学校随之解散。"[22]

在《北镇鸿济医院》一文中，关于鸿济医院的结局，记述如下："1945 年五月初一，北镇获得解放。鸿济医院的医疗设备、药品等，于当日下午用车运往沾化义和庄八路军渤海军区医院。当时在医院值班的医生郑书田随行，参加了革命工作。历时四十二年之久的鸿济医院，至此结束"。[23]

1946 年，政府对于基督教的认识存在偏差，将基督教与会道门并列。在《北镇志》中记载，[24]政府曾经将北镇教会认定为会道门："1946 年公安机关掌握了北镇的道会门共 9 种：三反子、归一道、观音同善会、同善社、龙天门、万国道德会、一柱香、圣贤道和耶稣教。其道门的首要分子有：高俊田、游志

---

19 《山东中四区学校医院全部停顿》，刊于《中华基督教会全国总会公报》，1947 年第 4、5 月，第 13-14 页。

20 山东省滨州市地方史志编纂委员会编：《滨州市志》，第 731 页。

21 张国梁：《鲁北最早的一处教会学校——鸿文中学》，第 121 页。

22 淄博市志编纂委员会编：《淄博市志》，北京：中华书局，1995 年，第 1954 页。

23 史琴芝，汤耀原：《北镇鸿济医院》，第 61-68 页。

24 北镇志编纂委员会编：《北镇志》，山东：山东省地图出版社，2003 年，第 414 页。

田为三反子头目；同善社社长赵子贤，北镇有社员 11 人；观音同善会首领是
耿介忠，北镇有 2 户；一柱香头目为申文安，从滨城传来，全镇 6 人参加；耶
稣教牧师王守礼，住鸿文，鸿文学校学生多在此教；万国道德会活动分子有：
高皮球、刘文学。以上几种会门，除同善社活动外，其他均无活动了。"

在多灾多难的 1940 年代，王守礼牧师的身体健康状况也出了问题。1941
年，北镇区会区长王守礼牧师因为眼疾，区会给假修养。由杨冠五牧师担任副
区长并代理执行区会事务。[25]1946 年 12 月 18 日至 20 日在周村召开了山东大
会中四区联会，会议讨论的一个事项即是"为救济王守礼牧师，由教务委员会
商讨小理"。[26]据滨城区基督教会苏德英长老讲述，1945 年 4 月份的一个晚上，
王守礼牧师和师母曾经被共产党的部队用大车带走，半路上天快亮的时候，大
车走到了在解放区和敌占区的交界处，遇到一位熟人，被了下来。1945 年的
时候，王守礼牧师的眼睛因为疾病已经看不见了，1945 年时候的王师母是王
守礼牧师的第二任妻子，比王守礼牧师小很多岁，是鸿文中学东北方向大约 3
公里的孙家楼村人。1945 年蒲滨战役之后，鸿文中学和鸿济医院的房产都被
占用，宗教活动无法继续进行。1945 年至 1951 年，王守礼牧师在济南住过一
段时间，1948 年 6 月，王守礼牧师曾担任流亡到济南的光被中学教务委员会
委员。[27]

1945 年之后，北镇区会学校和医疗事业终止，北镇区会的教务工作也一
度完全停顿，信徒彼此失去了联络。1945 年至 1951 年，北镇基督教会处于停
顿状态。滨城区基督教会的苏德英长老向笔者讲述了其公公，即滨西堂孙绍先
牧师，在 1947 年斗争复查中的惨痛经历。孙绍先牧师和苏德英长老在斗争复
查阶段都被关押过。

1947 年斗争复查中，定杆孙村[28]的孙绍先牧师因为信仰基督教，被驻扎在
该村搞斗争复查的县大队列为斗争对象。县大队是刚刚接受共产党的改编，行
动中还保留有土匪的作风，在斗争复查中表现得非常野蛮。定杆孙的批斗对象
都被要求穿上一件黄色挂脖子坎肩，出门就要穿上，坎肩背后写着罪状。孙牧

---

25 《山东北镇区会消息》，刊于《中华基督教会全国总会公报》，第 13 卷第 2 期，
 1941 年 2 月 1 日。

26 《山东中四区联会之教务》，刊于《中华基督教会全国总会公报》，1947 年第 2、
 3 期。

27 《山东省淄博第六中学百年历程》，内部资料，2005 年，第 37 页。

28 定杆孙村，也曾经被写作锭杆孙村，现在的行政名称是山东省滨州市滨城区里则
 街道办事处定杆孙社区

师的坎肩上写着耶稣两个字,上面一个圆圈内写着"耶",下面一个圆圈内写着"稣"。

《利津文史资料》中记载了北镇区会下属利津教会 1945 年之后的情况:"1946 年经过土改、复查运动,本县传教人员绝大多数回家务农,不少人直接放弃了信仰,加上外地神牧人员返籍,多数村庄停止了集会活动。1949 年取缔反动会道门时,有些信徒又误认为是取缔宗教,公开活动即完全停止了。"[29]

由此可以推断,这一时期北镇区会的其他牧师的经历。这一情况一直持续到 1951 年 5 月 5 日在北镇区会大礼堂召开的教会革新运动大会,大会的全名是"滨县中华基督教会抗美援朝反对美帝武装日本,暨教会革新运动大会"。会议的主席团成员包括翟吉堂、王守礼、王尧文、刘瑞亭、刘平章,张同德、薛普庆,其中翟吉堂担任总主席。参会人员男 86 名,女 31 名,共计 117 名。会议首先由主席致开会词,接下来中有四位发言人,分别是滨县文教科代表赵双全同志、中华基督教会山东大会代表钱声宏主任(山东大会周村服务处主任)、中华基督教会山东中区联会刘瑞亭牧师、信徒代表张同德先生。讲话内容都是关于抗美援朝与革新运动的。四位发言人发言完成后,参会人员高呼反对美帝国主义重新武装日本。

大会通过了五条事项:

(1)世界和平理事会宣言签名,共计 114 名。

(2)中国基督教革新宣言签名,共计 114 名。

(3)反对武装日本问题的投票,共计 114 名。

(4)订立滨县中华基督教会基督徒爱国公约。

(5)为响应总会号召举行"千元",计人民币三十一万零五百元。

会议选举了滨县中华基督教会抗美援朝委员会委员,暨三自促进委员会委员。

会议订立的滨县中华基督教会基督徒爱国公约共计八条,在第一条的前面有一条经训。全文如下:

滨县中华基督教会基督徒爱国公约

经训:众人以为美的事要留心去做。罗马 12:17。

1. 澄清教内亲美、崇美、恐美的错误观念。

---

29 崔建学:《解放前利津县的宗教活动》,收录于《利津文史资料》,第 3 辑,内部资料,1989 年,第 185-186 页。

2. 以实际行为抗美援朝。

3. 加强生产、争取劳动模范。

4. 不欠粮、不逃税、遵守政府法令。

5. 拥护土地改革、揭发匪特造谣。

6. 爱护烈属军属。

7. 结合宗教精神、传达政府政策。

8. 积极展开基督教革新运动，加强时事学习。[30]

从会议内容上看，停顿 6 年之久（1945 年-1951 年）的北镇区会的第一次会议是一次抗美援朝动员大会，北镇区会此次会议的召开有着特定的历史背景。1951 年 4 月 16 日至 21 日在北京召开了"处理接受美国津贴的基督教团体会议"，会议最后成立了"中国基督教抗美援朝三自革新运动委员会筹备委员会"。该委员会在当时的任务有三条：第一、在基督教内推行爱国行动和爱国主义教育。第二、肃清帝国主义对基督教的影响。第三、有计划、有步骤地完成中国基督教三自革新的任务。[31]北镇区会 1951 年 5 月份的会议即是在 4 月份"北京会议"的影响下召开的。北镇区会恢复宗教活动，不像是信徒自发的宗教活动，而像是政府所主导的政治誓师大会。

1951 年 7 月 3 日，山东大会北镇区会所属滨县堂会抗美援朝三自革新委员会在北镇区会大礼堂正式成立。出席王守礼等十八人，选出翟吉堂牧师担任主席，薛普庆、刘平章担任副主席，常文魁担任记录。[32]这是《总会公报》最后一次出现王守礼牧师的名字。

在 1952 年 1 月 1 日出版的《总会公报》上，刊登了一则北镇区会的消息："该区会捐献武器总数已交人民银行者计五十六万八千五百元正，又北镇教会本年已正式办公，希各地同道代祷。（翟吉堂、刘瑞亭）"[33]

1 月 1 日的这则消息，一方面说明北镇区会相应政府以及教会领袖的号召，积极支持抗美援朝。另一方面，从署名"翟吉堂、刘瑞亭"推测王守礼牧师可能已经去世。

30 《滨县北镇区会在爱国运动下活跃起来了》，刊于《总会公报》，第 23 卷第 6 期，1951 年 6 月 1 日。

31 韩德清：《我所了解的济南基督教》，济南市基督教三自爱国运动委员会内部刊物，第 53 页。

32 《滨县中华基督教会抗美援朝三自革新委员会成立》，刊于《总会公报》，第 23 卷第 8 期，1951 年 8 月 1 日。

33 《山东滨县北镇》，刊于《总会公报》，第 24 卷第 1 期，1952 年 1 月 1 日。

另外，可以从王守礼牧师小女儿王素清的记载中推断王守礼牧师的去世时间。

在《救赎与自救：中华基督教会边疆服务研究》一书中，介绍了王素清宣教士离开杂谷脑福音堂的情况："杂谷脑福音堂因教友少，且房屋器具为幼稚园所用。1952 年未举行礼拜，布道员王素清因父死母老无人伺候，辞去工作，该堂工作遂于 1953 年 1 月结束。……福音堂更是无事可为，附设之作坊仅缝纫机一架，勉强维持生产，不就便停办。"[34]

由上文推断，王素清布道员可能是 1952 年辞去工作，离开杂谷脑福音堂。王守礼牧师可能是 1951 年下半年去世。

王守礼牧师经历可晚晴、民国、新中国三个历史时期，始终在教会工作，为主献出了一生。培养出了家族中的第二代、第三代基督徒，开辟出了信仰的道路，传承至今。

1951 年，王守礼牧师去世后，安葬于家乡山东省滨州市博兴县纯化镇王家村。

二、家族中第二代基督徒：布道员王素贞、布道员王素清、副牧师孙恩三

在王守礼牧师的培养下，大女儿王素贞、小女儿王素清、女婿孙恩三都成为了传道人，在各自不同的岗位上为主做工。

大女儿王素贞，1893 年出生，1974 年去世，享年 81 岁。因着家庭信仰基督教的缘故，王素贞从小就在教会学校中接受教育，读过神学。从大约 1910 年直到 1966 年，王素贞一直在博山教会工作。[35]1918 年，回到家乡博兴与东王文村的基督徒孙新光结婚。结婚之后，婆婆希望王素贞留在博兴生活，不回博山教会工作，不允许王素贞离开家。此时，王素贞得了一场大病，几乎失去生命，因着基督的力量才得以康复。此后，婆婆才允许王素贞回到博山教会工作。丈夫孙新光在家乡博兴的学校教书，有时也去博山。

---

34 杨天宏：《救赎与自救：中华基督教会边疆服务研究》，北京：生活·读书·新知三联书店，2010 年 10 月，第 420 页。

35 博山的基督教主要是英国浸礼会传教士传入，19 世纪末已有英国浸礼会开办的诊所，用医疗的方法来传播基督教。1903 年，英国浸礼会派遣传教士商德成到博山传教，开堂礼拜，信徒约 50 多人，多系工人、商人。1924 年，中华基督教会山东干事张思敬（字子钦，博兴人）到博兴任牧师，在南关新建楼房、小学、幼儿班。参见《博山区志》，山东：山东人民出版社，1990 年，第 632 页。

1919 年某日，王素贞正在读《圣经》，当读到《列王记下》4：16"以利沙说：'明年到这时候，你必抱一个儿子'"的时候，突然有了感动，向主祷告，求主赐一个孩子，将孩子完全献给主。1920 年，儿子孙岐峰出生；1925 年，大女儿孙爱兰出生；1928 年，小女儿孙玉贞出生。

在博山教会，王素贞是布道员，负责教唱赞美诗，在教会的下属堂点讲道，与博山教会的牧师配合工作。1920 年代至 1966 年，先后在博山基督教会工作的牧师有张思敬、毕文选、苏景洵（苏筱泉）、孙岐峰、王佐前等。礼拜日的时候，牧师负责讲道，王素贞负责诗歌敬拜等工作。

目前在邹平教会工作的王佐前牧师，曾经于 1949 年底至 1961 年在博山教会工作，与王素贞配合在教会工作长达 12 年。王佐前牧师于 1922 年出生，年龄上比王素贞小 29 岁。1946 年进入英国浸礼会在青州办的明道神学院读书。1947 年春天，学校迁至济南广智院办学。因为铁路被破坏，青州到周村的火车已经不通行了，王佐前和窦玉珩、赵清泉、赵爱莲等十几名同学一同先步行至周村，行李雇了手推车推到周村，再乘车到达济南。1949 年，王佐前从济南明道圣经学院[36]毕业后，被中华基督教会山东大会中四区总干事张思敬牧师请到周村的中四区联会工作。1949 年圣诞节之前，王佐前被派到了博山教会工作。王佐前在 1949 年是一名刚刚从神学院毕业的布道员，1987 年在周村教堂按立的牧师。1957 年之前，博山教会有两名布道员，即王素贞和王佐前。按照 1949 年的统计，博山教会共有信徒 237 人，其中男信徒 118 人，女信徒 119 人。礼拜日一般有 100 多人参加礼拜，通常是王佐前负责讲道，王素贞负责诗歌敬拜，财务由刘桂兰同工[37]负责。1957 年，孙岐峰全家从新疆回到山东博山，孙岐峰在教会工作的同时，也在博山南关居委会任会计，以增加收入养活全家人。王素贞、王佐前、孙岐峰三人相互配合，一同在博山教会工作。王佐前的妻子和孩子在邹平生活，是自己一人在博山工作生活。博山的老信徒周荣贞回忆，王素贞特别关心帮助王佐前，像是王佐前的好姐姐。按照教会的传统，布道员不论男女，都称呼为先生，王素贞被信徒们称为"王先生"。因为王素贞比较胖，教会的年轻人亲切地称其为"胖奶奶"。

---

36 明道神学院迁至济南后与圣经学院合并，更名为济南明道圣经学院。参见淄博市志编纂委员会编：《淄博市志》，第 2238 页。

37 刘桂兰同工的工作是助产士，1950 年代至 1960 年代全家租住在博山教会房产中，每月向教会缴纳房屋租金 5 元。

1950 年代，博山基督教会积极参加基督教革新运动。1951 年，博山 237
名教友中有 224 人签名积极响应北京基督教进步人士发出的"基督教革新宣
言"，发起捐献运动支援抗美援朝。博山、三台、西河 3 处教友共捐款 97 万
元。[38]1953 年 1 月 8 日至 11 日，中华基督教会山东大会中区联会年议会在周
村举行，会议上选举了职员，王辅仁（即博山教会的王佐前）当选为副理事长，
王素贞当选为理事。[39]

教会传道人收入十分微薄，孙秋菊曾经听老人讲述，解放前奶奶王素贞每
月的收入只有两块现大洋，只是两袋面粉的钱。基督教革新运动后，基督教会
断绝了与外国传教组织的联系，也就不能得到英国浸礼会资金上的帮助。1951
年，博山教会办了永生农场，作为教会的自养事业，开淄博市发展牛奶业之先
例。[40]1950 年代，教会的收入来源包括信徒奉献、出租房屋、自养事业。博山
是工业城市，信徒中有经理、工人，奉献较多。在中华基督教会山东大会中四
区的各个堂会中，经济状况还属于较好的。

王素贞的丈夫在博兴工作，王佐前的妻子住在邹平。王素贞与王佐前在博
山教堂的第二层各有一间宿舍。如果配偶来博山，则搬到教堂东侧的幼儿园楼
二楼居住。[41]在当时的大环境下，淄博市三自爱国委员会不可能再派牧师或者
传道都博山教会。1961 年，王佐前的妻子得了疾病，瘫痪在床，不能行走。当
时王佐前的父母都已经去世了，妻子需要照顾，几个孩子也需要照顾。王佐前
因为家庭原因，离开了博山教会。博山教会的全职传道人只剩下了王素贞一

---

38 山东省淄博市博山区区志编纂委员会编：《博山区志》，第 633 页。
39 《山东中区联会年议会概况简报》，刊于《中华基督教会全国总会公报》，第 25 卷
第 3 期，1953 年 3 月 10 日出版，第 35-36 版。
40 山东省淄博市博山区区志编纂委员会编：《博山区志》，第 633 页。
41 幼儿园所在的楼房，位于博山南关教堂的东侧。两座建筑之间是几米宽的过道。
一层是幼儿园，二层是幼儿园教师宿舍，因幼儿园只有几位教师，部分房间闲置。
政府接管博爱幼稚园后，博山教会与幼稚园的关系非常融洽。1957 年，孙岐峰牧
师全家从新疆回到山东博山，全家都居住在幼儿园楼的二楼。博爱幼稚园是博山
最早的幼儿园·由英国浸礼会中国牧师张思敬于 1928 年（民国 17 年）创办。幼
稚园设董事会管理园务。入园幼儿主要来自教徒子女，开始仅有 12 人，后来增加
到 80 余人，分大、中、小 3 个班，由教徒 3 人任教。幼稚园经费由董事会筹捐，
加上教会津贴，每年收入小米 3400 斤。建园以来，时停时办，一直延续到建国后。
1950 年 9 月，博山市政府分配 1 名济南幼师毕业生任教，开始向社会开放。1952
年 10 月，淄博市人民政府接管博爱幼稚园，改名为"南关幼儿园"，成为淄博市
唯一的一处公办幼儿园。其招生工作贯彻向工农子女开门，为劳动妇女服务的方
针。参见山东省淄博市博山区区志编纂委员会编：《博山区志》。

人。孙岐峰为增加收入养育儿女，在教会工作的同时也在博山南关居委会作会计工作。

1966 年，"文化大革命"开始后，王素贞被关在笼子中游街，实在难以忍受于是吞针，被抢救过来，送到在济南卫生学院工作的大女儿孙爱兰家中。大约 1972 年回到家乡博兴，1974 年在家中归天。去世前 10 天前，她曾对儿子孙岐峰说："神要接我了，昨夜我梦见，有两个穿白衣服的人，来咱家，说我们来接学生啊。给我预备后事吧"。10 后，王素贞蒙召归天，安息主怀。

传道人王素贞的父亲王守礼是牧师，儿子孙岐峰是牧师，其在家族的信仰传承中起到了承上启下的作用。王素贞牺牲了与家人的团聚，选择在远离家乡的博山教会侍奉，与前前后后数位牧师相互配合，将自己的全部都奉献给了博山教会。

小女儿王素清，1921 年出生，2010 年去世，享年 89 岁。据滨城区基督教会苏德英长老会议，抗日战争时期，王素清曾经在北镇鸿文中学担任教师。关于王素清在边疆服务部工作的情况，可以参见 1951 年总会公报对王素清进行的报道，题为《边疆服务部川西区杂谷脑布道员王素清女士》。报道如下：

> 王素清女士山东博兴人，伊父王守礼老牧师，为山东中华基督教会山东大会中四区（原英浸礼会）第一位中国籍牧师，直到今日仍为该区教会精神上的领导人。王女士继父志，决志终身为主工作。

> 王女士，先毕业于山东省立女师，继入齐鲁和华北两神学院研究圣道，一九四八年转入上海中华神学院，一九五〇年夏毕业于该院。

> 王女士自一九四八年进入中华神学院读书之日起，即决志到边疆去作传道救人的工作，一九五〇年夏毕业后，毅然放弃沪宁一带，一般人认为优越的工作机会，而担任了边疆服务部川西杂谷脑的宣教工作。

> 杂谷脑是汉藏交易的一个中心地域，它的周围都是少数民族叫做"嘉绒族"。这里有一所简单的礼拜堂，是川西区唯一的一所正式敬拜神的地方。川西区第一位宣教士耿笃斋牧师便是为了修建这圣堂积劳归天的。因此，王女士来主持这个教会，是有着特别深远的意义的。

文章中配有照片"王素清女宣教士"。在照片下方是王女士的愿望:"我希望有一架缝纫机,可以黑夜工作,白天传道。没有机器,我还可以上山砍柴来卖,维持简单生活。我只有满心快乐的仰望神顺服神、荣耀神。"[42]

在《救赎与自救:中华基督教会边疆服务研究》一书中,介绍了王素清宣教士离开杂谷脑福音堂的情况:"杂谷脑福音堂因教友少,且房屋器具为幼稚园所用。1952年未举行礼拜,布道员王素清因父死母老无人伺候,辞去工作,该堂工作遂于1953年1月结束。……福音堂更是无事可为,附设之作坊仅缝纫机一架,勉强维持生产,不就便停办。"[43]

布道员王素清是1950年夏季于上海的中华神学院毕业之后,来到川西服务区杂谷脑福音堂工作,大约是1952年离开。1950年7月28日,40位基督教领袖向全国基督教教会和团体负责人以及信徒发出了名为《中国基督教在新中国建设中努力的途径》(简称《三自革新宣言》)的宣言,同年9月23日,《人民日报》全文刊登。中华基督教会全国总会总干事崔宪祥作为宣言发起人在宣言上签字。在这种环境下,中华基督教会边疆服务部也进行革新运动。边疆服务部川西区主任王贯三要求"个人之宗教生活先要革掉","礼拜堂以外的宣教活动,应该暂行停止,甚至儿童主日学都需要考虑暂停"。在边疆服务部组织的有政府"同志"参加的检讨会上,王素清检讨自己"对神虔诚方面不够"。[44]表面上看,是王素清讲自己的信仰问题,实际上是在检讨自己参加了教堂外的宣教活动。王素清在杂谷脑工作的时间,面临着双重的困难,经济上的困难和工作上的困难。

布道员王素清可能是1952年回到了山东,2010年去世。这50多年的情况,目前的资料不多。根据笔者多方走访调查,王素清回到山东后,没有在基督教会全职侍奉。王素清曾经在济南担任过小学教师,后进入济南灯泡厂成为一名工人,大约1975年退休。王素清的女儿孙文岩在1975年通过"退休顶替",进入济南灯泡厂,成为生产线上的职工,大约2005年退休。

1986年济南后宰门基督教堂恢复宗教活动后,王素清曾经在教堂的卫生班和探访组侍奉。当时后宰门教堂负责人是刘瑞亭牧师,解放前后曾经长期在

42 《边疆服务部川西区杂谷脑布道员王素清女士》,刊于《总会公报》,第23卷第4期,1951年4月1日。

43 杨天宏:《救赎与自救:中华基督教会边疆服务研究》,第420页。

44 邓杰:《新中国的宗教政策与基督教教会的因应——以中华基督教会边疆服务运动为例》,刊于《世界宗教研究》,2012年第3期,第125页。

北镇区会工作，王守礼牧师去世后，刘瑞亭牧师接任北镇区会负责人。王素清老人 1970 年代在大明湖路南侧、县西巷东侧居住，后搬至不远处的大明湖路北侧的阁子后街居住。2007 年 10 月，济南大明湖湖面扩建工程启动，阁子后街在拆迁范围之内，王素清搬到安置房居住。据滨城区基督教会苏德英长老回忆，王素清家中的桌子上摆放着两个相框，分别是王守礼牧师和王师母的照片。1990 年代，滨城区基督教会为建设教堂筹集资金。苏德英长老多次到济南王素清老人的家中寻求帮助，后来王素清帮滨城区基督教会在济南筹集到了部分资金。抗日战争期间，苏德英长老曾经在鸿文中学读书，当时王素清在学校担任教师，苏德英长老称呼王素清为王老师。

王素清年轻时接受了完整的神学教育，1950 年放弃了在上海等富裕地区工作的机会，前往贫困落后的杂谷脑工作。由于历史的原因，回到山东后，没有去教会工作，而是在济南灯泡厂成为一名工人。落实宗教政策之后，又回到后宰门基督教会侍奉，2000 年前后还帮助家乡教会筹集教堂建设资金。如同 1951 年在《中华基督教会全国总会公报》上刊登的，"王女士继父志，决志终身为主工作"，王素清做到了。王素清老人 2010 年去世后，由济南后宰门教堂的王文欢牧师主持的追思礼拜。

王守礼牧师的女婿孙恩三，又名孙天锡，山东博兴纯化镇前王文村人，从小在教会学校读书，是北镇区会培养出的在全国有影响力的教会领袖。毕业于齐鲁大学，1934 年与张雪岩共同创办《田家半月刊》，担任总编辑。1935 年去美国留学，获得康奈尔大学、芝加哥大学硕士学位 1937 年回国。1938 年夏，任中华全国基督教协进会华中兼华西区干事。1938 年 12 月，参加了世界基督教协进会在印度玛度拉城附近的坦博朗镇召开的世界基督教代表会议。1940 年 2 月，到重庆主持全国基督教协进会的合作生活试验区工作，安排加拿大学者伊莎白和俞锡玑，对 1500 户居民的经济生活状况进行逐户调查，最终形成人类学《兴隆场》。1941 年，筹划成立载社，开展基督教历代名著翻译活动。1942 年，任中国乡村建设育才院社会专修科主任。1943 年至 1946 年，被卢作孚聘为民生公司顾问，在卢作孚赴美国和加拿大参加国际通商会议期间担任秘书和翻译。1945 年 8 月至 1949 年底，在齐鲁大学任教务长，期间兼任过史社系主任和社会学教授、外文系主任、乡村建设研究所主任、中国乡村建设学院社会系主任等职务。1946 年，孙恩三被山东省主席王耀武聘为顾问。1946 年，济南的博兴同乡会召开大会，欢迎孙恩三教授以及吴迪吉将军回到家乡山东，并且由孙恩三担任博兴同乡会的理事长。[45]1950 年任上海广学会出版干事，[46]与吴耀宗等共同出席过处理基督教出版物的会议。后任上海国际礼拜堂副牧师，在 1951 年控诉"帝国主义分子"的运动中自杀身亡。原因可能是历史问题以及经济问题。政治问题是孙恩三曾经担任山东省政府的顾问以及与王耀武一同面见蒋介石，经济问题是怀疑孙恩三私藏齐鲁大学的存款。[47]

三、家族中第三代基督徒：孙岐峰牧师

家族中的第一代、第二代传道人为家族建立了牢固的信仰根基。到了第三代孙岐峰牧师，为主献身的信念仍在继续。孙岐峰 1920 年出生于博山，出生前母亲王素贞就祷告，求主赐下孩子，成为传道人，终身为主做工。孙岐峰实现了母亲的愿望，为主奉献直到最后一刻。

青少年时期，孙岐峰进入母亲王素贞为其选择的在青州的教会小学、教会中学接受教育，为日后成为传道人做准备。1936 年孙岐峰在周村教会受洗。同年，孙岐峰与袁桂兰结婚，两人是小时候定下的娃娃亲，袁桂兰的母亲与王素贞同村，也是王家村人，也是信主的家庭。结婚后，婆婆王素贞送袁桂兰去周村参加教会办的成人识字班，袁桂兰学会了认字、写字。1940 年，孙岐峰进入华北神学院就读，1944 年毕业。因为经历了多次政治运动，孙岐峰在华北神学院读书时的课本、毕业证等都已不存。母亲王素贞在博山教会担任传道人，每月的收入只有两块大洋，仅够购买两袋面粉。父亲孙新光在家乡教书，收入也很微薄。孙岐峰在华北神学院读书期间，妹妹孙爱兰已经从事医疗工作，将收入节省下来支持哥哥的学业。

1944 年，孙岐峰于华北神学院毕业后，先是在齐东县基督教会工作。1946 年 12 月 18 日至 20 日，山东中四区在周村举行抗战胜利后首次联会，孙岐峰被委派到博山基督教会工作。[48]1948 年初，孙岐峰带着妻子和两个孩子去潍县参加了灵修院。开启了一段将近 10 年的在新疆的工作与生活。

---

45 常英，郝超尘：《博兴旅济同乡会与还乡团》，收录于《博兴文史资料》，第 2 辑，内部资料，1985 年，第 63 页。

46 陈建明，王京强：《张雪岩传》，北京：学苑出版社，2012 年，第 27 页。

47 姜逸樵：《忆晏阳初及平教会的契友》，收录于《湖南文史》，1996 年第 4 辑，第 15 页。

48 《山东中四区联会之教务》，刊于《中华基督教会全国总会公报》，1947 年第 2、3 期合刊，第 11 页。

潍县灵修院是 1945 年抗战胜利后潍县的基督教会使用潍县乐道院的部分房屋建立的，成立的宗旨是培养昌潍地区农村传道人，李石瑛牧师担任院长，咸荣辉牧师担任副院长。1945 年底，因为内战，华北神学院李石瑛牧师是 1941 年从华北神学院毕业，张谷泉牧师是 1943 年华北神学院毕业并且留校任教。1946 年，灵修院五旬节之后，刘淑媛、张英美两位姊妹被圣灵充满，有"到新疆去传福音"的感动。1946 年 7 月 22 日，刘淑媛、张英美踏上了去新疆的征程。1947 年春天，李佩贞、黄得灵两位姊妹受圣灵感动，离开灵修院去新疆传福音。1947 年 4 月，李道生、张慧荣夫妇二人从灵修院出发前往新疆。1946 年、1947 年出发的前往新疆传教的弟兄姊妹都顺利到达，为后续 1948 年从潍县灵修院前往新疆的弟兄姊妹开辟了道路，一路上有沿途教会提供帮助。

1948 年 4 月份，解放军已经开始攻打潍县。在晨更聚会中，主耶稣借着曹温良等姊妹的口，催促大家动身前往新疆。于是，灵修院的李石瑛院长带领着灵修院的大人孩子前往新疆传教。有几位同工没有前往新疆，仍然留在灵修院中，直到 1952 年灵修院被迫解散。[49]

出发时，孙岐峰和妻子袁桂兰以及两个女儿都在队伍中。刚刚出发几天，因为一次意外，孙岐峰将妻子袁桂兰和女儿送到了在博山的母亲家中。西北灵工团成员，同在这一批前往新疆的张佩义回忆了这段经历。

这一天走在河岸上，杜若霖弟兄推着独轮车，左边载着行李，右边坐着曹温良，抱着你的二姐。杜弟兄不小心，小推车向右一歪，曹姊妹赶快用腿一支，把车顶歪了。曹翻到了河里，确先把孩子放到了地上。张德正马上跳到河里，把曹捞上来，多么惊险的一幕！到了博山，孙牧师就把妻子女儿送到了母亲家。

孙岐峰将妻子袁桂兰和女儿安排送到博山母亲家中后，又回到了前往新疆的队伍中。后来，妻子袁桂兰和孩子也到达新疆，全家在新疆团圆。1948 年 4 月份出发前往新疆的信徒，分为三条线路到达新疆。孙岐峰是与李石瑛、咸荣辉、宋立孚、张德正、曹温良、于淑和等人经过济南、郑州、西安、天水到达兰州。三条线路的成员都在兰州小梢门外中华基督教会短暂停留，参与到了教会的侍奉当中，作见证、讲道、查经、教诗歌，有力帮助了该教会的工作。短暂停留后，三条线路成员都前往了新疆哈密。

1949 年 6 月 5 日，西北灵工团的弟兄姊妹自己动手在新疆哈密建设的礼拜堂举行了献堂典礼。关心支持西北宣教事工的杨绍堂牧师建议起名为"基督

---

49 《走在锡安大道上——李道生回忆录》，内部资料，自行印刷，第 14-36 页。

教西北灵工团",张谷泉牧师亲自书写"基督教西北灵工团"牌匾挂在礼拜堂大门口。西北灵工团的日常生活仍保持山东潍县灵修院的方式,早晨天不亮起床收晨更,白天查经学习,晚饭后有培灵见证聚会,由参加过查经班的成员试讲,设有专用祷告室,从早到晚不停地有人守望祷告。

西北灵工团的成员,是凭着自己的信心去外地。传福音。自己受圣灵感动,全体禁食祷告,同工有一样的目标托付,负责人谈话,行按手礼祝福送行,不由负责人差派,同工搭配在二人以上,出发时凭信心上路,灵工团没有钱粮路费供应,出发时每人提一个圣经包,一个被褥卷。

1949 年 1 月 18 日,孙岐峰、宋立孚、马爱真、黄爱华四人前往焉耆开荒布道,焉耆教会即于该月建立。焉耆在现在的行政所属是新疆维吾尔自治区巴音郭楞蒙古自治州焉耆回族自治县。从行政名称上就可以看出当地民族成分的复杂。现代焉耆人口的民族成分主要包括汉族、维吾尔族和回族、蒙古族等。焉耆位于哈密的西偏南方向,700 多公里,按照现在的行车线路,焉耆距离哈密大约 700 多公里。当时在新疆长途旅行,主要的交通工具就是"黄鱼车"。

西北灵工团外出开荒布道的弟兄姊妹,如果没有特殊情况,会在五旬节大会回到在哈密的西北灵工团。1949 年五旬节大会后,孙岐峰、宋立孚、宋立孚妻子于淑和、戴开诚、马爱真、(黄爱华)立即返回焉耆教会工作。他们在焉耆购买了一个大院子,有住房,自己动手盖了五间礼拜堂,并在大街闹市租了一间房作布道所。西北灵工团差往阿克苏、和田、疏勒的工人,路过焉耆时会得到热情的接待。1949 年 8 月,李道生、张慧荣、李天存、冯顺义、田佩瑾一行五人前往喀什疏勒传福音,路途中经过了焉耆。当时在焉耆教会的有孙岐峰、戴开诚、宋立孚等弟兄姊妹。焉耆建立教会已经有半年多,带领二十多人信主,租了房间作为布道所,晚上有灯下传福音布道会,慕道友近三十人。焉耆教会的孙岐峰、戴开诚、宋立孚热情款待李道生等五人,用平日不舍得吃的麦面擀面条招待,把仅有的床铺也让出来。

西北灵工团成员张佩义亲眼所见,1950 年五旬节大会期间,孙岐峰被圣灵充满。五旬节大会后,孙岐峰又回到了焉耆教会。1951 年,西北灵工团的工作遭受了重大打击,多位成员被捕,没有被捕成员也因为西北灵工团的"解散"而各自谋生。西北灵工团的领袖张谷泉牧师在哈密被捕,后于 1956 年死在监狱中。

焉耆教会 1951 年也被迫解散,焉耆教会房产以及土地被近邻的小学占用。

教会同工们自谋生路，有的离开焉耆，有的在焉耆从事其他工作。经过在新疆工作的一位博兴老乡的介绍，孙岐峰在焉耆担任公路段助理技术员，1954 年 2 月份，孙岐峰的具体工作单位是交通厅焉耆老桥加固工程队。同时，孙岐峰也在等待时间，渴望恢复焉耆教会。

西北灵工团是二十世纪四十年代至五十年代的中国基督徒组成的宣教团体，团体中的领导人以及部分同工都是华北神学院的教师、毕业生或者学生，可以将其视为华北神学院宣教事工的延伸。西北灵工团领受的异象是将福音传回耶路撒冷。尽管由于政治等方面的原因，西北灵工团实际上没有到达耶路撒冷，但是在新疆建立了以哈密为中心的多处基督教会。时至今日，西北灵工团成员的第二代、第三代仍然在新疆教会侍奉。

1957 年，孙岐峰看到恢复焉耆教会暂时没有希望，而此时母亲王素贞生病需要人照顾。在母亲的多次催促下，于是全家回到了博山。回来后孙岐峰一家居住在博山教堂东边幼稚园楼的二楼。幼稚园在解放后不再由教会管理，收归国有。政府在一楼开小幼稚园，幼稚园的老师住在二楼的几个房间。教会与幼稚园的关系非常融洽。母亲王素贞依然居住在教堂二楼的房间中。孙岐峰的小女儿孙秋菊就出生在幼稚园楼的二楼，由租住在博山教会的助产士刘桂兰负责接生。

回到博山后，孙岐峰在博山教会工作。因为家中有儿女需要抚养，每月来自教会的收入十分微薄，于是孙岐峰去博山南关居委会担任会计，以增加收入，贴补家用。此时的博山教会，全职的传道人有王素贞和王佐前，信徒约 200 人。孙岐峰不止在博山教会工作，也在上一级的淄博教会工作。1959 年 1 月 16 日，淄博市基督教三自爱国运动委员会成立，产生了第一届委员会，主任王费劢，副主任安观江、孙岐峰，秘书长朱秀岭。1962 年 12 月，产生了第二届委员会，主任、副主任同第一届，依旧是主任王费劢，副主任安观江、孙岐峰。50

1966 年，"文化大革命"爆发，孙岐峰全家包括 70 多岁的母亲王素贞都遭到非常残酷迫害。母亲王素贞在博山被关在笼子中游街批斗，后来实在忍受不了而吞针，被送往济南治疗，住在大女儿孙爱兰家中。王素贞大约 1972 年回到东王文村，1974 年在博兴去世。孙岐峰和妻子、孩子一同被迫回到了博兴县东王文村。孙岐峰的成分，在土改的时候划分的是中农，土改之后被个别村干部故意改为富农。孙岐峰的富农成分问题一直到 1978 年 6 月 11 日才得

---

50 淄博市志编纂委员会编：《淄博市志》，第 2237 页。

以纠正，中共博兴县委办公室向中共纯化公社委员会发出通知，将孙岐峰的成分仍改回原来的中农成分。孙岐峰成分的纠正通知来的有些晚，最严重的迫害已经过去。在"文化大革命"期间，特别是"文化大革命"前期，孙岐峰在家乡东王文村遭受严重的迫害。

在家乡，孙岐峰被列为"牛鬼蛇神"、"五类分子"。被篡改的富农成分以及在基督教会工作这两项罪状，使得孙岐峰一家遭受到的迫害比其他"五类分子"更为严重。因为1966年之前，孙岐峰一直不在家乡博兴县东王文村生活，村民基本都不认识孙岐峰，其他的"五类分子"都是长期在村中居住。村民批斗的时候是考虑到"乡亲关系"自然"手下留情"，村民相对于孙岐峰的批斗可就"毫不留情"。红卫兵无数次到家中进行抄家，家中物品被抄的所剩无几，也使孩子们的心灵遭受到严重的伤害，幼小的心灵落下了深深的烙印，严重影响了他们的人生选择。孙岐峰和妻子袁桂兰被迫要求接受改造，每天天不亮就去义务劳动，主要是打扫村中道路，召开批斗会时接受批判。在某一次批斗会上，一位村干部踹断了孙岐峰的三条肋骨。"文化大革命"期间，更令孙岐峰痛苦的是，父亲孙新光和母亲王素贞相继在东王文村去世。

"文化大革命"期间，尽管面临着很大的压力，孙岐峰夫妇的信仰依然坚定，有时候会关紧门窗和孩子们在家唱诗歌以及《诗篇》。当时《圣经》、《诗歌本》等等，在抄家时早已被抢走。于是就教孩子们唱诗歌以及《诗篇》，这就全靠孙岐峰夫妇俩的记忆。据孙秋菊回忆，当时在家中唱的诗歌主要是西北灵工团张谷泉牧师创作的诗歌，包括《主精兵歌》、《神家忠心仆》、《默默无闻》、《油果山》等；其中常唱《诗篇》中的章节有第1章、第15章、第23章、第27章、第28章部分、第32章、第34章、第43章、第46章、第67章、第84章、第103章部分、第121章、第123章、第146章、第150章等。

"文化大革命"结束后，特别是1980年代初期，开始落实宗教政策，允许基督教徒聚会，博兴县东王文村附近的几个乡村教会纷纷在主日请孙岐峰前去讲道，去的次数较多的有刘官教会（今博兴县吕艺镇刘官村）。

"文革"后，孙岐峰的处境逐渐好转。1978年，成分重新划为中农。1984年春天落实政策，淄博市宗教局下文件，要求孙岐峰回淄博主持教会工作。于是，孙岐峰和妻子以及小女儿孙秋菊回到了博山，因暂时还没有给安排教会的工作，孙岐峰就在博山食品公司蛋仓临时工作来维持生活。1985年夏季，孙岐峰被淄博市宗教局安排到淄川教会工作。1986年8月，淄川区基督教第一次代表会议召开，成立了第一届三自爱国运动委员会，安观江牧师当选为淄川区基督教会主任，孙岐峰当选为副主任。1987 年 9 月 20 日，孙岐峰在周村教会按立为牧师。淄川教会主任安观江牧师在周村教会居住，在淄博市两会以及周村教会都担任职务，只有淄川在教会开月会的时候才来。淄川教会的日常事务由孙岐峰牧师负责。1990 年淄川区基督教会召开第二次代表会议，孙岐峰牧师当选为主任。这一时期，孙岐峰牧师是淄川区第六届（1990 年至 1993 年）、第七届（1993 年至 1996 年）政协委员会政协常委。

1985 年孙岐峰去淄川教会工作时，遇到了不少困难。淄川的佛教传播历史悠久，佛教的信徒多。基督教是 19 世纪末传入，信徒数量少。因为之前没有在淄川教会工作过，孙岐峰在淄川是人生地不熟，与教会信徒以及同工也需要时间熟悉。当时，淄川区的许多教会房产还没有归还，教会有大量工作。孙岐峰马上就投入到了工作中，要求落实宗教政策，归还教会房产。淄川区有些乡镇教会距离较远，孙岐峰早出晚归去带领信徒，一般是早上很早出门，晚上很晚才到家，两头不见阳光。为落实宗教政策，孙岐峰多次往返奔走于各级政府部门以及各处教会，将 1980 年代初没有落实的教会房产又归还教会。孙岐峰当时每月的工资只有 50 元，要照顾夫妻两人的生活，没有钱去增加营养，外出工作时，中午只吃自己带的馒头咸菜，或者只是买个馒头，用热水泡泡，撒上点盐。1987 年夏天，由于长期的繁重工作以及营养不良，导致孙岐峰身体出现严重透支，疾病来袭，被迫进医院治疗。据小女儿孙秋菊回忆，当时父亲说：主啊，你再给我 5 年的时间，我把淄川教会治理好，你再接我回天家。在医生看似不好治愈的病，竟然在一个月后治愈出院了，感谢上帝，荣耀归于上帝。孙牧师回到家中又立马投入到工作中。

孙岐峰牧师担任淄川区基督教会主任期间，信徒以及慕道友的数量不断增长，又恰好新建教堂，教会的牧养工作以及建设工作十分繁重。1988 年三台教堂落成，1989 年黄家峪教堂落成。1991 年，淄川区政府实施旧城改造，淄川区基督教会支持区政府的改造工作，无偿献出地基 0.5 亩，并在原址剩余地基上筹备重建礼拜堂。1992 年秋动工建设教堂，1993 年 11 月教堂竣工，退休后的孙岐峰牧师每天早上去教堂带领晨更祷并举行了献堂典礼。1991 年，淄川教会受洗登记在册的信徒 467 名，慕道友 166 名。1994 年，受洗信徒 821 名，慕道友 289 名。

在淄川教会服侍的同时，孙岐峰牧师又担任淄博市基督教会委员以及淄川区政协常委。由于过多的工作压力影响了孙牧师的身体，致使才 70 多岁的孙牧师已经不能再去淄川区内距离比较远的山区乡镇堂点讲道。1994 年，孙岐峰牧师从侍奉岗位上退下来，不再主持工作。但是孙岐峰牧师仍然在淄川教会中做侍奉神的服侍，直到 2007 年 10 月。从 1992 年直至 2000 年大约有 8 年左右的时间是教会出资给孙牧师租房居住。1999 年，孙岐峰牧师的妻子袁桂兰就在出租房中去世。退休后的孙岐峰牧师，每天早上去教堂带领晨更分享祷告，主日在教堂为聚会的信徒最后祝福，每周周间有带查经。不再主持教会工作后，孙牧师有了相对宽裕的时间去研读《圣经》，写了几十册的读经笔记。在 1995 年的一册读经学习记录本的第 1 页，孙岐峰牧师写下了自勉的话语。"一生奔波证主道，两袖清风照我心。95 年 5 月 1 日 岐峰自勉。"这也是孙岐峰牧师一生的写照。

对于教会人才培养的问题，孙岐峰牧师特别重视。1994 年孙岐峰牧师退休时已经 74 岁，接任的翟善水仅仅 38 岁。淄川教会的新老交替平稳进行，年轻人顺利接班，为各个教会树立了一个典范。每一次的培灵会和培训班，孙牧师都详细询问老师的讲课内容以及授课情况。孙牧师喜欢与青年同工交流，讲述自己的侍奉经历，常常鼓励引导他们。

孙岐峰牧师生活俭朴，常穿一件褪了色的中山装，家中几乎没有什么像样的家具，睡的是一张破旧的单人床，书桌是一个 1940 年代的大木箱子。对于这样的生活，孙岐峰牧师非常满足。在一册笔记本上，有一首孙牧师的小诗体现出了其对于物质生活的态度，"心底无私天地宽，平安喜乐荡心间。虽然家贫有健康，世上金银不能换。"孙岐峰牧师没有给子女留下物质上的财产，在淄川教会工作了 25 年，也没有购置房产。孙牧师留下的是读经笔记和灵修书籍，是为主献身的家族精神。在孙牧师的卧室、客厅，甚至洗手间，到处都贴满了书写的经文和警句。孙牧师常常以《希伯来书》10 章 38 节的话语勉励自己，"他若退后，我心里就不喜欢他。"孙牧师是这样写的，也是这样做的。

2007 年 10 月份，小女儿孙秋菊将孙牧师从淄川教会接到博山家中过冬，打算过年后天气暖和了再回到淄川教会居住。12 月份，淄川教会的翟善水长老一行人专门去博山看望了孙牧师，孙牧师说离不开教会，春天要再回到教会。2007 年 12 月 22 日，孙牧师告诉小女儿孙秋菊说："神要接我了，你给我预备后事吧"。23 日和 24 日，孙牧师的儿女们从各地赶来博山孙秋菊家中，24 日下午 4 时，在小女儿孙秋菊的博山家中去世，蒙召回归天家，安息主怀。

因为当天晚上就是平安夜，所以，12 月 26 日上午，在淄川教会举行追思礼拜，火化后下午回到博兴县纯化镇东王文村安葬，在博兴也举行了追思仪式。

孙岐峰牧师能够终身服侍主，袁桂兰师母在背后起了很大的作用。孙牧师曾经在多个基督教会侍奉，袁桂兰师母总是伴随在身边默默支持。两人一生的相守见证了神对婚姻的祝福。

结语

孙岐峰牧师的小女儿孙秋菊，与父亲母亲长期在一起生活，深受父亲的影响，现在在教会侍奉。是家族中第四代为主工作的成员，孙秋菊的女儿也受洗归于主耶稣的名下。家族中从王守礼牧师开始，五代人信仰基督，四代人在教会侍奉。这一百多年的信仰侍奉历程，是中国基督教会的一个缩影，经历了教会变迁的各个阶段。

王守礼牧师是博兴县的第一位牧师，在北镇教会（1929 年之前的名称是北大段，1929 年之后的名称是北镇区会）工作长达 50 年。与北镇相比，青州、周村的生活要优越很多。王牧师却扎根在中华基督教会山东大会中四区（青州区会、邹平区会、北镇区会、周村区会）中经济状况最差的北镇区会。因着教会的需要，王守礼牧师常去济南、周村、青州等地参加中四区联会、山东大会年会，退修会、灵修会等等。王守礼牧师作为中华基督教会山东大会的代表之一，1930 年去广州参加中华基督教会第二届常会，1933 年去厦门参加中华基督教会第三届常会，1937 年去青岛参加第四届总议会。按照学历以及阅历，王守礼牧师可以说是一位见多识广的知识分子，在民国时期，王守礼牧师很容易在大城市找到一份收入更高的工作。然而王守礼牧师因着对上帝的信心，决然做出了自己的人生选择。留在北镇教会，王守礼牧师与同工相互配合，不单单进行传教活动，还开展医疗事业（鸿济医院）和教育事业（鸿文中学），服务北镇附近的各县的民众。在王守礼牧师的影响下，女儿王素贞和王素清都继承父志，终生侍奉主耶稣。

王守礼牧师的大女儿王素贞，自小在教会学校接受教育，读过神学，后在博山教会侍奉长达 50 多年。每年中四区的联会，有一项会议安排就是指派牧区，根据工作的需要，将牧师指派到各个区会的各个堡（如博兴堡、蒲台堡，"堡"有时也称为"堂"，如蒲台堂）。有俗语说"铁打的营盘流水的兵"，博山教会的牧师不断调整，可以说是"流水的牧师，铁打的王先生"。信徒们称呼王素贞传道为王先生，年轻的信徒也称呼其为胖奶奶。指派来的牧师对于博山教会的情况不熟悉，王素贞正好与之配合，主日由牧师讲道，王素贞负责组织信徒唱诗歌。在生活上，对于来到博山教会的牧师也多加关心。1961 年，王佐前离开博山返回家乡。淄博市三自委员会没有再向博山教会指派牧师或者传道。博山教会的工作都落在了王素贞和孙岐峰的肩上，直到 1966 年"文化大革命"爆发。王素贞从一开始侍奉神就很重视孩子的教育，特别是将儿子孙岐峰培养成终身侍奉神的传道人。最终，孙岐峰用一生的侍奉实现了母亲的愿望。

王素贞的儿子孙岐峰，从小顺服神，按照母亲的意愿，从小学到高中，都是在教会学校中接受教育。1940 年至 1944 年，孙岐峰在华北神学院接受了四年的神学教育。毕业后在齐东县、博山县教会侍奉。1948 年，在华北神学院毕业生张谷泉牧师和李石瑛牧师的带领下，参加了西北灵工团，前往新疆宣教，在新疆焉耆建立了教会。1951 年教会被迫解散后，孙岐峰又在新疆焉耆工作了 6 年，甚盼望教会可以恢复。1957 年回到博山后，在博山教会工作的同时，为了养育儿女，又在南关居委会担任会计。1966 年直到 1984 年，孙岐峰全家被迫回到博兴县东王文村，"文革"期间遭受了严重的迫害。1984 年，淄博市宗教局落实政策，才得以回到博山，1985 年被指派到淄川教会工作，直到 2007 年去世。用提摩太后书 4 章 7 节的话语可以总结孙岐峰牧师的一生，"那美好的仗我已经打过了，当跑的路我已经跑尽了，所信的道我已经守住了"。

孙岐峰牧师的家族故事，是山东基督教会历史小的缩影。传教士将基督信仰传播到了山东，着重培养中国自己的传道人，福音的接力棒传到了中国传道人手中。对于孙岐峰牧师而言，正是因为有在华北神学院四年完整的神学教育，才打下了终生服侍的基础。在艰苦的抗战时期，孙岐峰能够去华北神学院进行真理装备，是全家人共同支持的结果。1948 年，孙岐峰参加"西北灵工团"，跟随华北神学院的张谷泉老师前往新疆传教，是华北神学院福音事工的延伸。孙岐峰牧师是"桃李满天下"的华北神学院培养出的忠心神仆，他用自己的一生回应了华北神学院的校训"万军之耶和华说，不是依靠势力，不是倚靠才华，乃是倚靠我的灵方能成事。"[51]

《介绍华北神学院》，刊于《青年归主》，1950 年第二卷第九期，1950 年 7 月 15 日出版，第 11 页。

一位抚育孤贫儿童的神仆人
——王克己牧师及其家族故事

吴津　王亚拿

　　王克己牧师，1914 年 3 月 10 日生，山东博兴县王家村人（今山东省滨州市博兴县纯化镇王家村）。1941 年至 1945 年就读于华北神学院。毕业后华北神学院张学恭院长安排其担任北关孤贫院的院长。1948 年，王克己牧师南下为北关孤贫院筹集粮食。因交通阻隔，到了徐州后无法返回滕州，于是就到了南京，投奔到了张学恭担任院长的泰东神学院。1948 年秋后，泰东神学院南迁长沙。临行前，张学恭院长安排王克己办一所孤儿院，于是王克己牧师就在泰东神学院的原址创办了泰东孤儿院。1951 年，被以捏造的罪名逮捕。1955 年被判无期徒刑。后因减刑，于 1975 年刑满留厂工作，同时参与甘肃临夏教会的恢复工作。1982 年回到南京，在教会参与侍奉，家庭也开放出来作为聚会点。1992 年 12 月 5 日安息主怀。

　　时至今日，王克己牧师的家族六代人信仰基督教，三代人为在基督教会全职工作，可以说基督教信仰已经成了家族的基因而代代传承。王克己家族最早是通过英国浸礼会的传教士听到了福音，是博兴最早接受福音的家族之一。

　　英国浸礼会是十八世纪末在英国成立的传教组织。1845 年，英国浸礼会派遣传教士前往浙江宁波传教，传教十余年发展不大。于是第二次鸦片战争后转向中国北方传教。1861 年，英国浸礼会派遣传教士到山东烟台传教，传教十余年也成效不大。1875 年，英国浸礼会传教士李提摩太将传教的中心由沿海的烟台转到了位于山东内地的青州。李提摩太注意与政府官员以及秘密会社领袖结交，以及利用赈灾活动进行传教，这吸引了不少中国百姓信教。青州教区的英国浸礼会传教士以及培养的中国传道人不断进行外出布道，在山东的其他地方开辟教区。英国浸礼会在 1888 年开辟邹平教区，1903 年开辟北镇教区，1904 年开辟周村教区。每个教区的传教区域都包括几个县，如北镇区会的传教区域包括滨县、博兴、蒲台、高苑、青城、利津等。

家族中最早信仰基督教的是王克己牧师的祖母，即王尧文牧师的母亲。19 世纪末，英国浸礼会传教士和培养的中国传道人已经到了博兴县传教。1888 年，传教士仲均安的等人到博兴县城传教，后转至蒲台县鲍王村（今山东省滨州市博兴县乔庄镇鲍王村）和朱全镇（山东省滨州市滨城区小营镇朱全镇村）一带活动。[1]王克己牧师的祖母大约在 19 世纪末或者 20 世纪初认识了福音，在家族中第一个信仰基督教，带领整个家族走上了信仰的道路。

一、王尧文牧师

王尧文牧师，生于 1893 年，在基督教会工作长达 50 多年，1974 年在家乡博兴县王家村病逝，享年 81 岁。在母亲的带领下，王尧文从小就去教堂，在教会小学、中学接受教育。1916 年齐鲁大学师范科毕业。[2]英国浸礼会系统的教会，一般会在每年年终的联会上会给有需要的教会指派牧师，即牧师的工作地点会发生变动，可能不是长期固定的。目前看到的指派牧区的记录中，有关王尧文牧师的记录有两条。1932 年 12 月 11 日至 14 日，山东大会中四区联会在邹平召开，指派王尧文牧师在蒲台堡工作。[3]1946 年 12 月 18 日至 20 日，山东大会中四区联会在周村召开，委派王尧文牧师在邹平工作。[4]综合各种记录以回忆，王尧文牧师曾经在博兴。蒲台、北镇、邹平、章丘等地教会工作，1950 年代直到 1966 年在章丘张家林教会侍奉。这些地方都是农业区，经济条件比济南、周村、博山等地要差很多。王尧文牧师是主耶稣的忠心的仆人，哪个地方的教会需要，就到哪个教会去侍奉。

1932 年 6 月 27 日至 7 月 1 日，中华基督教会山东大会第三届年会在齐鲁大学召开，王尧文牧师当时是在北镇区会博兴堡工作，在年会上作了报告，述

1 山东省滨州地区地方史志编纂委员会编：《滨州地区志》，北京：中华书局，1996 年，第 704 页。
2 《山东济南齐鲁大学章程》，1926 年，第 136 页。
3 张乐道：《山东中四区联会概况》，刊于《中华基督教会全国总会公报》，第五卷第一期，1933 年 2 月。
4 《山东中四区联会之教务》，《中华基督教会全国总会公报》，1947 年第 2、3 期合刊。

说平教（平民教育）辅助教会的实在经过，引起了参会人员的同情。[5]1937 年
8 月 31 日，黄河在蒲台县正觉寺村附近决口，导致蒲台、博兴、利津、广饶、
寿光五个县受灾，王尧文牧师指挥救灾船前往灾区发放食物。

　　1940 年代，特别是 1947 年的斗争复查阶段，在山东的某些解放区，基督
教是被当做反动会道门进行打击的。这一时期，牧师遭到残酷的迫害，信徒不
允许聚会，很多村庄的信徒不敢表明自己的这信仰。经历 1940 年代的残酷斗
争后，王尧文牧师依然有火热的传教之心。1951 年前后，王尧文牧师在北镇
区会工作。当时政策上只允许传道人去仍然有宗教活动的村庄，但是因着信
仰，王尧文牧师去宗教活动已经停止的村庄看望信徒，进行登记，恢复信徒的
宗教生活。

　　1966 年，"文化大革命"爆发，王尧文牧师当时在章丘张家林教会侍奉，
8 月份在两名民兵的"护送"下，回到了原籍博兴县王家村。王尧文牧师在张
家林教会时，与村民的关系不错，"文革"爆发后，村民没有为难王尧文牧师。
1974 年，王尧文牧师在王家村病逝。因为独子王克己还在甘肃服刑，葬礼上
由王克己牧师的大女儿王亚拿顶着王克己牧师的名分。

　　王尧文牧师是神的忠心的仆人，1916 年齐鲁大学毕业后，回到家乡带领
教会。50 多年踏踏实实的为主工作，在基层教会牧养信徒。今天章丘张家林
教会的兴旺，就是王尧文牧师打下的根基。王尧文牧师不仅为了信仰献上了自
己的一生，也把自己的独生子王克己献上，培养王克己成为了一名传道人。

二、王克己牧师

　　王克己于 1914 年在博兴县出生，从小就跟着父亲王尧文牧师在各乡各村
传播福音、建立教会，学会了唱诗以及背诵《圣经》经文。1919 年，王尧文牧
师为了便于外出侍奉，将王克己送到了教会小学就读，生活上由信徒照顾，后
来又就读于北镇的鸿文中学。1928 年，王克己不满 14 岁就中学毕业。大约
1929 年，王克己与博兴县周刘村的刘灵慧结婚，婚后刘灵慧改从夫姓。回到
家乡后，被外婆村的闫垛小学请去担任教师。后又做过几份工作，曾担任当地
政府区长的书务（文书）、在村中办民校、到山东临朐协办"孤儿教养院"。在
家乡，王克己也是很有威信，很受村民拥戴，1941 年被选为王家村的村长。

5　张乐道：《山东大会第三届年会纪要》，刊于《中华基督教会全国总会公报》，第 4
　　卷第 4 期，1932 年 10 月 1 日。

因着信仰，1941 年秋季，王克己放下了世上的工作，考取了华北神学院，接受神学装备，为神做工。当时华北神学院除了伙食费自理外，还需要交学杂费。父亲王尧文牧师在教会工作，收入十分微薄。入学后，王克己遇到了经济上的困难。华北神学院张学恭院长得知王克己的情况后，同意其半工半读的申请，将其留在了院长办公室工作。王克己每天到办公室抄写信函文稿两小时，取得免交学杂费以及伙食费的待遇。

四年的神学院学习，王克己与神学院的院长以及老师接触很多。在工作中操练了虔诚的敬业精神和一丝不苟的作风，获得了院长老师的好评以及信任。在抄写文稿的工作中，王克己不仅知识增多，而且灵命上有了很大的长进。这些都为以后的侍奉奠定了基础。

1945 年夏季，王克己神学毕业，准备回到家乡教会，或者去父亲王尧文牧师侍奉的教会。此时，原属华北神学院管理的北关孤贫院处于经费断绝无人管理的瘫痪状态，张学恭院长就委托王克己去管理起来。1945 年到 1948 年这三年，正是战火不断的时期，王克己竭尽全力维持着北关孤贫院，信守着对张学恭院长的承诺。后来王克己牧师曾经回忆到这段经历。

我看到这个困难重重的破烂摊子，确实无力承担这重任，孤儿院就在校内，我看到那二十多个孩子大的十三、四岁，小的只有五、六岁，听听他们哭喊的凄惨情景又不忍心推卸，在两难之间经过几天的祷告，明白神的旨意，想到当年神呼召我岂不是让我献身为他使用吗？神的话响在耳边："我是孤儿的父，不要怕。"神负全责我是怕什么呢，凭着信心毅然接收了这重任。

北关孤贫院当时十分困难，经济外援断绝，唯一的是在十里外有二十亩地请农民代种。秋后送来的粮米远远不够这二十多个孩子，目前只有一点生虫的粮食，也维持不了多久。现在不仅是把他们管理起来，主要的是设法把他们养活。搞生产自救加工皮革赚点钱，杯水车薪解决不了实际困难。唯一的是外出募捐来解燃眉之急，那个年代发出的信多回音极少。神学院迁走了无依靠。为了让孩子们能活下去，有时心急的彻底难眠。只有祷告求上帝眷顾，靠信心领着孩子度日。不仅如此，战争的阴云笼罩，战火四起，孤儿院往哪里去？

滕县城又是两军作战的战场。有一次，连续炮击七天七夜。我带着二十多人逃到哪里吃住都困难，在战火硝烟稍微平息还是回到院内。在回来的路上又遇到滂沱大雨，道路泥滑，孩子们滑滑跌跌总算回了家。到家一点人数少了一个叫王宝翠的小女孩，我又回去沿路边寻边喊，感谢神在漆黑的大雨中把她找回来。那雨淋后疲劳全消失，只有感恩。在风雨交加中逃离炮火硝烟，没有丢失一个孩子，是上帝眷顾保守。回到院内不看这家被炸的如何，首先是来到神面感恩的，泪真的止不住的流。第二天再看看这家园被炮火炸的房屋无顶，院墙缺门。带着大一点的孩子动手自己修复家园，拣废旧料搭上房顶用砖彻封大门洞，在后面留一小洞仅供一人进出。

回来没有儿大，存粮吃完了。烧饭的同工讲："无米下锅了"。第二天我们全院禁食祷告，孩子们很安静没有一个喊饿。上午祷告会刚结束，从"后门"进来一人说："我是救济总会的，这两天我们来过，见大门被彻起来，以为你们还没有回来呢，今天才发现你们的'后门'。给你们送来五袋米、两袋面停放在外面。"孩子们高兴的如鱼得水说："上帝听了我们的呼救，他真是我们的父神。"

又过了些日子，烧饭的姊妹告诉我"王老师，中午还行，晚上就无米下锅了。"我正在为下顿无粮孩子挨饿着急时，又是从后面进来一人，还未等我问他有什么事，他兴奋地说："我可找到，我姓赵是从上海来的，前几天我们上海的弟兄姊妹就有感动，叫我把他们的爱心奉献送来，今天我下了火车直奔这里，可就是进不来，转了关才才发现后面有个洞可以进来，我总算完成了大家委托我的任务了。"

到了 1948 年北关孤贫院的粮食急缺，王克己安排其他同工暂时负责管理北关孤贫院，自己南下筹集粮食。因交通阻隔，到了徐州后无法返回滕州，于是就到了南京。王克己投奔到了张学恭担任院长的泰东神学院，泰东神学院总务科工作。泰东神学院是由中国基督教布道十字军（1948 年更名为中华传道会）创办，[6]具体的创办人是原华北神学院院长张学恭牧师。

中国基督教布道十字军最初是 1941 年在美国创立。1943 年赵君影受"中国基督徒布道十字军美国理事会"的委托，在贵阳筹办在中国的组织。[7]中国基督徒布道十字军在各地建立组织，包括重庆、四川、陕西、江苏、江西、上海、浙江、广东、新疆等地。十字军的领导机构为总会，总会设有理事会，其工作由监督负责。第一任监督是赵君影，任期是 1943 年 10 月至 1947 年 3 月。1947 年 3 月至 1948 年 1 月期间，由周志禹、黄渔深、张学恭、宋德成（英国

6　肖耀辉，刘鼎寅：《云南基督教史》，昆明：云南大学出版社，2007 年，第 157 页。
7　贵州宗教学会编：《贵州宗教概览》，贵阳：贵州人民出版社，2004 年，第 121 页。

人）四人所组成的委员会负责。第二任监督是周志禹[8]，任期是 1948 年 1 月至 1951 年 1 月。1951 年 2 月起，第三任监督为王矶法[9]。1945 年初，总部迁至重庆，抗战胜利后，总部又迁至上海。1948 年，陕西区主任王舒恬建议更名为中华传道会，以避免在西北回族区域工作产生误会。[10]

1948 年的秋季，因着战争快蔓延到了南京，泰东神学院计划南迁。张学恭牧师建议王克己留在南京开办一所孤儿院，并且将中华传道会会长的职务交由王克己担任，每月工资 40 元。

在一交晨祷会上，张学恭院长建议：神学院迁走，你可能在这里再办一起孤儿院。当天就与房东郭志清老人谈张院长的建议，郭太太听了高兴的说："好啊！王弟兄你办孤儿院我支持，这房子神学院用是壹佰块大洋，你办孤儿院我分文不收，房子坏了我来修。办院中，遇到困难我尽力帮助。"郭太太的慷慨承诺给了父亲再次办孤儿院的决心。

1948 年底神学院果然迁到广西桂林，父亲就利用他们丢下来的桌、椅、板、凳、床在神学院原址，以自己积蓄的三斗米作开办费。因无力购置院牌，就将神学院牌的"神学"二字改成"孤儿"二字，既南京泰东孤儿院原封不动仍挂在大门上，当初第一个孤儿蔡美英站在三斗米旁拍照留念。

滕县北关的孩子听到王老师在南京又办起孤儿院，先后自己投奔来六、七个，如张淑华、赵素芝、苗瑞亭等都是。除此都是在当地收养的孤、贫儿童，如吴蒙恩就是从马路上拣来的。还有孟祥贞带着身怀有孕的妻子在街上讨饭，妻子昏倒在路上，被人抢救过来送到院里来的，进来没有多久生下一女婴，给她起名叫路得。连大人带孩子三、四十人生活成了大问题。除了父亲任中华传道会工长的固定收入 40 元没有外援，主要是父亲外出募捐。解放前后大家生活都困难，募捐更难，简直是向人乞求讨助。这位院长当时在外面有一个很不

---

8 周志禹（1889-1973 年），浙江省诸暨县人，中国著名教会领袖、神学教育家。先后担任中华基督教勉励会总干事、中华万国读经会会长、上海圣经学院院长、中华基督教圣公会牧师、中华传道会国内监督，以及香港圣经学院院长、院督等职；香港《晨光报》主编。

9 王矶法，1919 年出生于安徽寿县，曾在成都就读于贾玉铭创办的灵修院。抗战胜利后，应赵君影牧师的邀请，来到上海，在霞飞路中华传道会总部所在地上海圣经学院做教师。1949 年 5 月，上海解放前夕，随中华传道会的领袖到了香港。后为了教会工作，毅然回到内地。1951 年 2 月任中华传道会监督。王矶发牧师在上海诸圣堂服侍，也曾担任华东神学院教师，曾任上海市"三自"副主任。

10 刘吉西等编：《四川基督教》，成都：巴蜀书社，1992 年，第 200 页。

雅的名称"乞丐头"。为了让孩子们吃上饭，不顾惜那什么名称。父亲却重视孩子们的文化教育，多是向教会学校请求给这些孩子提供受教育的机会。当年南京的几所教会学校、中华女中、汇文女中、明德女中、二初中及他们的附小为孩子们中学九人、小学八人免费就读。由于年龄或智力不能送出去的，留在院内由杨新宇老师从识字开始教他们。

自从 1941 年，王克己前往华北神学院读书，就与家人分离了。妻子王灵慧和两位女儿在家乡博兴县土家村生活。一直到 1949 年 8 月 1 日，母女共三人来到了南京，终于全家团聚。王克己牧师大女儿王亚拿回忆前往南京的情况以及父亲在南京的工作生活：

父亲自 1939 年离开家多年未记得回去过，农村土改时又因爷爷父亲在外传道被扫地出门，寄居人檐下。多亏同村在济南齐鲁大学工作的王景章爷爷清明回乡扫墓看到母亲。当时母亲瘦如柴，这引起了王景章爷爷同情。王景章委托同村在齐鲁大学读书的学生王玉洁，在暑假的时候将我们母女三人带到济南。王景章爷爷又设法为我们寻找到在南京办孤儿院的父亲，我们才来到南京全家团聚。1949 年 8 月 1 日到达南京，当晚我和妹妹就安置在女生宿舍休息，与孤儿同住同吃。母亲也成为院内一员工，照顾孩子，为他们缝衣补衫。我们全家融入到了这个大家庭中，对孤儿院的事情都是亲身经历。

1950 年春，因为房东郭志清要卖掉房子，泰东孤儿院由黄泥岗 37 号搬迁至保泰街 35 号东侧。1950 年下半年，因为政府要收回土地。泰东孤儿院又搬迁到太平路小火瓦巷 52 号万字会的院子里。

因为父亲忙于孤儿院的事务，引起了在上海的中华传道会总部的不满。1950 年春，父亲不再担任中华传道会会长，失去了每月固定的 40 元收入。于是父亲购了三套骡车，上山拖石子赚钱维持孤儿院开支。父亲自己赶一辆车，还有两位同工。为便于出车，父亲一直同两位同工住在古楼头条巷 2 号的车棚里。父亲自己讲的："赶骡车拉石子虽然很累，但也不愿依靠某种势力和某组织。"

1950 年上半年，上海中华传道会总部的陈有年来南京与父亲交谈。陈有年让父亲把泰东孤儿院交给中华传道会，被父亲拒绝。父亲直言对他说："我苦、我累，只要让孩子们吃上一口稀粥，我也心得安慰，无亏于上帝对我的呼召，""我看到上帝对我们的眷顾，有那么多的学校为孩子提供免费就读，孤儿院的住房都是无赏的，连我们骡车棚也是免费提供。"

对于政府的政策，王克己一向是十分拥护和支持。1949 年 10 月 1 日，王克己全家以及孤儿院的孩子们都观看了盛大的国庆游行。1950 年的 5 月 1 日是新中国成立后的第一个五一国际劳动节。南京市举行了声势浩大的庆祝游行，泰东孤儿院被安排到了列队观礼的行列。孩子们高举着泰东孤儿院白底黑字的院旗，欢欣鼓舞排着队列，步行到了观礼地点。1950 年，泰东孤儿院已经有 20 多名孤儿。王克己请派出所户籍员上门来为所有人员办理户口登记，包括路边捡来的孤儿都登记入册。

1950 年，基督教界发表了《中国基督教在新中国建设中努力的途径》宣言，又称为《三自宣言》。1951 年初，南京基督教人士也发表了宣言，表示支持《三自宣言》。宣言以及签署人名单刊登在了 1951 年 3 月份出版的《肃清帝国主义的文化侵略势力》一书中。签署人中有 2 名孤儿院的院长，分别是信德孤儿院院长马兆瑞和泰东孤儿院院长王克己。[11]

1948 年南迁的泰东神学院，首先迁到了湖南长沙，在湖南省经学院暂住。[12]1949 年 5 月，由长沙迁到了桂林。[13]1950 年泰东神学院学生毕业期间，王克己前往桂林，在泰东神学院按立为牧师。

与家人团聚的时间是很短暂的，王克己全家于 1949 年 8 月 1 日在南京团聚。两年三个月的 1951 年 11 月 11 日，王克己牧师被捕。11 月 11 日之前，王克己牧师已经预感到了自己会被捕。因为之前在 1951 年 9 月，南京信德孤儿院院长马兆瑞被捕。王亚拿回忆了父亲被捕的经历。

父亲与两位骡夫相处近两年，起早出晚归在一起，关系十分融洽。1951 年 11 月 10 日，父亲下山归来接到 11 日开会的通知。11 月 11 日一早，父亲与两位同工及朝夕相处的三匹骡子告别，又去清凉门告诉母亲开会的事情。我们在两个月前搬出来了孤儿院，住到清凉门 15 号。父亲平时不来，这天将他身上仅有的七角钱买了五角钱的碎米送回来，带着他的牙刷毛巾去参加汉中堂的控诉大会。

父亲刚走近清凉小公园附近，就被"请"进了公安局的车里，汽车直接开到会场。父亲只看到举了三次手、喊了三声口号。还未站稳，公安员问："你

---

11 《南京基督教人士宣言》，收录于《肃清帝国主义的文化侵略势力》，北京：人民教育出版社，1951 年，第 83-85 页。

12 湖南省地方志编纂委员会编：《湖南省志·宗教志》，长沙：湖南人民出版社，1999年，第 468 页。

13 《桂林漓江志》，桂林：广西人民出版社，2004 年，第 403 页。

是南京泰东孤儿院院长？""我是南京泰东孤儿院院长。""你被捕了"。戴上手铐走下台车子直送到老虎桥监狱。

在 1951 年 12 月 24 日的《天风》刊物上，刊登了文章《南京市泰东孤儿院孤儿控诉教会恶霸王克己，人民法院接受人民要求，将王犯予以逮捕》。在控诉会上，孤儿们控诉王克己贪污私吞钱物、压榨剥削孤儿、毒打孤儿甚至强奸孤儿。[14]1980 年代，王克己牧师从甘肃回到了南京。几位在 1951 年控诉过王克己的孤儿经常到家中看望王克己牧师，并且写下了悔过书和证明材料。1951 年对王克己牧师的进行控诉的罪行全部是捏造的。

1952 年 2 月，泰东孤儿院与信德孤儿院合并，成立金陵儿童工学社。工学社位于南京师范学院（今南京师范大学），有儿童 79 人，教员 4 人，炊事员 2 人，隶属于南京基督教界组织委员会，委员 9 人，由南京师范学院幼教系主任钱且华任主席。以生产医用纱布为主，学文化为辅。1954 年 2 月解散，当时有儿童 42 人（其中男孩 14 人，女孩 28 人），还有孤贫女教徒 13 人。按实际情况，分别加以安置。将其中的教员、18 岁以上的大龄学童和女教徒，组织生产合作社，继续为医药公司生产纱布，由南京市合作总社和救济分会主管。对具备升学条件的儿童，则由南京市基督教三自革新促进委员会负责解决生活费用，分配到市立中学读书，为国家培养建设人才。[15]

1951 年 11 月至 1956 年春季，王克己牧师被关押在老虎桥监狱。直到 1955 年，才以"反革命"罪判处无期徒刑。在老虎桥监狱，王克己牧师还遇到了原南京信德孤儿院的院长马兆瑞牧师，两人在放风时说几句勉励的话，倍感亲切。1956 年的春天，王克己牧师被转移关押到了甘肃武威监狱。因为在监狱中积极劳动，1960 年，无期徒刑被改为有期徒刑。1975 年 5 月 3 日，王克己牧师刑满释放。因为种种原因，仍然在狱中劳动，但是可以自由出入。1980 年，甘肃临夏教会准备复堂，王克己牧师协助当地的教会做好复堂工作。1982 年，有文件下达，王克己可以回到南京了。令王克己遗憾终生的是，父亲母亲分别于 1974 年和 1973 年去世了。

尽管遭受了如此大的苦难，王克己牧师没有说出一点怨言。1982 年 3 月王克己牧师从甘肃临夏回到南京。首先就来到了南京莫愁路教堂（原名汉中

---

14 《南京市泰东孤儿院孤儿控诉教会恶霸王克己，人民法院接受人民要求，将王犯予以逮捕》，刊于《天风》，1951 年 11 月 24 日，第 4 页。

15 南京市地方志编纂委员会编：《南京民族宗教志》，南京：南京出版社，2009 年，第 429 页。

堂，1954 年更名为莫愁路堂）参加主日崇拜，这是 1951 年控诉王克己牧师的会场。王克己牧师心中却充满了喜乐，这里已经成为了传福音的圣堂。1982 年，王克己牧师已经 68 岁，仍然认为自己是没有燃尽的蜡烛，让主来使用。

王克己牧师的家成为一个小的聚会点。每个主日的下午，不少信徒来到王牧师家中聚会，大家一起祷告、读经、唱诗，也有南京金陵神学院的神学生来到家中与王克己牧师交通。平日里，王克己牧师和妻子王灵慧常外出探访信徒，为他们代祷，分享主的大爱。在甘肃临夏劳改过程中，王克己牧师的眼睛受伤，1976 年回到南京做手术，也只保住了一只眼睛有 0.2 的视力。1987 年 9 月的一天，王克己牧师突然完全失明了。王克己牧师既不能阅读《圣经》又不能写字了，外出探访也不方便了。于是王牧师就用收听福音广播的方式来学习《圣经》，用录音机把节目录下来，第二天反复听。失明后，王克己牧师依然与来到家中的信徒一起分享主道、一起祷告、一起唱诗。王牧师带领聚会一直到 1992 年 9 月 20 日，这时的王牧师已经卧床不起、不能进食、实在没有力气了，就由耿华芳弟兄带领大家学习。该聚会点没有因为王克己牧师的去世而停止聚会，在师母王灵慧的带领下，每天有几位老人一起读经、祷告、唱诗，直到 2000 年清凉新村住房拆迁。

1992 年 12 月 5 日，王克己牧师在家中病逝。12 月 8 日，南京市基督教两会及莫愁路堂为父亲安排了追思礼拜，南京市基督教两会主席吴方仲牧师亲自主持。追思礼拜上，莫愁路堂主任牧师徐恩赐所读的悼词中有这样一句话"我们感谢神，因着弟兄的顺服被神造就成了一个荣耀神的人。"王克己牧师是顺服的人，1945 年面临选择时，他选择了接管北关孤贫院；1948 年面临选择时，他选择了开办泰东孤儿院；1949 年当中华传道会的牧师可以选择去香港的时候，他选择了留在南京与孤儿们在一起。正是因为王克己牧师的这些选择，他成了荣耀神的人。

大女儿王亚拿回忆起王克己牧师的晚年经历。

华北神学院培养出来的不是将宗教当外衣披的，而是立定志向为信仰的真道献身。父亲对于那些虚无的报道，当时不知道，事后也不理会。父亲的信念是：我撇下父母妻子儿女来养育无家可归的孤儿，我问心无愧，不知触犯了什么法作了阶下囚。《圣经》上讲"不要自己申冤，主说申冤在我，深信将来的基督台前有公平。经上说：人若因我辱骂你们逼迫你们，捏造各样的坏话毁谤你们，你们就有福了，应当欢喜快乐，因为你们在天上的赏赐是大的。"所以父亲心很平安，即使和死囚犯同室，也能静心练字，狱警都不可思议。

1951 年 11 月 11 日入狱，1955 年才判无期，走出死囚房，1956 年发配大西北，1960 年获特赦改 18 年，1966 年、1972 年两次减刑 3 年，1975 年刑满留厂摘掉反革命帽子获公民权。感谢神，在三十余年的里程中经历了"文革"、十年浩劫、三年灾害，父亲活着回来是神奇妙的恩典。当会到过去知情的老人提起那冤他却说："父母还有错怪儿女的时候。"用他宽广的胸怀都安慰那些为他心怀不平的人，常与人讲："我受苦是与我有益的，我的好处不在主以外。"

鼎练金、炉练银、耶和华熬炼人心。经过三十年熔炼成为精舍，父亲更爱主，专心靠主信心更坚定，82 年回来总时常伏案抄写研读神的话。一心想把失去的时光夺回来，五年内抄大小笔记本 40 本，还有随身记的信纸约 2 3 斤。1987 年 9 月一天突然双目失明仍是感谢神说："神啊！临到我的都有你的美意，神让我不看世界专心靠主。"神给父亲的恩赐看不到却能夜晚人静用录音机边收边录第二天与大家分享良友《圣经》讲课。

父亲经历三十年回来既无生活费也无医疗费，仍是感恩凭信心度日无忧愁。回来十年没有进过医院，最后卧床三个月没有进食，以盐开水维持生命，也未去医院检查治疗过。在这期间他将自己作的"感恩诗"一遍一遍的唱，给我们听，让妹妹记下来，与来探访的人谈论主道，声音宏亮，精神不减，虽不能进食，他无饥饿感也无病痛感，直到他平安归天。

我守在父床边三个月听他讲说蒙神保守带领的一生，让我看到神的真实及神奇妙的作为，我亲身经历了神的同在，耶和华神是公平、公义、不偏待人的神。神祝福父亲一生平安，也祝福母亲健康长寿直到 104 岁寿终。

特别值得讲的是王克己牧师的妻子王灵慧。因着外出求学工作以及入狱，王克己牧师长期不在家中，料理家务、照顾子女的重任完全落在了妻子王灵慧的肩上。王灵慧顶着"反革命"家属的帽子，含辛茹苦，抚养三姐妹长大。王灵慧老人于 2015 年 12 月 29 日去世，享年 104 岁。

家族中的第四代基督徒王亚拿，1994 年至 1999 年在南京金陵神学院工作，先是在学院图书馆，后又在函授办公室工作。1999 年之后，王亚拿在南京莫愁路基督教堂图书馆担任义工。家族中的第五代、第六代基督徒也已各自的方式在教会侍奉。

目前，王克己家族已是连续一百多年、六代人坚守基督信仰。在这一历史过程中，华北神学院是其中的一个重要环节。因着华北神学院毕业后从事了慈善事业（1945 年至 1951 年），家族才从博兴移居到了南京。王克己在华北神学院接受了完整的神学教育，为 1980 年之后能够帮助临夏教会、在家中建立聚会点奠定了基础。